KB273742

타로카드 심리학

타로마스터
리 산

동학사

머리말

:

자신의 마음이 어떻게 생겼는지
알고 싶은 모든 이들에게

우리는 매일 아침 세수하고 양치를 하면서 거울에 얼굴을 비춰 본다. 아마 누구든 하루에 한 번 이상은 거울을 볼 것이다. 그런데 왜 거울을 볼까? 아마도 남들이 나를 어떻게 볼까? 내지는 내가 남에게 어떻게 비춰질까? 궁금해서일 것이다. 씻든 말든 양치를 하든 말든, 내가 나라는 사실은 죽을 때까지 바뀌지 않을 텐데 우리는 왜 남을 신경 써야 할까? 인간은 사회적 동물이기 때문일 것이다.

사회적 동물이란 혼자 독립적으로 살아갈 수 없다는 것을 말한다. 설령 혼자 살 수 있다 해도 그 기간이 오래 되면 심각한 정신적·육체적 위기에 처하거나, 문명인으로서 삶의 질이 크게 떨어질 확률이 높다. 결국 인간은 남을 의식하고 살아가야 하는데, 거울을 보는 것은 남의 시선을 의식하는 것, 즉 자신의 이미지에 대한 타인의 느낌을 신경 쓰는 것이다.

나의 이미지는 상대에게 많은 정보를 준다. 일단 상대는 내 얼굴의 색깔이나 부은 정노를 통해 건강상태를 짐작하게 될 것이고, 헤어스타일이나 메이크업에 따라 호감 정도가 결정될 것이다. 만약 내가 취업을 위해 면접을 본다면 면접 당일 몇 번이고 거울에 내 모습을 비춰볼 게 뻔하다. 나에 대한 타인의 느낌이 그 무엇보다 중요하다는 것을 알기 때문이다. 옛말에 "옷 잘 입는 거지가 동냥도 잘한다"는 말이 나온 것도 다 이런 이유 때문일 것이다.

그런데 우리는 살아가면서 종종 이런 말도 듣는다. "사람은 얼굴보다 마음이 예뻐야 한다.” 외모지상주의가 판을 치는 세상이지만 이렇게 오래된 격언에 토를 다는 사람은 거의 없을 것이다. 그런데 정말로 얼굴보다 마음이 예뻐야 한다면, 아침에 일어나서 거울에 얼굴이 아닌 마음을 먼저 비춰 봐야 하는 건 아닐까? 내 마음이 어떤 생각을 하고 있는지, 어떤 계획을 세우고 있는지, 자기 전까지 하루를 어떻게 보내려는지 먼저 비춰 봐야 하지 않을까? 남들이 신경 쓰인다면 남보다 먼저 내가 나를 알아야 하지 않을까? 지피지기면 백전불패라는 말도 있지 않는가 말이다. 좋다! 그렇게 하자고 다짐하자. 그런데 마음을 비춰주는 거울은 어디서 구하지? 그 거울은 어떻게 생겼을까?

한 번도 마음을 비춰 본 적이 없으니 그 거울이 어떤 건지 알 수가 없을 테지. 필자는 여기서 안타까움을 느껴 마음을 비춰주는 거울을 여러분들에게 내어주려고 한다. 우리의 마음, 내 마음을 비춰주는 거울, 그 거울의 이름은 타로카드이다. 좀 더 자세하게 말하면, 라이더 웨이트 덱의 메이저 카드 22장이 마음을 비춰주는 거울의 이름이다.

메이저 카드 22장은 당신이 아침에 일어나기 전에 꾸었던 꿈이 무엇을 의미하는지, 당신이 아침에 일어나서 무슨 생각을 하는지, 당신이 오늘 하루 어떻게 살아갈지, 당신은 오늘 선택의 기로에서 무엇을 판단해야 하는지 혹은 그 판단의 이면에 어떤 마음이 숨어 있는지 알고 싶을 때, 마음의 이미지, 소리, 촉감들을 비춰준다.

여러분은 이 거울을 통해 당신의 마음을 보고 살피고 닦고 메이크업을 하고 머리손질을 할 수 있다. 이제부터 매일 세수하고 양치하는 것만큼이나 아름답게 맑게 마음을 가꾸어 나갈 수 있을 것이다.
　끝으로 필자는 타로샵 현장에서, 초중고 상담실에서, 또는 개인적으로 자신의 마음이 무엇인지 몰라 고민하는 슬프고 우울한 친구들을 위해 이 책이 널리 활용되었으면 하는 바람을 가지고 있다.

이 책의 집필에 도움을 주신 김정엽, 장소라, 김수현님께 감사드린다.

일러두기

:

타로카드를 알든 모르든 타로상담가든 타로초심자든 모든 독자분들께 감사드리며, 이 책을 잘 활용하는 방법을 다음 몇 가지로 정리하여 말씀드리고자 한다.

첫째, 이 책은 타로카드의 상징을 통해 명상을 하거나 자기통찰의 계기를 마련하는 것에 목적을 둔다. 그래서 이 책에 등장하는 타로카드를 거울카드라고 부른다.

둘째, 이 책은 타로카드의 베이직이라 할 수 있는 라이더 웨이트(Rider Waite) 덱을 바탕으로 씌어졌다. 이 카드는 유니버셜 웨이트(Universal Waite) 덱의 초창기 버전이다. 이 책에 수록된 타로카드 그림은 라이더 웨이트 덱을 모티브로 하여 재구성한 일러스트이다. 그러므로 이 책의 그림을 보면서 상상의 날개를 펼치며 책을 읽어도 좋고, 라이더 웨이트나 유니버셜 웨이트를 옆에 놓고 이 책을 읽어도 좋다.
　타로카드가 없는 경우에는 인터넷에서 해당 카드의 이미지를 찾아보면서 책과 함께 봐도 좋다.

셋째, 이 책은 라이더 웨이트 덱의 메이저 카드 22장의 의미를 상세하게 기술하고 있다. 회화적 의미를 주로 다루는 다른 타로카드 책에서 접하기 힘든 수비학적 의미, 점성학적 의미, 심리학적 방어기제를 심층적으로 다루고 있다.

넷째, 이 책은 질문자의 질문에 상담자가 답을 주거나 명령을 내리지´않는다. 내담자가 처한 문제를 놓고 그 문제에 대해 다양한 관점이 존재한다는 것을 일깨워주거나, 문제에 대한 새로운 인식의 전환을 유도할 뿐이다. 그러므로 이 책에서 답을 찾지 말기 바란다. 다만 새롭게 생각하기 또는 다르게 생각하기를 당부하고 싶다. 결국 당신이 처한 문제는 당신 스스로 해결해야 하기 때문에.

다섯째, 이 책에 서술된 심리학적 방어기제는 심리학 전공자가 아니면 좀 어렵게 느껴질 수도 있겠지만, 이 책을 통해 어렴풋하게나마 그러한 방어기제를 접했다는 사실만으로도 큰 의미가 있다고 필자는 믿는다.
　그 방어기제들을 좀 더 잘 알기 위해 이 책 저 책 찾아보거나 인터넷을 검색하다 보면 늘 당신을 힘들게 했던 여러 가지 골칫거리들의 근본원인이 당신 자신이었다는 것을 깨닫게 될 것이고, 그 깨달음이 골칫거리들의 해결책이 될 것이라고 필자는 확신한다.

여섯째, 오랫동안 타로상담을 업으로 해온 분들은 이 책을 통해 여지껏 해온 '키워드를 이용한 단순한 해석'에서 벗어나 '통찰을 이끌어내는 울림이 있는 해석'을 하게 되리라 믿는다.

끝으로, 이 책이 혹시 어렵게 느껴질지도 모르겠지만 타로상담을 업으로 하는 독자라면 내담자보다 몇 배 더 많은 공부와 사유를 해야 한다는 책임감을 갖고 이 책을 읽어주길 바란다.

contents

눈코 뜰 새 없이 바쁘게 살아가는 우리는 이야기하고 싶다고 아무 때나 아무나 만나서 이야기할 수 없다. 이야기를 들어주는 사람도 조건 없이 무한정 귀를 빌려주지 않는다. 하지만 우리는 대화해야 한다. 대화만이 나의 고민을, 나의 답답함을, 나의 외로움을 해소해줄 수 있기 때문이다.

대화할 사람을 찾을 형편이 안 된다면, 대화하고 싶을 때 들어줄 그 누구도 없다면, 대화가 쉽게 끝날 것 같지 않다면, 그럴 때는 나 자신과 대화하자.

내가 어떤 말을 누구에게 하기 전에 가장 먼저 대화해야 할 사람은 어쩌면 내가 아닐까? 내가 얼마나 깊은 고민에 빠져 있는지, 내가 얼마나 답답해하는지, 내가 얼마나 외로운지부터 알아야 하지 않을까? 내가 내 아픔을 제대로 알지 못하면서 그 누구에게 아프다 말하겠는가.

나 자신과 대화하기 위해선 거울이 필요하다. 타로는 거울이다. 나의 고민을 비춰주고, 나의 답답함을 비춰주고, 나의 외로움을 비춰주는 거울이다. 그러니 당신은 홀로 타로와 마주 앉아 끊임없이 대화를 이어가면 된다. 언제고 어느 때고…….

타로는
마음을
비춘다

타로는
거울이다

:

01 거울은 나를 객관화한다

이솝우화에 욕심쟁이 개에 대한 이야기가 나온다. 이 개가 뼈다귀를 물고 개울 위의 다리를 건너다가, 물에 비친 자기 모습을 보고 다른 개로 착각하고 짖다가 뼈다귀를 물 속에 풍덩 빠뜨리고 말았다.

개는 왜 이렇게 바보 같은 짓을 했을까? 물에 비친 개의 뼈다귀까지 탐낼 정도로 욕심쟁이였기 때문이었겠지만, 그보다 물에 비친 개가 다른 개가 아니라 바로 자기 자신이라는 것을 깨닫지 못한 것이 가장 큰 이유일 것이다. 즉, 이 개는 자기상(자아상이라고도 한다)이 형성되어 있지 않은 것이다.

참고로 프랑스 철학자·정신분석학자 자크 라캉(Jacques Lacan, 1901~1981)의 거울단계 이론에 의하면, 인간은 동물과 달리 생후 6~18개월 전후가 되면 거울에 비친 모습을 보고 자기상을 형성한다고 한다. 다시 말해 거울에 비친 모습이 자기라는 것을 이해한다는 뜻이다.

우리의 마음은 흔히 거울에 비유된다. 거울은 비치는 모든 대상을 그대로 담지만, 거울 자체는 비어 있다. 그와 마찬가지로 우리의 마음은 그 무엇이든 생각할 수 있지만, 어떤 흔적도 남지 않는다.

하지만 반론도 있다. 우리의 마음을 의식과 무의식으로 구분하면 완전한 거울이 아니라는 것이다. 즉, 거울은 우리의 의식은 무엇이든 있는 그대로 담아내지만, 우리의 무의식은 있는 그대로를 담아내지 않고 왜곡하여 담아낸다는 것이다. 예를 들어, 토끼에게 물린 사람은 하얗고 귀여운 일반적인 토끼의 모습을 떠올리는 것이 아니라, 예전에 놀랐던 경험 때문에 늑대처럼 사나운 토

타로카드 심리학

끼를 떠올릴 수도 있다는 것이다. 이것은 다시 말해서 어떤 것을 보고 느끼는 우리 마음에는 서로 다른 두 층이 있다는 것이다.

상대방을 설득하는 심리효과 중에 거울효과라는 것이 있다. 말 그대로 상대방의 거울이 되어주는 것으로 무의식 중에 호감을 느끼게 하는 효과가 있다. 크게 말과 행동으로 나눌 수 있는데, 예를 들어 미국인이 한국말을 할 때 우리는 친숙함을 느끼며 한복을 입고 윷놀이를 할 때 더욱 친근감을 느낀다.
　또 하나, 거울은 자의식을 활성화하는 효과가 있다. 예를 들어, 사람들은 혼자 있을 때 무심코 휴지를 버리려다가도 자기 모습이 그대로 비치는 거울을 발견하면 그 행동을 삼간다는 것이다. 즉, 보는 사람이 없으면 무의식적으로 행동하지만, 거울을 통해 자기 모습을 보게 하면 비양심적인 행동이 줄어든다는 것이다.

역사적으로 거울의 의미를 은유적으로 사용한 예는 쉽게 찾아볼 수 있다. 고대 로마의 시인 베르길리우스(Vergilius)는 아버지가 거인처럼 살면 당연히 아들도 거인의 발자국을 따라가게 된다고 했는데, 이는 아버지가 아들의 거울이 된다는 의미다. 같은 시대 역사가 플루타르코스(Plutarchos)는 과거의 선인들을 앞에 놓고 자신을 성찰하라고 주문했는데, 이는 과거의 선인들을 거울로 보았기 때문이었다. 또한 군주의 거울이라는 말은 8세기 말 카롤링거 르네상스 시대에 군주를 교육하던 교과과정을 말한다. 16세기 르네상스 시대의 정치이론가인 마키아벨리(Niccolo Machiavelli)는 『군주론』을 쓰기 위해 옛 선인들의 행적을 연구하면서 그들과 대화를 나눈다고 표현했는데, 이는 옛 선인들의 행적을 자신이 닮아가야 할 거울로 받아들인 것으로 볼 수 있다.

이처럼 거울은 나를 그대로 드러내거나 거울 속 나 자신을 들여다봄으로써 내가 성찰하는 계기 또는 내가 닮아가야 하는 미래의 내 모습으로 간주된다. 다시 말하면, 거울은 주관적인 나를 객관화시켜서 내가 나를 좀 더 잘 바라볼 수 있게 해주는 역할을 한다.

02 타로는 나를 비춰주는 거울이다

"정말 죽고 싶어요."

가끔 가족이나 친구 혹은 주위 사람들로부터 이런 고백을 들을 때가 있다. 살면서 죽고 싶다는 생각을 해보지 않은 사람이 과연 몇이나 있으랴. 아무튼 이런 고백을 듣는다면 당신의 첫마디는 다음 두 대답 중에서 어느 쪽인가?

"왜요?"

"많이 힘드시군요."

만약 당신이 애정문제로 죽고 싶을 만큼 힘들다면 당신의 가족이나 친구로부터 다음 두 대답 중에서 어떤 말을 듣고 싶은가?

"누구에게나 그런 사랑은 있죠. 그렇다고 다 죽진 않아요."

"당신 목숨보다, 당신 가족보다 소중한 것을 그 사람이 갖고 있나 봐요. 그게 뭘까요?"

타로상담을 하다 보면 가슴이 먹먹해질 때가 가끔 있다. 이럴 땐 내담자를 위해 현명한 답을 찾는다는 것이 참으로 부질없다는 생각을 하곤 한다. 아주 작은 힘이나마 도움이 되어야겠다는 것도 촌스러운 감정의 사치, 괜한 참견일지도 모른다. 생각해보자. 언제부터 우리가 남의 말을 그렇게 귀담아들었는가?

가슴이 먹먹해질 때는 그냥 가슴을 열고 내담자가 들어올 수 있게 해주면 된다. 그의 문제가 나의 객관적이고 논리적이며 예리한 말로 해결되지는 않는 다는 것을 이미 서로 알고 있다. 내담자 스스로 자기 문제를 털어놓고 그것에

　　　　　　　　　　　　　　타로카드 심리학

대한 감정을 드러냄으로써 문제는 더욱 명료해지고, 내담자가 감정을 비워낸 그 자리에 비로소 해결의 실마리가 생겨날 수 있다. 내 가슴이 먹먹한 건 상대의 이야기를 들을 준비가 되었다는 사인이므로, 그 다음부터는 가슴을 열고 내담자의 말에 온전히 귀 기울이면 된다. 상담은 그것으로 충분하다.

나는 이것을 통찰을 위한 시작이라 부른다. 통찰은 내가 하는 게 아니라 내담자가 하는 것이다. 나도 타로도 내담자의 친구일 뿐이다. 대화의 친구!

나는 타로상담가다. 지금까지 나를 찾아와 이야기를 나눈 사람이 셀 수 없을 정도로 많다. 하루에 수십 명을 상담할 때가 많지만, 비 내리는 고즈넉한 주중에는 한두 명을 붙들고 새벽녘까지 상담하는 경우도 허다하다. 듣는 나도 이야기하는 내담자도 마음이 무거워 동틀 때까지 진지하게 상담을 계속한 경우도 많고, 그들과 가까운 야식집으로 가서 해장으로 속을 달래가면서까지 상담을 이어간 적도 부지기수다.

무슨 할 말이 그리 많았을까? 상담을 한다고 다 풀릴 문제도 아니고, 오래 이야기한다고 답이 더 나오는 것도 아닌데 말이다. 생각해보면 답답한 사람은 내담자가 아니라 상담자인 나 자신이 아니었나 헷갈릴 정도다.

나도 내담자도 처음 본 사이인데 그렇게 자기 속을 다 꺼내 보이며 스스럼없이 이야기할 수 있었던 건 답답함보다는 외로움 때문이 아니었을까? 인간은 세상에 내던져진 존재라고 한 철학자 하이데거(Martin Heidegger, 1889~1976)의 말처럼, 어쩌면 처절하게 인간임을 자인하는 순간들은 아니었을까? 우리가 호모 나랜스(Homo Narrans), 즉 '이야기하는 인간'이라고 불리는 이유도 그토록 외롭기 때문이 아닐까? 그래서 그렇게 끊임없이 이야기하고 싶어하는 것은 아닐까?

사람이 사람을 만나 끊임없이 대화하는 게 그나마 해결의 실마리라면 얼마나 다행스러운 일인가? 말할 수만 있다면, 들어줄 상대만 있다면, 그 얼마나 인간적인 일인가 말이다.

하지만 아쉽게도 눈코 뜰 새 없이 바쁘게 살아가는 우리는 이야기하고 싶다고 아무 때나 아무나 만나서 이야기할 수가 없다. 이야기를 들어주는 사람도 조건 없이 무한정 귀를 빌려주지 않는다. 하지만 우리는 대화해야 한다. 대화만이 나의 고민을, 나의 답답함을, 나의 외로움을 해소해줄 수 있기 때문이다.

대화할 사람을 찾을 형편이 안 된다면, 대화하고 싶을 때 들어줄 그 누구도 없다면, 대화가 쉽게 끝날 것 같지 않다면, 그럴 때는 나 자신과 대화하자.

내가 어떤 말을 누구에게 하기 전에 가장 먼저 대화해야 할 사람은 어쩌면 내가 아닐까? 내가 얼마나 깊은 고민에 빠져 있는지, 내가 얼마나 답답해하는지, 내가 얼마나 외로운지부터 알아야 하지 않을까? 내가 내 아픔을 제대로 알지 못하면서 그 누구에게 아프다 말하겠느냐 말이다.

나 자신과 대화하기 위해선 거울이 필요하다. 타로는 거울이다. 나의 고민을 비춰주고, 나의 답답함을 비춰주고, 나의 외로움을 비춰주는 거울이다. 그러니 당신은 홀로 타로와 마주 앉아 끊임없이 대화를 이어가면 된다. 언제고 어느 때고…….

03 타로는 왜 거울일까?

오랫동안 상담을 하면서 심한 슬럼프를 겪었던 시간도 있다. 내가 점쟁이인지 상담가인지 모를 정체성 혼란과 과연 내게 상담가의 자격이 있는가 하는 자기 성토 때문이었다. 내 자신의 삶, 아니 내 자신의 문제 하나도 제대로 해결하지 못하면서 내담자에게 이래라저래라하는 내 모습이 순간순간 메스껍게 느껴지고 뭔가 나답지 않다는 생각이 들면서 결국 나는 가짜라는 기분 나쁜 자괴감이 엄습해왔기 때문이다. 재미로 보는 타로상담이 필요 이상으로 진지한 것

타로카드 심리학

도 촌스럽다고 힐난하는 사람이 있다면 차라리 고마울 것 같다.

어릴 때 죽음과 꿈에 대한 신비한 경험을 한 나는 일찍부터 무의식에 관심이 많았다. 그래서 역학이나 신비주의, 심리학에 심취했다. 그런데 참 이상하게도 이런 공부를 하면 할수록 우주는 더 경이롭고 인간은 더 알 수 없다는 생각이 드는 것이다. 그래서 나온 말이 '열 길 물 속은 알아도 한 길 사람 속은 모른다'였나 보다. 이렇듯 알고 싶어서 파고든 공부는 더더욱 내게 모른다는 사실을 극명하게 확인시켜주었고, 나는 내담자에게 말을 하는 쪽보다 듣는 쪽으로 계속 진화하고 있다.

다행히 지금은 그전보다 안정적으로 타로상담을 하고 있는데, 그 이유는 타로상담에 대한 나름의 철학이 자리잡았기 때문이 아닌가 한다. 상담은 자격이나 경험, 머리가 아닌 가슴으로 하는 것이며, 내가 내담자의 문제에 직접적인 답을 주는 것이 아니라 내담자의 거울이 되어 내담자가 스스로 통찰할 수 있게 돕는 것이라고 믿는다. 물론 타로상담을 하다 보면 직접적인 답을 줘야 할 때도 가끔 있지만, 적어도 나는 내담자의 통찰을 최우선으로 생각한다.

이 책은 실제 타로상담 사례를 중심으로 한다. 즉, 타로리더가 내담자가 묻는 질문에 답으로 나온 카드를 해석하여 들려주는 일반적인 타로리딩 방식을 따른다.

하지만 차이점도 있는데, 가장 큰 차이점은 답카드를 도출하는 방식과 분석 방식이다. 즉, 라이더 웨이트 덱의 메이저 카드 22장 중에서 단 한 장만을 답카드로 도출하고, 그 카드에 숨겨진 심리적 방어기제를 비롯한 심층적 의미를 분석하여 내담자 스스로 고민에 대한 통찰을 할 수 있게 조언하고 있다. 따라서 이 카드 해석법을 거울카드 또는 명상카드, 통찰카드라고 불러도 좋다. 참고로 본문에서는 거울카드라고 부른다.

타로카드는 바보가 떠나는 여행이다. 이 여행은 1번 마법사 카드를 시작으로 21번 세계 카드에서 마침표를 찍는다. 22장의 타로카드 속에는 우리가 인생에서 경험하는 삶의 모든 형태와 희로애락의 감정이 다양하게 녹아 있다. 다시 말해서 타로는 우리네 인생과 삶의 반영이다.

우리는 실제로 인생이라는 여정을 통해 성장하고, 성공과 실패를 겪고 반성하며, 다양한 감정을 경험한다. 사람들은 저마다 목표를 세우고 자신만의 개성과 방식으로 여정을 이어간다. 누구는 걸어서 가고 누구는 자전거를 타고 가며 누구는 차를 타고 가는 것이다. 또 어떤 이는 도중에 여행을 중단하기도 하지만, 그조차도 존중받을 만하다. 삶의 완성은 누군가가 주는 것이 아니라 스스로 선택하는 것이기 때문이다. 다시 설명하면, 누구나 살면서 똑같은 인생의 목적을 설정하지 않으며, 똑같은 경험을 하는 것도 아니고, 모두가 같은 나이에 죽지도 않기 때문에 각자의 삶의 단계, 즉 여정의 단계나 목표의 가치를 단순비교할 수는 없다는 것이다. 여행은 각자의 몫이며 누구도 대신할 수 없으므로……

이생에서 실제로 죽음을 맞이하는 순간을 타로카드 21번 세계에 비유하는 이도 있다. 세계 카드는 완성을 의미한다. 따라서 이 해석은 죽음의 순간 삶은 완성된다는 관점이다. 죽음이 그의 여행을 중단시킨다 해도 그것은 그의 여행을 바라보는 객체의 시점일 뿐, 여행의 주체는 여행자이고 죽음 역시 그의 삶에 속하기 때문이다. 그가 세운 목표를 살아 있는 동안 이루었든 이루지 못했든 그것은 중요하지 않다. 살아가는 동안 인생의 목적은 자의반 타의반으로 수도 없이 바뀔 수 있기 때문이다. 말하자면, 자의든 타의든 어느 한 정거장에 최종적으로 발을 내딛는 그 마지막 순간이 그에게 가장 큰 통찰의 순간이자 그만의 고유한 삶이 완성되는 순간으로 볼 수 있다는 것이다.

한편 타로카드에서 바보는 마지막인 21번 세계를 향해 여행을 떠난다. 타로의 여정은 실제 우리의 인생처럼 곳곳에 위기가 도사리고 있다. 즉, 중간중간에 죽음이라는 정거장도, 악마라는 정거장도, 거꾸로 매달린 사형수라는 정거장도 등장한다. 하지만 바보는 이 모든 것을 여행의 과정으로만 여길 뿐, 도중에 그만두지 않고 세계라는 마지막 종착지를 향해 꾸준히 길을 간다.

타로카드 한 장 한 장은 인생의 정거장이다. 우리는 각각의 정거장을 거치면서 단련되고, 또 다른 삶의 단계(정거장)를 예감하고 준비한다. 우리가 여행을 도중에 그만두는 순간은 내게 더 이상 통찰이 필요 없다고 느끼거나 거부할 때이다. 통찰이 필요 없다면, 나를 환하게 비추고 있는 내 마음의 거울이 이미 존재하기 때문일 것이다.

다만, 우리의 여행이 이 생에서 끝날지 또 다시 저 생으로 이어질지 아무도 모르기에 우리는 영원한 종착역을 설정할 수 없다. 바로 이 점을 반영하기 때문인지 타로에서의 여정 역시 완성은 완성일 뿐, 또 다른 시작인 것이다.

분명한 것은 이미 길을 지나간 사람이 이제 막 길에 접어든 사람을 위한 이정표나 거울이 될 수 있다는 것이다. 그 거울은 대화의 시작이며, 대화의 친구다. 만약 그 대화의 친구가 자기 자신이라면, 그는 세상에서 가장 빛나는 거울을 들고 있다고 봐도 될 것이다.

거울카드 도출법

:

거울카드 도출법을 설명하기 앞서 알려두고 싶은 것이 있다. 이 책을 읽으면서 각 카드를 활용한 실전상담 사례가 그 카드의 키워드와 어울리지 않는다고 느낄 수도 있다. 예를 들어, 내담자의 질문에 악마 카드가 나왔다고 하더라도 질문 내용이 반드시 불법적이거나 폭력적이거나 악마적인 것은 아니라는 의미다. 이런 경우에는 그 질문에 대한 통찰의 열쇠가 되는 악마적인 속성을 찾아내고 그것에 주목하면 된다.

각 카드의 속성이나 키워드를 활용하는 것은 전적으로 상담자인 타로리더의 몫이다. 따라서 내담자(질문자)로부터 질문을 받거나 혼자서 자신의 하루 운세를 보거나 일년 운세를 볼 때 깊이 있는 통찰을 이끌어내기 위해서는 각 카드의 속성을 확실하게 숙지하는 것이 중요하다. 카드마다 소개한 상담사례를 참고하고, 각 카드가 가진 속성(예를 들어 거울카드로서의 의미, 방어기제로서의 의미, 점성학적 의미)만큼은 꼭 알아두길 바란다.

거울카드는 길흉을 알아맞히는 것이 아니라 명상이나 통찰을 위한 것으로, 이 책은 라이더 웨이트 덱에서 메이저 카드 22장을 거울카드로 활용하였다. 단, 독자의 상상력을 자극하고 의식을 확장하기 위해 라이더 웨이트 덱을 모티브로 하여 재구성한 일러스트를 활용했음을 미리 알려둔다.

거울카드 도출법은 다음과 같다. 고민이나 문제가 생겼을 때 다음 네 가지 방법 중 하나를 활용하여 거울카드를 선택한다.

❶ 라이더 웨이트 덱에서 메이저 카드 22장만을 뒤집어 섞은 뒤, 문제의 답이라는 믿음을 가지고 한 장을 뽑는다. 라이더 웨이트 덱에 아름답게 채색한 유니버설 웨이트 덱을 사용해도 된다.

❷ 카드가 없다면 A4용지를 22등분하여 0~21까지 번호를 적고 뒤집어 섞은 뒤, 문제의 답이라는 믿음을 가지고 한 장을 뽑는다.

❸ 카드가 없다면 사다리타기 게임을 응용할 수도 있다. 선으로 사다리모양을 그리고 0~21까지 번호를 매긴 다음, 그 중 하나를 선택하여 나온 번호가 거울카드 번호이다.

❹ 조언이나 통찰이 필요한 순간, 시계를 보고 그 숫자를 모두 더한 다음 22번까지 환원하여 거울카드를 도출할 수도 있다. 여기서 22는 0으로 간주하고, 23이 나오면 다시 2와

                    타로카드 심리학

3을 더해서 5로 간주한다.

예) 12시 28분 36초 : 12+28+36=76=7+6=13(죽음 카드)

참고로 다음은 생일을 이용하는 기존의 연도카드다. 하지만 이 방법은 총합이 100이 아닌 이상 최종 숫자가 1이 나올 수 없는 확률상 문제 때문에 권하지 않는다. 이런 문제를 감안하고도 사용하는 타로리더들도 꽤 있다.

생일	공식	
일년운	양력	출생월 + 출생일 + 해당년
한달운	양력	출생월 + 출생일 + 해당년 + 해당월
일일운	양력	출생월 + 출생일 + 해당년 + 해당월 + 해당일

거울카드의
방어기제

:

이 책은 22장의 거울카드가 가진 기본적인 의미와 함께 심리적 방어기제에 대해서 설명한다.

방어기제란 심리학 용어로 일상에서 겪는 불안이나 스트레스로부터 자신을 지키기 위한 심리적 전략을 말한다. 즉, 어떤 문제를 이성적이고 현실적인 방법으로 해결할 수 없을 때 그 문제를 거부하거나 왜곡하여 받아들여 해결하는 것으로, 이 전략은 무의식적으로 작용한다.

사람들은 누구나 매일 크고 작은 스트레스에 노출되며, 그것을 극복하기 위해 자신만의 방어기제를 다양하게 사용한다. 그런 이유로 한 사람의 성격은 그가 주로 사용하는 방어기제의 총합이라고도 한다. 방어기제는 크게 다섯 가지 정도로 분류된다.

방어기제 대분류	심리증상적 소분류	
1. 성숙한 방어기제	유머, 예견, 억제, 승화, 이타주의, 금욕주의, 보상	
2. 미성숙한 방어기제	전능감, 이상화, 부정, 왜곡, 행동화, 회피, 신체화, 수동공격, 퇴행, 공상	
3. 신경증적 방어기제	전치, 대치, 해리, 격리, 반동형성, 보상, 억압, 주지화, 합리화, 애정결핍, 취소, 통제, 퇴행	
4. 병리적·정신병적 방어기제	자기애적 방어기제	투사, 분리, 왜곡, 통제
	자기부정적 방어기제	허세

방어기제는 사용하는 강도에 따라 분류 경계가 모호할 수 있고 학자마다 조금 다른 분류체계를 사용한다.

❶ 보상 : 보상이 약점을 보호하는 차원이면 성숙한 방어기제이지만, 자신의 약점을 과도하게 은폐하려 한다면 신경증적 방어기제로 볼 수 있다.

❷ 통제 : 자신의 불안과 내적 갈등을 감소시키기 위해 외부 사건이나 대상을 지나치게 통제하려는 것은 신경증적 방어기제이지만, 자신이 모든 것을 통제할 수 있다고 지나치게 믿는 것은 자기확대적인 병리적 방어기제로 볼 수 있다.

❸ 퇴행 : 처리하기 곤란한 문제가 닥쳤을 때 미성숙한 발달단계로 돌아가는 것은 미성숙한 방어기제지만, 지나치면 신경증적 방어기제로 볼 수 있다.

❹ 왜곡 : 자신의 욕구나 문제를 남의 탓으로 돌리는 것은 미성숙한 방어기제이고 이것이 지나치면 신경증적 방어기제로 볼 수 있다.

❺ 신경증적인 방어기제가 지나치면 병리적 방어기제가 될 수 있다.

다음은 22장의 카드가 각각 나타내는 심리적 방어기제를 정리한 것이다.

타로카드	해당 방어기제	타로카드	해당 방어기제
0번 바보	해리, 유머, 공상	11번 정의	분리, 합리화
1번 마법사	전능감, 유머	12번 매달린 사람	이상화, 억제, 신체화
2번 여사제	격리, 취소, 반동형성	13번 죽음	승화
3번 여황제	애정결핍, 보상	14번 절제	억제, 수동공격
4번 황제	통제, 부정	15번 악마	퇴행
5번 교황	주지화	16번 탑	허세
6번 연인	애정결핍	17번 별	이상화, 공상
7번 전차	행동화	18번 달	투사, 왜곡
8번 힘	통제, 투사적 동일시	19번 태양	이타주의
9번 은둔자	회피	20번 심판	금욕주의, 보상
10번 운명의 수레바퀴	예견	21번 세계	승화, 공상

타로카드 한 장 한 장은 인생의 정거장이다. 우리는 각각의 정거장을 거치면서 단련되고, 또 다른 삶의 단계(정거장)를 예감하고 준비한다. 우리가 여행을 도중에 그만두는 순간은 내게 더 이상 통찰이 필요 없다고 느끼거나 거부할 때이다. 통찰이 필요 없다면, 나를 환하게 비추고 있는 내 마음의 거울이 이미 존재하기 때문일 것이다.

다만, 우리의 여행이 이 생에서 끝날지 또 다시 저 생으로 이어질지 아무도 모르기에 우리는 영원한 종착역을 설정할 수 없다. 바로 이 점을 반영하기 때문인지 타로에서의 여정 역시 완성은 완성일 뿐 또 다른 시작인 것이다.

분명한 것은 이미 길을 지나간 사람이 이제 막 길에 접어든 사람을 위한 이정표나 거울이 될 수 있다는 것이다. 그 거울은 대화의 시작이며, 대화의 친구다. 만약 그 대화의 친구가 자기 자신이라면, 그는 세상에서 가장 빛나는 거울을 들고 있다고 봐도 될 것이다

22장의
거울카드

0_ THE FOOL

0_ 바보

처음부터 아무것도 모르는 이가 있었다.
돈이 뭔지도
명예가 뭔지도
사랑이 뭔지도 몰랐다.

하지만 사람들은 이미 바보를 다 아는 듯했다.
어리석은 바보, 덜렁대는 바보, 우유부단한 바보, 눈치 없는 바보,
자기 것도 못 챙기는 바보, 끈기 없는 바보, 아는 게 없는 바보,
자기 뜻대로 어느 것 하나 해내지 못하는 바보…….

어느 날 누군가가 바보에게 물었다.
"너 왜 사니?"

그 말을 듣고 바보는 궁금해지기 시작했다.
"그래! 난 왜 살지?"

그날 밤이 새도록 바보는 처음으로 고민이란 걸 했다.
그리고 다음 날, 바보는 배낭 하나만 덜렁 짊어지고 사람여행을 떠났다.
이 말을 중얼거리며…….

"산다는 건 뭘까?"
"과연 남들은 어떻게 살고 있을까?"

거울로서의
바보 카드

:

현대의 기수법은 0부터 9까지 10개의 기호(숫자)를 사용하는데, 숫자 0의 개념은 6세기 초에 인도에서 발견되어 11세기에 아라비아인들에 의해 스페인을 거쳐 유럽에 전파되었다.

수학의 아버지 피타고라스가 살던 고대 그리스에도 0의 개념은 있었지만, 표기는 하지 않았고 그 자리를 비워두는 것으로 대신했다. 0의 형상은 태양을 상징한다는 설도 있지만, 아무것도 없는 무(無)의 상태를 나타낸다는 것이 일반적인 해석이다.

수학에 기초한 과학이 급속하게 발전할 수 있었던 것은 사칙연산이 가능했기 때문이며, 그 중심에 0이 있다. 우리가 누리는 과학문명의 발달은 0이라는 숫자에서 출발하지만, 아이러니하게도 과학문명의 마지막 또한 0(無)이 될지는 아무도 모를 일이다.

거울카드 0번은 바보다. 0과 바보가 짝을 이루는데 이들의 공통점은 무엇일까? 0은 없음[無]을 나타낸다. 바보의 대표적 특징은 크게 무소유, 무지, 무계획으로 볼 수 있는데, 이를 알기 쉽게 말하면 가진 게 없고, 아는 게 없고, 계획이 없다는 것이다. 따라서 0과 바보의 공통점은 '없다'이다.

아무것도 없다는 것은 존재해도 존재가 아니다 또는 존재가 아니기에 존재감을 느낄 필요가 없다는 뜻이다. 혹자는 바보로 살 바에는 차라리 세상에 없는 것이 낫다고 말할지도 모른다. 우리가 숨쉬는 곳은 많이 가진 자, 많이 아는 자, 끊임없이 욕망을 불태우는 자가 지배하는 세상일 테니 말이다.

 타로카드 심리학

바보는 괴나리봇짐 하나만 둘러메고 여행을 떠난다. 그에겐 지나온 과거는 있지만 미련은 없고, 걸어갈 미래는 있지만 바람은 없다. 또한 행동은 있지만 목적은 없고, 인생은 있지만 의욕은 없다. 그가 낭떠러지를 겁내지 않는 이유는 이미 잃을 재산이 없고, 누구에게 잘난 체할 일도 없으며, 뭔가 성취해야 할 목표도 없기 때문이다. 바보에겐 시작도 끝도 없으며, 기쁨도 성냄도 슬픔도 즐거움도 없다. 그저 한 마리 짐승처럼 본능에 이끌릴 뿐이다. 다시 말해서 그는 그냥 바람이 불면 부는 대로 비가 오면 오는 대로 발길 닿는 곳으로 귀신처럼 유령처럼 무작정 걸어갈 뿐이다.

만약 당신의 거울카드가 0번 바보라면 그 어떤 것에도 의미를 두지 마라. 그럼 어떻게 사냐고? 그것이 죽음과 뭐가 다르냐고? 그것마저 의미를 두지 마라. 삶이 의미가 없는데 죽음이 무슨 의미가 있겠는가?

바보가 거울카드로 나왔을 때는 거울을 바라보고 좀 더 바보스럽게 웃어봐라. 0번 바보가 거울카드라면 이제부터 당신은 바보다. 바보의 눈으로 세상을 보고, 바보의 귀로 세상을 듣고, 바보의 머리로 세상을 생각하라. 지금 나의 모든 고민을 내려놓고 내가 꿈꾸는 모든 것들을 지워버려라.

살아온 과거가 행복했든 불행했든, 많은 돈을 벌었든 많은 돈을 잃었든 간에 돌이킬 수 없는 일이라면 미련을 버려라. 지금 당장 가정이 깨질 위기가 닥쳤다 해도 내가 해결할 수 없는 문제라면 고민을 중단하라.

생각해보자. 영화 <친구>에 나오는 명대사 "어차피 우리는 시키는 대로 하고 사는 놈들 아이가"라는 말처럼 우리는 신의 각본대로 산다. 현재의 고민? 내가 고민한다고 모든 것이 내 맘대로 되는 것은 아니지 않나. 당신이 태어난 것 역시 당신의 의지가 아닌 것처럼.

그냥 내버려두어라. 고민은 시간이 지나면 어떻게든 해결된다. 지난 날 당신이 그렇게 힘들어했던 고민들……. 지금은 어떤가? 어떻게든 정리되어 있지 않은가.

미래에 대한 욕망? 지금은 잠시 접어두어라. 당신이 그토록 바라던 것들은 언제나 당신에게 어려운 문제였음을 이미 잘 알지 않는가. 그런가 하면 당신 스스로 자격미달이라고 생각했거나 분수에 맞지 않는다고 생각한 실없는 바람 중에서 한번쯤 행운이 찾아온 적도 있지 않은가. 운 좋게 시험에 붙었다든지 직장에서 나 대신 다른 사람이 해고됐다든지. 어차피 내 것이 될 것은 내 것이 되고, 내 것이 되지 않을 것은 나를 피해 간다.

누구나 자신의 의지와는 상관없이 살면서 크든 작든 행운이라는 걸 경험한다. 길에서 돈을 줍거나 지하철에서 자리를 양보받기도 하고, 어떤 이는 로또 대박을 만나 인생이 180° 바뀌기도 한다. 그런가 하면 끼니를 아껴가며 평생 동안 모은 돈을 한 푼도 쓰지 못하고 사기로 다 날리는 사람도 있다. 또 평소에 건강을 열심히 관리해왔는데 어느 날 허망하게 교통사고로 생을 마감하는 사람도 있다.

너무도 밉고 싫은 사람에게, 또 나를 무시하고 업신여기고 나무라는 사람에게 의미를 두지 밀자. 그가 나를 무시하든 말든 나무라든 말든 그냥 편안히 미소 지어라. 어차피 난 내 의지와 상관없이 빈손으로 이 세상에 나왔고, 또 내 의지와 상관없이 빈손으로 돌아가야 하는 운명이다.

그러니 당신의 고민을 모두 내려놓아라. 너무나 힘들어 죽고 싶을 때, 더 이상 의욕이 없어 아무것도 하기 싫을 때, 무엇을 해야 할지 모를 때에도. 그것마저 잘 안 되어 힘들다면 그냥 길을 나서라. 아무 목적 없이 그 무엇도 준비하지 말고 길을 나서라. 그리고 세상을 구경하라. 자연을 구경하라. 사람을 구경하라. 남들은 어떻게 살아가는지 마음껏 구경하고 구경하라. 배가 고파 집에 돌

 타로카드 심리학

아올 때까지. 혹시라도 도중에 음식을 얻고 배를 채울 수 있다면 계속 길을 가라. 뭔가 해야겠다는 각오나 책임감이 아니라 자연스레 즐거움이 생겨날 때까지 계속 걷고 또 걸어라.

바보 카드의
방어기제

:

01 해리

0번 바보 카드는 여러 방어기제 중에서 해리와 관련지어 생각해볼 수 있다. 해리는 신경증적인 방어기제로 사전적 의미는 풀려서 떨어진다[解離], 즉 의식이 몸을 떠나는 것을 말한다. 누구나 방어기제로 일시적인 해리를 경험할 수 있다. 다만 해리가 신경증을 넘어 병리적으로 진행되면 해리장애라고 한다.

해리장애는 기억, 정체감, 의식, 지각 등의 성격요소가 붕괴되는 장애다. 쉽게 말해 현실을 현실로 받아들이지 않는 것으로, 충격적인 상황을 접했을 때 의식과 감정이 현실과 분리되는 현상을 말한다. 예를 들어, 가족 중 누군가 죽었다는 소식을 들었을 때 주변의 모든 상황에서 내가 분리되어 들리지도 않고 느껴지지도 않는 것이다. 밤샘으로 지쳐 순간 멍해질 때와 같은 느낌이다.

이런 상황에서는 현실의 불안이나 스트레스를 내 것으로 받아들이고 싶지 않아서 거부하거나 통째로 기억에서 들어내게 되는데, 이를 해리성 기억상실증이라고 한다. 심한 경우에는 최근 몇 달 사이의 기억이 통째로 사라지면서 그 전의 일이 바로 어제의 일처럼 느껴질 수도 있다. 이런 현상은 트라우마를 경험한 사람에게 자주 일어나지만 건강한 사람에게도 찾아올 수 있다. 이 해리장애는 일시적일 수도, 점진적일 수도, 만성적일 수도 있다.

방어기제는 단기적으로는 불안이나 스트레스로부터 자아를 보호해준다. 하지만 지속적으로 사용되면 대인관계나 사회적 능력을 퇴보시켜 자아붕괴로 끌고 간다. 끔찍한 고통을 당한 사람에게 해리는 그 기억을 통째로 분리해내기 때문에 일상생활을 가능하게 해주지만, 해리장애가 지속되면 다른 사람들과 감정적 접촉이 줄어들게 되어 심각한 고독에 빠져들게 될 수도 있다.

또한 해리성 기억상실증이 심한 경우에는 자신이 누구이며 어디에서 왔는지, 지금 어디에서 누구와 무엇을 하는지 지각하지 못하기 때문에 바보라는 말을 들 수 있다.

만약 바보가 거울카드로 나왔다면, 차라리 바보같이 모든 것을 내려놓는 게 현명한 것은 아닌지 혹은 지금 이 순간 나는 현명한 각성보다 바보 같은 망각을 더 원하는 건 아닌지 생각해봐야 한다. 또한 자유라는 이름으로 스스로의 책임과 의무를 바보처럼 잊고 있는 건 아닌지도 생각해봐야 한다.

02 유머

또한 바보 카드는 유머라는 방어기제와도 관련이 있다. 바보는 스스로도 잘 웃지만 남에게 웃음을 선사하기도 하므로 유머와 관련짓는다.

03 공상

마지막으로 바보 카드는 공상이라는 방어기제와도 관련된다. 위기에 닥칠 때마다 엉뚱한 상상으로 현실문제를 회피하거나 도피하기 때문이다.

바보 카드의 점성학
천왕성

점성학적 관점에서 바보 카드는 천왕성에 대응된다. 천왕성은 1781년 독일에서 태어난 영국 천문학자 윌리엄 허셜(F. William Herschel)이 발견한 행성이다. 허셜은 이 행성에 당시 영국 국왕인 조지 3세의 이름을 붙여서 조지의 별(George's Star)이라고 불렀지만, 천문학회는 그리스 신화에서 제우스의 할아버지인 우라누스(Uranus)로 이름을 바꾸었다.

참고로 1789년에 발견된 우라늄의 이름은 8년 먼저 발견된 천왕성에서 유래한 것이다. 넵투늄은 해왕성(넵튠), 플루토늄은 명왕성(플루토)의 이름에서 유래하였다. 이것은 새롭게 발견된 행성의 이름을 원소의 이름으로 사용하는 관습을 따른 것이다.

천왕성의 자전축은 다른 행성들과 달리 수평에 가깝게 누워 있다. 즉, 다른 행성들이 팽이처럼 자전하며 태양 주위를 돈다면, 천왕성은 바퀴가 굴러가듯 자전하며 태양 주위를 도는 것이다. 그러다 보니 기발함, 괴상함, 엉뚱함 등이 이 행성의 상징적인 의미가 되었고, 이는 바보가 가진 속성과 잘 맞아떨어진다.

천왕성이 해방이라는 의미를 갖는 이유는 일차적으로 엉뚱함 때문이다. 천왕성의 천문 기호는 화성과 태양의 기호를 합쳐놓은 것으로 궤도를 벗어난 돌출된 힘을 상징한다. 엉뚱함이란 엄연한 질서나 통제 속에서 돌출된다는 뜻이고, 이는 또한 탈출과 해방이란 의미로 전환 혹은 파생될 수 있다.

앞서 설명한 것처럼 천왕성의 영어 이름은 그리스 신화에 등장하는 우라누스이다. 우라누스는 제우스(목성)의 할아버지인데, 제우스의 아버지 크로노스(토성)가 제우스에게 쫓겨난 것과 마찬가지로 그 역시 아들인 크로노스에게 쫓겨났다. 우라누스가 크로노스의 동생들인 키클롭스와 헤카톤케이레스를 타르타로스라는 지하세계에 감금하자, 이를 못마땅하게 여긴 크로노스가 어머니 가이아와 협력해 아버지 우라누스를 폐위시키고 자신의 동생들을 해방시킨 것이다.

엄밀히 말해서 우라누스의 행적을 중심으로 보면 해방이라는 의미보다 오히려 감금이라는 의미가 더 잘 어울릴 수도 있다. 하지만 여기서 해방에 중점을 두는 것은 우라누스의 입장이나 감금된 그의 아들들의 입장보다는 우라누스를 둘러싼 에피소드의 주제인 혁명 때문이다. 다시 말해서 천왕성은 아들에 의해 폐위된 권력자의 이야기로, 부당한 권력을 퇴출시키고 구속된 자들을 해방한다는 관점에서 피지배계층의 지배계층으로부터의 해방이라는 의미를 강조하고 있다고 볼 수 있다.

핵폭탄의 원료로 쓰일 만큼 강력한 폭발력을 지닌 우라늄도 우라누스에서 유래했다. 또한 수성에서 토성에 이르는 행성들의 원리가 지배했던 기존 점성술에 천왕성이 등장하면서 그 규칙성을 통째로 뒤흔들었는데, 이 역시 해방이라는 의미를 떠올리기에 충분하다.

천왕성은 12별자리 중에서 물병자리를 지배하는 행성이다. 다음 그림을 보면 천왕성이 물병자리에 있는데, 이는 천왕성이 물병자리의 지배성이라는 의미다.

천왕성이 지배하는 물병자리 역시 권력지향보다 보편지향으로 볼 수 있다.

　타로카드 심리학

사자자리의 지배성인 태양이 권력중심을 향한다면, 물병자리는 사자자리의 반대편에 놓여 있어서 권력으로부터 멀어진다고 볼 수 있기 때문이다. 따라서 천왕성은 해방으로서 자유나 민주, 보편을 의미하며, 기발함으로서 독창성이나 돌출을 의미한다.

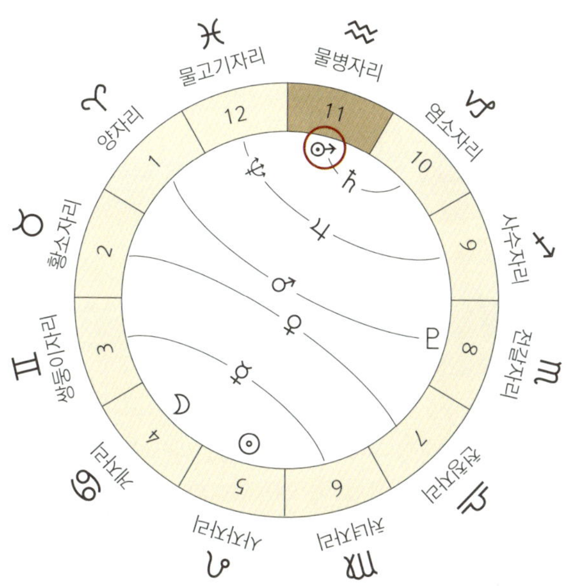

만약 바보 카드가 거울카드로 나왔다면, 혹시 나는 힘 있고 돈 있고 빽 있는 사람들의 편에 서서 스스로의 안위를 도모하지는 않는지, 그들의 논리를 대변하지는 않는지 생각해봐야 한다.

또한 바보 카드는 내가 상식적으로 생각하는 범위 그 바깥에 문제를 해결할 능력을 가진 사람이나 해결책이 있을 수 있다는 것을 인정하거나 수용해야 한다고 충고한다. 한편 천왕성은 재야의 고수를 의미하기도 한다.

바보 카드
상담 활용

:

전 무슨 일을 하면 좋을까요?

저는 좋아하는 게 없는 것 같아요. 내년에 대학을 졸업하는데 무슨 일을 해야 할지 고민이에요. 부동산학과를 다닌 것도 제 선택이 아니라 부모님이 적극적으로 권했기 때문이에요. 그래서인지 학교를 다니면서 그만두려고 한 적도 여러 번이에요. 그런데 졸업하면 취업을 해야 하잖아요. 전공분야는 정말 싫은데 그렇다고 딱히 뭘 해야 할지도 모르겠어요. 전 무슨 일을 하면 좋을까요?

무엇을 할 때 가장 편하거나 행복합니까? 그 일이 바로 당신이 재능을 발휘할 수 있는 일입니다!

당신의 질문은 단순히 적성을 묻는 문제가 아닙니다. 얼핏 보면 직업적성을 묻는 질문 같지만, 자세히 보면 가장 원초적이고 철학적인 '삶'에 관한 문제입니다. 좋아하는 게 없다는 것은 어찌 보면 불행한 일입니다. 인생에 즐거움보다 괴로움이 더 많다고 느끼는 사람이 좋아하는 것 없이 어떻게 삶의 무게를 견뎌낼 수 있을까 싶네요.

　좋아하는 일을 직업으로 삼는다면 얼마나 좋을까요! 게다가 좋아하는 일을 위해 좋아하는 사람들만 만나고 좋아하는 이야기만 주고받다가 좋아하는 배우자를 만나서 좋아하는 삶의 방식으로 살아간다면 또 얼마나 좋을까요?

그런데 가만히 생각해봅시다. 당신이 지금까지 좋아했던 일이나 취미 혹은 사람 중에서 처음의 마음이 나중에까지 지속되던 것이 있었나요? 뭐든 영원한 것은 없지요. A라는 사람이 B라는 사람보다 영원히 잘나갈 거 같지만 정작 A는 B보다 비교적 잘되고 있다고 느낄 뿐이며, A보다 더 잘나가는 C가

타로카드 심리학

나타난다면 A는 자기 일에 대해 예전처럼 느껴지지 않을 겁니다.

어떤 일을 영원히 좋아할 수 있다고 누가 장담할까요? 쉽게 좋아한 것은 쉽게 싫어지는 이유가 되고, "그냥 좋아"라고 했던 일은 그냥 그만두는 원인이 될 것입니다. 일도 연애처럼 처음엔 열정적이었지만 시간이 지나면 의구심과 함께 한 번씩 고비가 오겠지요. 따라서 적성문제는 무 자르듯 딱 잘라서 결정할 수 있는 성질의 것이 아닐지도 모릅니다.

어쩌면 딱 맞는 직업적성을 찾는 것보다 인생을 어떻게 살아야 하는지 답을 찾는 게 먼저 아닐까요? 따라서 당신의 문제는 좋아하는 게 없다는 게 아니라, 영원히 좋아하기 힘들거나 좋아하는 것을 죽을 때까지 찾아야 할지도 모른다는 사실입니다.

사람들은 누구에게나 그만의 달란트(재능)가 있다고 믿으며, 그 달란트를 사용하며 살아가는 것을 행복이라 말하기도 합니다. 그렇기 때문에 사람들은 "난 잘하는 게 없어요. 그래서 뭘해야 할지 모르겠어요"라는 결론에 도달하게 됩니다. 여기서 직업적으로 성공하건 말건 그건 둘째 문제입니다. 돈을 많이 버는 직업을 가져도 행복하지 않다고 말하는 사람도 부지기수이기 때문이죠. 문제는 나는 부여받은 달란트가 없다고 믿기 때문에 내가 좋아하는 게 없다는 결론에 이르는 그 사고방식입니다.

전문가라는 사람들은 "당신이 잘하는 것을 하세요. 그것이 당신의 달란트입니다"라고 조언하는 경우가 대다수일 겁니다. 맞아요. 필자 역시 그 말에 백분 공감합니다. 필자도 가끔 생각 없이 쓰는 말이기도 하고요.

무엇보다 "당신이 잘하는 것을 하세요"라는 말을 듣는다면 당신의 느낌은 어떤가요? 당장 사명감을 갖고 '내가 잘하는 것이 무엇이 있었지?' 하고 당신의 기억을 뒤지고 있지는 않나요? 그런데 뒤지다 보면 약간의 의무감이나 책임감 같은 불편함이 느껴지진 않나요? 어쩌면 당신은 이미 그런 상투적인 조언이 그리 오래가지 못한다는 것을 수백 번 경험했고 또 수백 번 공감하고도 남았을 것입니다.

그런데 어떤 이는 우연한 계기로 생각지도 않은 일을 접했다가 그 일에 재미를 느끼게 되면서 숨어 있던 재능을 발견하기도 합니다. 비유적으로 말하면, 좋아하기 때문에 사귀고 결혼할 수도 있지만, 서로 친구처럼 지내다 보니 정이 쌓이고 애착이 생기면서 애정으로 발전할 수도 있다는 것입니다.

당신은 살면서 행복을 느낀 적이 있습니까? 그 때 당신이 무엇을 하고 있었는지 기억해보세요. 왜 행복하게 느껴졌나요? 당신도 그런 행복을 남에게 줄 수 있을까요? 그렇다면 어떤 방법이 있을까요? 당신의 조건 속에서 생각해보세요. 사소하거나 작은 일이라도 좋아요. 그 일이 잘되어 점점 더 커져간다고 상상해보세요.

하고 싶은 게 없다면, 그냥 아무것이라도 하세요. 배가 고파 뭐라도 먹고 싶다는 생각이 들면 당신은 뭐라도 먹게 되어 있고, 그 먹을 것은 당신이 처한 환경에서 가장 적합한 먹거리가 될 것입니다. 그러니 그 때가 되기도 전에 뭐라도 해야 한다는 의무감이나 책임감으로 안절부절하지 마세요. 그냥 나를 느끼세요. 움직이면서 어떤 일을 할 때 내가 즐거워지고 행복해지는지 느끼면서 말예요. 그것이 당신의 달란트고 적성이고 일이고 직업입니다.

곰곰이 생각해봐요. 달란트는 주어지는 것인가? 발견하는 것인가를……

■ 상담에 적용한 바보 카드의 조언

거울로서의 바보 카드	뭔가 해야겠다는 각오나 책임감이 아니라 자연스럽게 즐거움이 생겨날 때까지 계속 걷고 또 걸어라.
바보 카드의 방어기제_ 해리 · 유머 · 공상	① 해리 : 지금은 내게 현명한 각성보다 바보 같은 망각이 더 필요한 건 아닌지 생각해봐야 한다. ② 유머 : 나는 어떤 고통도 웃음으로 바꿀 수 있는 적성보다 더 강한 삶의 활력을 갖고 있지는 않는지 생각해봐야 한다. ③ 공상 : 무엇을 해야 할진 몰라도 행복하게 사는 내 모습을 그려보고 또 그려본다.
바보 카드의 점성학_ 천왕성	내가 상식적으로 생각하는 범위 그 바깥에 문제를 해결할 능력을 가진 사람이나 해결책이 있을 수 있다는 것을 인정하거나 수용해야 한다.

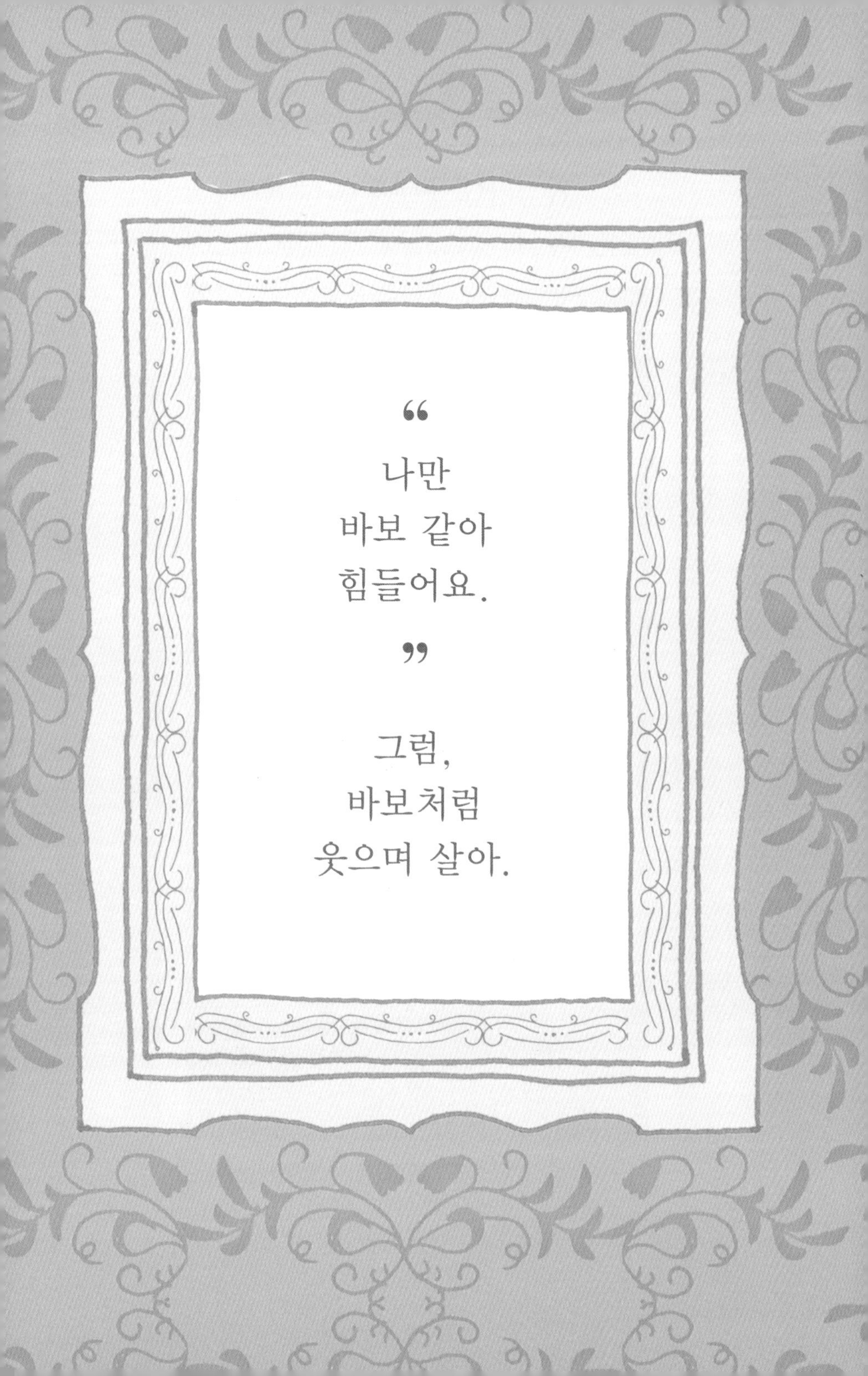

"
나만
바보 같아
힘들어요.
"

그럼,
바보처럼
웃으며 살아.

1_ 마법사

여행을 떠난 바보가 처음 만난 사람은 마법사다.

그는 밝은 얼굴과 강한 자신감 그리고 화려한 언변의 소유자였다.

또한 호기심이 많은 하고잡이여서 뭐든 하지 않고는 못 배기는 성격인 듯했다.

어떤 일이든 관심을 가졌고 무슨 일이든 다 해보고 싶어했다.

이제 막 자기 일을 시작해서인지 조금 서툴렀지만 실패의 두려움보다

성공의 설렘이 더 큰 듯했고, 신중하기보다는 즐겁게 일하는 것처럼 보였다.

그는 다재다능한 재주꾼으로 손재주도 좋고 패션감각도 있었다.

옷차림을 보면 세련되기보다 실험적이었고, 고급스럽기보다 신선했다.

말재주가 있고 유머와 위트가 넘쳤으며, 하루 종일 즐겁고 유쾌했다.

그래서 친구가 많고, 어색한 자리도 그가 나타나면 즐거운 분위기로 바뀌었다.

그는 나이보다 젊어 보이는 미소로 사람들을 편하게 해주었고,

때로는 작은 이벤트로도 사람들의 관심을 자신에게 집중시키는 능력이 있었다.

바보가 그에게 다가가서 물었다.

"산다는 건 뭐죠?"

그러자 마법사가 설레는 표정으로 대답했다.

"맨손으로 만드는 거죠."

바보는 의아한 듯 다시 한 번 물었다.

"맨손으로 만들어요?"

마법사는 주먹을 쥐어 보이며 말했다.

"이 맨손으로 내가 원하는 모든 것을 다 만들 수 있잖아요."

거울로서의
마법사 카드

:

0이 무(無)라면 1은 유(有)로 대변될 수 있다. 무에서 유로 전환되면서 최초의 그 무엇이 존재하게 되었으며, 이는 크게는 시작, 탄생, 창조 등의 의미를 지닌다. 이를 철학적 개념으로는 원동자(原動子)라고 할 수 있는데, 원동자는 도미노 게임에서 맨 처음으로 도미노 패를 쓰러뜨리는 힘처럼 자신은 외부의 힘에 어떠한 영향도 받지 않으면서 다른 존재를 움직이고 변화시키는 그 무엇이다. 이를 절대자 또는 신이라 부른다.

1은 태초의 그 무엇으로, 무에서 유의 탄생이며 근원이고 중심이며 절대자 또는 신에 비유된다. 이는 곧 천지창조이다. 다시 말해서 마법사는 보통 사람들은 따라 할 수 없는 신비한 능력을 갖고 있는데, 이는 초월적인 힘에 의한 창조이다. 따라서 타로에서 신의 전지전능함은 곧 잠재력(초월적인 힘의 무한함)과 창의력(창조)이라는 의미와 연결된다.

한편 1은 일인칭으로 '나'라는 존재에 대한 인식이며 주체성을 의미하기도 한다.

거울카드 1번은 마법사다. 1번에 마법사를 그려 넣은 까닭은 무엇일까? 마법사는 보통 초월적인 힘으로 불가사의한 일을 행하는 자를 가리킨다. 흔히 판타지 소설이나 오컬트 장르에서는 인간의 모습을 하고 있지만, 원래 마법사는 인간과 구별되는 신의 부류이며 인간의 영역에서는 마술사가 그와 비슷한 역할을 한다. 처음을 의미하는 1번에 마법사 또는 마술사를 그려 넣은 것은 그들이 가진 초인적, 초월적인 능력에 초점을 두고 있기 때문이다.

　　　　　　　　　　　　　　　　　　　타로카드 심리학

만약 당신의 거울카드가 1번 마법사라면 당신의 존재 자체가 의미 있다는 뜻
이다. 당신이 누구든 무엇을 하든 상관없이 당신 자체로서 의미가 있는 것이
다. 당신은 세상에서 유일무이한 존재이기 때문이다. 당신은 스스로 느끼고,
스스로 생각하고, 스스로 행동한다. 당신의 생각과 행동은 당신의 존재가치를
변화시킨다.

　1번 마법사 카드가 거울카드라면 이제부터 당신이 바로 마법사다. 그러니
마법사의 눈으로 세상을 보고, 마법사의 귀로 세상을 듣고, 마법사의 머리로
세상을 생각하라. 모든 것은 당신이 생각한 대로 이루어진다. 생각하라. 그리
고 지금 당장 행동하라.

우리의 욕망은 끊임없이 부풀어오르고 우리의 머릿속은 그 욕망을 끊임없이
재구성한다. 하지만 현실의 나는 그 욕망을 '현실성 없음'이라는 검열의 이름
으로 냉정하게 가위질하고 또 가위질한다. "이래서 안 돼!" 하고 가위질하고
"저래서 안 돼!" 하고 가위질하다 보면 나를 흥분시켰던 부푼 욕망은 풍선처
럼 터져버리거나 먼지처럼 흩어져 결국 아무것도 이루어낼 수 없게 된다.

　단순하게 생각해보자. 돌잡이를 할 때 어린아이 앞에 판사봉, 청진기, 연필,
지폐, 야구공, 실타래 등을 놓는다. 아이의 부모가 누구든 어떤 일을 하든 아
이 앞에 놓인 그 물건들을 보고 안 어울리게 거창하다고 말하는 사람은 없을
것이다. 사람의 미래를 알 수 없는 것처럼 아이의 잠재력을 그 누구도 가늠할
수 없기 때문이다.

　어떤 일이든 처음 시작하기 때문에, 경험이 너무 없기 때문에, 자원이 너무
부족하기 때문에 시작하기 힘든 게 아니다. 스스로를 향한 그 가위질 때문에
일을 시작하기 힘들고, 스스로 버거워하기 때문에 더 튼실한 열매를 기대할
수 없는 것이다. 물론 인생 성공이라는 확률게임에서 부모로부터 대를 이어온
환경은 각자에게 중요한 자산 혹은 빚이 되겠지만, 그 이유 때문에 내 자식의

돌잡이상을 치워버리거나 남의 자식 돌잡이에 훈수를 둘 수는 없는 것이다.

어떤 일을 할 때 사람은 두 가지 유형이 있다. "이렇지만 해보자!" 하는 사람, "그렇기 때문에 안 돼!" 하는 사람이다. 전자가 적극적이고 모험적이라면, 후자는 분석적이고 이성적이다. 간혹 대기업 CEO 중에 운동선수 출신도 있고 촉망받던 문학도도 있는 것을 감안할 때, 둘 중 어떤 유형이 일을 더 성공적으로 이끈다거나 사업가에 잘 어울린다고 장담할 수 있을까? 확실한 것은 모든 일은 시작이 있어야 진행이 되고, 진행이 되어야 경험할 수 있다는 것이다. 그래서 '시작이 반'인 것이다.

그대여, 어떤 일을 앞두고 망설이거나 두려워하는가? 그럼 시작하라. 마법사는 무에서 유를 창조하는 사람이지 유에서 유를 창조하는 사람이 아니다. 유에서 유를 창조한다고 믿는 순간, 당신이 만약 재수 없게 단 한 번이라도 실패한다면 이후 다시는 성공을 기대할 수 없게 될 것이다. 어쩌면 타고나는 것은 재능이 아니라 무엇이든 하고 싶어하고 잘할 수 있다는 생각과 자신감 그리고 실천하려는 마음 아닐까? 그것이 모든 것에 익숙해지게 만들고, 익숙함은 곧 세련된 능력으로 발전하는 것이라고 하면 틀린 말일까?

마법사 카드의 방어기제

:

01 전능감

1번 마법사는 여러 방어기제 중에서 우선 전능감과 관련지어 생각해볼 수 있다. 전능감은 발달과정에서 결함이나 시행착오로 인해 생기는 미성숙한 방어기제다. 수용하기 힘든 외부의 압박, 공격, 위험 혹은 문제상황이나 갈등상황에 대해 스스로 특별한 능력을 지니고 있어서 타인보다 우월하다고 믿는 정서다. 이는 나르시시즘과 동일시된다.

아기는 가만히 누워 원하기만 하면 무엇이든 충족되기 때문에 자기중심적인 사고, 즉 자기가 생각하는 걸 다른 사람도 생각한다고 믿게 된다. 그런 사고방식을 마술적 사고라고 표현하기도 한다. 좀 더 성장한 아이는 자신을 위해 무엇이든 다 해주는 엄마를 전지전능한 존재로 믿게 되고 자신과 엄마를 동일시하게 되는데, 이것을 유아적 전능감이라고 한다. 일반적으로 이 전능감은 엄마와 정서적 교감을 나누며 성장하는 과정에서 서서히 약화된다.
　반대로 엄마의 보살핌이 결핍된 아기는 엄마와의 정서적 교감 부족으로 인해 전능감이 오히려 강화된다. 다시 말해서 엄마의 관심을 덜 받은 아이는 자신을 사랑받을 가치가 없는 불필요한 아이라고 스스로 비하하게 된다. 그러면서 아이는 엄마에게 사랑받기 위해서는 뭐든 잘해야 한다는 의식을 갖게 되고, 이것이 전능감 강화로 이어진다. 따라서 자신의 능력을 증명하려는 행위는 자신이 불필요한 사람이라는 심리적 불안을 보여주는 것과 같다고 볼 수 있다.

전능감은 종종 종교인에게도 나타난다. 처음 신앙생활을 시작할 때는 신 앞에서 매우 겸손한데, 일이 잘 풀리면 스스로 신의 전능함을 물려받았다고 믿게 된다. 하지만 그 믿음이 잦은 실패로 이어지면 이제껏 소중히 여기던 신을 헌신짝처럼 버리는 것이다.
　전능감이 심한 사람은 어른이 되는 과정에서 크고 작은 위기를 만난다. 원시부족의 혹독한 성인식, 우리나라의 경우에 남성의 군복무와 여성의 시집살이가 그 예이며, 이를 극복한 모습을 이상화된 자기(페르소나) 혹은 자아이상(ego ideal)이라고 부른다. 한편 자아이상을 추구하는 과정에서 죄책감이 생겨나기도 한다. 사랑받기 위해 자신을 좀 더 과장하거나 능력 있게 보이려는 것은 곧 자기부정이며 남을 속이는 것이기 때문이다.

회화적으로 보면, 라이더 웨이트 덱의 마법사 카드에는 탁자 위에 지팡이, 컵 검, 동전의 4슈트가 등장하는데(이 책에서는 탁자 위의 4슈트를 돌잡이 물건으로 재구성하였다), 이는 1이 상징하는 유아적(시작)이라는 개념과 마법사의 전지전능함이 합쳐져 유아적 전능감을 형성한다.

만약 마법사 카드가 거울카드로 나왔다면, 나는 남보다 우월하다 또는 막연히 우월해야 한다고 생각하지는 않는지, 나의 잦은 죄책감의 원인은 지나친 책임감 또는 모범적 인간이 되어야 한다는 지나친 중압감은 아닌지 생각해봐야 한다.

02 유머

또한 1번 마법사는 여러 방어기제 중에서 유머와 관련지어 생각해볼 수 있다. 유머는 비교적 자존감이 높은 사람들의 성숙한 방어기제다. 상대방에게 위협이나 비난을 받을 것 같은 위기 혹은 모두가 심각하고 불안한 상황에 놓여 있을 때, 또는 서로 불쾌해지고 싶지 않을 때 그 상황을 웃음으로 무력화시키는 역할을 하는 것이 유머다.

정치적 공상소설 『유토피아』를 쓴 영국의 정치가·인문학자인 토머스 모어(Thomas More, 1478~1535)는 반역죄로 사형을 당했는데, 마지막 순간에도 유머를 잃지 않고 사형집행관에게 "힘을 내게. 내 목은 매우 짧으니 조심해서 자르게"라고 말했다는 유명한 일화가 있다. 그런가 하면 제2차 세계대전 당시 유태인들은 죽음을 기다리던 가스실에서도 유머를 즐겼다고 한다.

이처럼 자존감이 높고 건강한 사람들이 극도의 불안을 성숙하게 극복하기 위해 사용한다고 해서 유머를 차원 높은 방어기제라고도 한다.

타로카드 심리학

유머를 마법사(또는 마술사)와 관련짓는 이유는 무엇일까? 마법사는 무대에서 사람들에게 신비한 요술을 보여주기도 하지만, 관객을 사로잡는 그의 뛰어난 언변술에는 유머가 녹아 있기 때문이다.

마법사는 유머와 위트를 구사하는 캐릭터이다. 마법사가 화려한 언변으로 사람들을 웃기고 즐겁게 만드는 것처럼, 현실에서 마법사와 같은 기질을 가진 사람은 자신의 위기를 유머나 농담으로 잘 헤쳐 나가기도 하고 사람들의 심각하고 긴장된 분위기를 부드럽게 완화시키기도 한다.

하지만 세상 모든 일이나 모든 문제를 웃음으로 해결할 수 있는 것은 아니다. 지나친 유머나 농담은 오히려 해가 될 수도 있다. 예를 들어, 화가 머리끝까지 난 사람에게 정도를 넘어선 유머를 던졌다가 상대의 화를 키운다든지, 상대의 날카로운 공격을 유머로 넘겼는데 이후 상대에게 필요 이상으로 굽신거렸다는 생각 때문에 자존감에 상처를 받을 수도 있다.

심지어 자신의 공격성을 유머로 포장하여 상대를 공격하는 경우도 있다. 여러 사람이 있는 자리에서 유머로 상대를 조롱하는 것이 좋은 예이다. 주변 사람들이 웃게 됨으로서 상대를 직접적으로 공격해서 생기는 사회적·도덕적 부담을 덜 수 있기 때문에 이런 행동을 하는 것이다.

만약 마술사가 거울카드로 나왔다면, 혹시 나는 유머러스한 말을 한다거나 가볍게 장난을 친다면서 상대의 진지한 생각이나 감정을 습관적으로 무시하지는 않았는지 한번쯤 생각해봐야 한다. 이와 반대로, 유머로 넘겨도 충분한 문제를 너무 진지하게 생각해서 오히려 문제를 더 키운 적은 없는지도 생각해봐야 한다. 무엇보다 유머는 고통스럽거나 우울한 분위기를 반전시킬 수는 있지만 근본적인 해결책은 될 수 없다는 것을 명심해야 한다.

마법사 카드의 점성학
수성

점성학적 관점에서 마법사 카드는 수성에 대응된다. 수성은 태양과 가장 가까이 있는 행성으로 태양의 인력에 의해 공전 속도가 태양계 행성들 중에 가장 빠르다. 그리스 신화에서 정보의 신 헤르메스(Hermes)의 상징이 된 것도 이렇게 빠른 속도 때문이다. 헤르메스의 모자와 신발에는 날개가 달려 있는데, 이는 헤르메스의 두뇌회전과 움직임이 엄청나게 빠르다는 것을 상징적으로 보여주는 것이다. 수성의 천문 기호는 헤르메스의 날개 달린 모자(뿔 달린 원)와 카두케우스(Caduceus, 십자)를 형상화한 것으로 물질(십자) 위에 균형을 이룬 마음을 나타낸다.

한편 로마 신화에서는 헤르메스를 메르쿠리우스(Mercurius)라고 불렀다. 상업과 교역의 신으로 주인인 태양에게 바짝 붙어서 그 주위를 바쁘게 뛰어다닌다고 생각했기 때문에 신들의 심부름꾼으로 불렸다.

또한 수성은 태양과 달의 자식으로 불렸는데, 태양의 양적 에너지와 달의 음적 에너지를 함께 갖고 있어서 뭔가를 구별하고 분별하는 분석적 능력과 논리적이고 비판적인 능력이 뛰어나다고 보았기 때문이다. 수성의 천문 기호에서 돋아난 두 뿔은 각각 태양의 발산과 의식적인 에너지, 달의 수용과 무의식

타로카드 심리학

적인 에너지를 나타낸다. 이런 능력 때문에 수성은 정보, 통신, 언론과 관련된 업종에 잘 어울린다.

하지만 메르쿠리우스에서 유래한 영어 단어 머큐리얼(Mercurial)에는 변덕 스럽다는 의미도 있다. 즉, 수성의 돋아난 두 뿔을 그믐달과 초승달로 볼 수 있는데, 이 달의 변화가 변덕을 상징한다는 것이다. 따라서 수성의 능력을 부 정적인 변덕으로 해석하면 사기계약이나 비판 또는 자기 합리화와 같은 의미 로 전락한다.

수성은 쌍둥이자리와 처녀자리의 지배성이다. 다음 그림에서 원 안에 있는 수성은 원 바깥에 있는 쌍둥이자리와 처녀자리를 지배한다. 수성이 지배하는 쌍둥이자리는 지식과 소통을 나타내며, 처녀자리는 분석과 분별을 나타낸다.

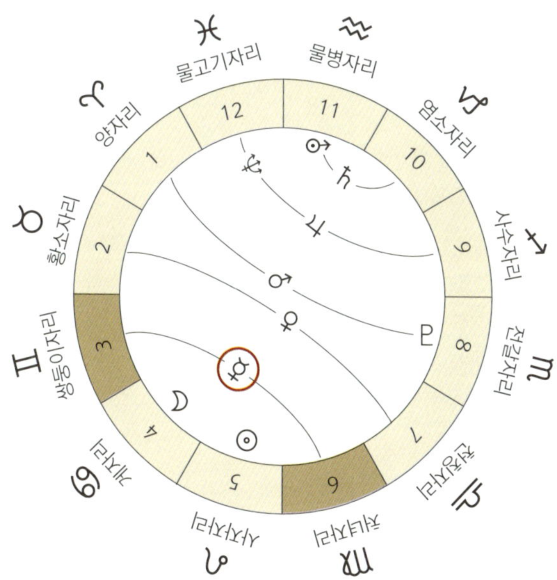

정리하면, 수성은 정보로서 크게 지식과 소통을 의미하며, 다시 지식은 사고, 분별, 논리, 분석 등의 의미로 세분화될 수 있다.

만약 거울카드로서 마법사가 나왔다면 혹시 나는 정보에 너무 어둡거나 반대로 너무 의지하는 것은 아닌지 생각해봐야 한다. 또한 타인과 소통할 때 너무 자기 주장만 펼치거나 너무 아는 체하는 건 아닌지 생각해봐야 한다.

마법사 카드
상담 활용

:

44세 남자
Q / **뭘 한다는 것이 두려워요.**

서양화과를 나와서 지금껏 일러스트를 그리면서 나이를 먹었는데, 한 5년 전부터 감이 떨어지더니 일러스트 일감도 확 줄었어요. 거기에다 요즘 젊은 친구들은 감각도 좋고 컴퓨터를 잘 다뤄 수작업한 작품을 리터칭하는 기술도 매우 노련해요. 전 체질적으로 CG(컴퓨터그래픽)작업은 도저히 안 맞아 수작업에 전적으로 의존하는데, 그러다 보니 아무리 그림이 좋고 가격이 높다 해도 일감을 찾기가 힘들어요. 요즘은 가격도 싸고 빠른 작업을 원하는 상업용 일러스트가 대세인 거 같아요.

그리고 일러스트는 거의 혼자 프리랜서로 일하지만, 그래픽 디자이너들은 팀을 이루어 분담해서 일하니 작업이 빠르거든요. 고객들은 그림을 저희보다 잘 모르니 그 쪽을 선호해 수작업 일러스트 일감이 줄어드는 거 같아요. 실력만 좋으면 컴맹이라도 먹고 사는데 지장이 없지만 전 좀 어중간한 거 같아요.

일러스트를 빨리 때려치워야 하는데 너무 힘들어요. 수입이 너무 불규칙해서 생활하는 게 형편 없고, 그러다 보니 술도 많이 먹게 되고, 요즘은 위장도 안 좋다 보니 일하는 것도 의욕이 떨어져요. 2~3년 전부터 이삿짐 나르고 에어컨 설치하는 아르바이트도 가끔 하는데 도무지 적응이 안 되네요.

　　　　　　　　　　　　　　　　　타로카드 심리학

그림이 좋아서 때려치우지 못한다고 생각했는데, 가만 생각해보면 새로
운 일을 하는 것이 너무 두려워요. 이 나이에 뭘 할 수 있겠어요? 막일 아니
면 운전, 그것도 아니면 공장에라도 나가야 하는데……. 매일 벼룩시장만
뒤지고 결정을 못하고 이러고 있어요.

그림을 지금 때려치워야 제가 사람구실을 할 수 있을 것 같은데, 제가 다
른 일을 할 수 있을까요? 평생 좋아했던 그림을 포기하고 다른 일을 할 수
있을까요?

그 일의 마지막 단계에 있는 성공부터 떠올리세요!

뭐든 시작은 설레야 정상이 아닐까요? 여행도, 게임도, 운동도, 살을 빼는
것도, 정말 하고 싶은 일이었기에 처음 시작할 때는 기대감에 설레는 게 당
연한 게 아닐까요? 시작하기도 전에 두려움이 더 크다면 그것은 실패를 의
식하기 때문일 겁니다. 여행 갈 돈으로 차라리 다른 것을 하는 게 더 효과적
이지 않을까? 게임에서 지면 어떡하지? 힘들게 살을 뺐는데 요요현상이 오
지는 않을까? 이런 예들처럼 나쁜 결과를 미리 생각하기 때문일 겁니다.

당신이 느끼는 두려움의 실체는 현재 자신을 둘러싼 환경이 하루아침에
변해버린 것, 그 동안 소중히 지켜왔던 모든 것들을 포기한 또 다른 자신을
받아들여야 하는 낯설음일지도 모릅니다. 낯선 환경에서 느끼는 두려움은
누구나 마찬가지일 것입니다. 특히 신변의 위협을 더 느끼는 곳이라면 그
두려움은 더 가중될 것입니다. 하물며 지금껏 자신을 지켜주었던 무기마저
빼앗겨버린다면 그 두려움이 어느 정도일지 충분히 공감이 갑니다.

일러스트 직업 하나로 40세까지 일했다면 모르긴 해도 15~20년은 족히
그림을 그렸다는 말인데, 이제 와서 새로운 직업을 갖는다는 것은 두려운
일임에 틀림없겠죠. "그림이 좋아서 때려치우지 못한다고 생각했는데, 가
만 생각해보면 새로운 일을 하는 것이 너무 두려워요"라고 말은 했지만, 이
삿짐 나르는 일도 해보고 에어컨 설치일도 해본 것으로 봐서 어쩌면 당신은
새로운 일을 하는 것이 두려운 게 아니라 좋아하는 것을 버리는 게 더 힘들
고, 또 그렇기 때문에 새로운 일이 힘들다는 생각이 점점 더 커진 것처럼 느

껴집니다.

　우리는 흔히 뭔가를 시작할 때 스스로 나이가 걸림돌이라고 생각하거나 늘 그런 압박 속에 삽니다. 나이는 숫자에 불과하다고 말하는 사람은 분명 뭔가에 도전해서 성공을 거둔 사람이거나 실패를 충분히 감당할 수 있는 대체자원, 즉 경제적 여유가 있는 사람 딱 두 부류일 것입니다.

　정리하면, 당신이 새로운 일을 시작하는 데 두 가지 명백한 장애물이 존재합니다. 첫째는 그림을 좋아해서 포기하기 힘들다는 것이고, 둘째는 나이가 마흔이라는 것입니다. 다만, 당신은 금전적으로 투자를 하거나 돈을 들여 사업을 하는 것은 아니기 때문에 경제적인 사정은 전혀 문제가 되지 않는다고 생각됩니다. 이미 많이 지친 당신에게 이 두 장애물이 성벽처럼 느껴질지도 모르겠군요. 저는 감히 이 두 장애물을 뛰어넘을 수 있는 두 가지 방안을 제시하고자 합니다.

첫 번째 장애물은 포기하는 것에서 오는 두려움이니 포기하지 말라고 말해주고 싶네요. 저 역시 좋아하는 것은 존재의 절대가치라고 생각하기 때문입니다. 그러니 포기하지 말고 잠시 쉬거나 접어둔다고 생각하라고 말해주고 싶어요. 전쟁 중에도 휴식이 필요하고 오페라도 막이 끝나고 다시 시작할 때 쉬는 시간이 있는 것처럼, 살다 보면 누구에게나 그러한 휴식은 꼭 필요하고 그 휴식은 오히려 스스로를 돌아보게 하고 성장시키는 역할을 할 테니 말입니다.

　접어둔다는 것은 언제고 다시 그 일을 할 수 있다는 믿음을 갖고 그 시기를 기다리라는 의미입니다. 강태공은 무려 20여 년을 기다려 기회를 얻었고, 일본의 도쿠가와 이에야스는 7년을 기다린 끝에 천하를 얻었다지요. 이 두 이야기는 뭐든 때가 있다는 말입니다. 물론 나이가 들어 감마저 떨어지는 당신에게 10년이나 20년을 기다리라는 말은 아닙니다. 꼭 일러스트가 아니더라도 다른 방법으로 그림을 그릴 수 있는 기회가 다시 올 수 있다는 의미입니다. 그 기다림 끝에 만일 기회가 온다면 그 때 그림을 그리는 기쁨은 지금보다 훨씬 더 클 수도 있을 것입니다. “기다리다 끝나버리면 어떻게 하나?”라고 따지는 사람이 있다면 “만약 내일 당신이 죽는다면 지금 이 고민이 무슨 대수인가?”라고 되묻고 싶군요.

타로카드 심리학

두 번째 장애물을 뛰어넘기 위해서는 긍정의 힘을 믿으라고 말하고 싶어요. 솔직히 마흔은 사회적으로 보면 뭔가를 하기엔 분명 늦은 나이일 수도 있어요. 하지만 또 하나 분명한 것은 마흔을 훨씬 넘은 사람들 중에서도 성공한 사람들이 꽤 있다는 것입니다. 미국의 국민화가 모제스 할머니가 평생 짓던 농사를 버리고 그림을 그리기 시작한 나이가 70살이었다고 하지요.

이렇게 말하면 "그래요. 모세는 120살까지 살았고 노아는 900살까지 살았지요"라면서 빈정거리는 이도 있을 것입니다. 그래요. 저 역시 극히 소수의 성공한 사람을 예로 들면서 모든 것을 마음의 문제라고 일반화하고 싶지는 않습니다. 나이는 현실의 문제고 생각보다 사회적으로 많은 제약이 따르기 때문이죠. 다만 제가 하고 싶은 말은 마흔은 서른보다는 많지만 마흔다섯보다는 5년이나 젊고, 쉰보다는 10년이나 젊다는 사실입니다. "5년만 젊었으면……." 이 말이 당신에게 유효하다면, 무슨 일이든 지금 시작해도 충분하다는 말입니다. 여기서 한마디 거들자면, 나이를 먹었다는 것이 전적으로 부정적이기만 한 것은 아닙니다. 밥 한 그릇 더 먹은 만큼 사회적 경험이 더없이 값진 경험으로 작용할 겁니다.

정리하면, 뭔가를 시작한다는 것은 누구에게나 설레고 또한 두려운 일임에 틀림없습니다. 나는 세상에 단 하나뿐인 존재이며 주어진 삶도 단 한 번뿐이라는 것입니다. 우리의 앞날은 그 누구도 모르며 나조차도 내가 어떻게 흘러갈지 모릅니다. 있다면 내가 나를 믿고 가는 것 뿐이죠. 현재는 미래의 결과가 아니라 원인일 뿐입니다. 따라서 무엇을 하든 무엇이 됐든 과거는 여러 모로 실수 투성이며 부족할 수밖에 없습니다. 무엇이 되고 난 후에 돌아볼 때 과거는 나름의 이유가 됩니다. 그러므로 지금 현재 아무리 부족하게 느껴질지라도 현재는 그 자체로 의미가 있습니다. 그러니 현재를 탓하지 마세요.

어떤 일을 시작하려는데 두려운가요? 그 일의 마지막 단계에 있는 성공부터 떠올리세요. 당신이 앞으로 선택할 일은 이제 막 돌을 맞은 어린아이 앞에 펼쳐진 돌잡이 물건일 뿐입니다. 그것 하나만 믿고 가세요. 꿈은 반드시 이루어집니다.

■ 상담에 적용한 마법사 카드의 조언

거울로서의 마법사 카드	어쩌면 타고나는 건 재능이 아니라 뭐든 하고 싶어하고 잘할 수 있다는 생각과 자신감 그리고 실천하려는 마음이 아닌지 생각해봐야 한다.
마법사 카드의 방어기제_ 전능감·유머	① 전능감 : 그만둬야 한다는 걸 잘 알지만 특정 분야에서만큼은 자신의 재능이 누구에게도 뒤지지 않는다고 스스로 확신하는 건 아닌지, 다른 일을 하게 되면 결국 잘 적응하게 되어 지금의 일을 영원히 버릴지도 모른다는 막연한 두려움이 있지는 않는지 생각해봐야 한다. ② 유머 : 나는 사람들 앞에 나설 때 항상 재미있는 사람으로 주목받진 않는지, 사람들 앞에서 더 즐겁고 자신감이 샘솟진 않는지 생각해봐야 한다.
마법사 카드의 점성학_ 수성	나는 정보에 너무 어둡거나 반대로 정보에 너무 기대는 것은 아닌지 생각해봐야 한다.

타로카드 심리학

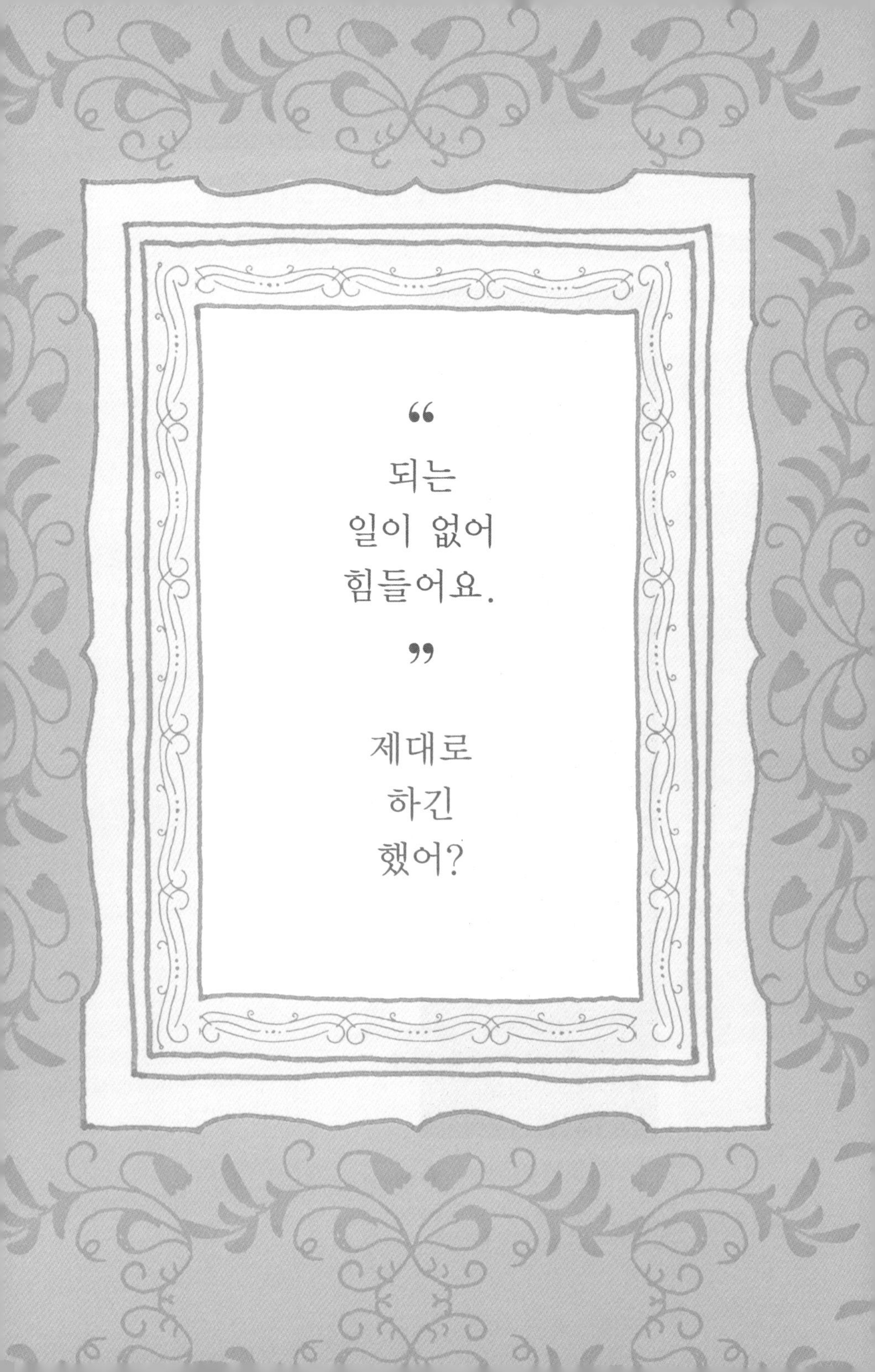

"
되는
일이 없어
힘들어요.
"

제대로
하긴
했어?

2_ THE HIGH PRIESTESS

여행을 떠난 바보가 두 번째로 만난 사람은 여사제다.

밝고 자신만만한 마법사와 달리 그녀는 무표정하고 차분했다.

고고하고 도도하며 순결한 분위기가 권위처럼 느껴져서

누구도 선뜻 그녀에게 말을 걸지 못했다.

그녀는 늘 책을 들고 있었고, 말하기보다 보고 듣는 것을 더 좋아하는 듯했다.

간혹 입을 열면 비밀스러운 이야기들이 줄줄 흘러나올 것만 같았다.

그녀는 늘 하얗거나 깨끗한 옷을 입었고, 음식도 정갈하게 먹었다.

조금의 화려함이나 지저분함도 절대로 용서할 수 없는 것 같았다.

그녀는 항상 생각한 후에 말하는 편이었고, 그 말은 짧지만 명료했다.

결단을 할 땐 감정보다 이성을 중시했다.

또한 혼자 있기를 좋아하는 편이어서 대인관계는 좀 좁아 보였다.

하지만 그녀는 어떤 자리에서도 자신만의 색깔을 잃지 않았고,

그 색깔은 차분하지만 고요한 힘을 유지하고 있었다.

바보가 그녀에게 다가가 물었다.

"산다는 건 뭐죠?"

그러자 여사제는 또박또박 대답했다.

"또 다른 죽음이 있다는 거겠죠. 당신이 있으면 당신 아닌 내가 또 있듯이……."

바보가 다시 물었다.

"그럼, 산다는 건 좋은 건가요?"

여사제가 대답했다.

"죽는다는 게 꼭 나쁘다고 한다면요."

거울로서의
여사제 카드

:

앞서 0이 무(無)라면 1은 유(有)로 대변될 수 있다고 했는데, 그럼 2는 무엇으로 설명할 수 있을까? 결론부터 말하면 2는 분화, 분별, 구별의 의미를 지닌다. 빛이 있으면 그림자가 있듯, 불이 있으면 물이 있고 하늘이 있으면 땅이 있고 남자가 있으면 여자가 있고 좋은 일이 있으면 나쁜 일이 있다. 내가 있기에 당신이 있는 것 또한 마찬가지다.

다시 말하면 분화, 분별, 구별은 상대개념이다. 하나의 개념이 상대개념에 따라 그 의미가 더욱 뚜렷해지는 효과가 나타난다는 것인데, 예를 들어 나무 젓가락 옆에 이쑤시개를 놓으면 나무젓가락은 굵어 보이고, 각목을 놓으면 나무젓가락은 가늘어 보인다는 것이다. 말하자면 세상에 절대 선과 절대 악이란 없으며 상대적일 뿐이다.

거울카드 2번은 여사제다. 1번이 강력한 에너지의 방출이라면, 2번은 그 에너지의 이면을 나타낸다고 볼 수 있다. 다시 말해서 1번이 빛이라면 2번은 그림자인 것이다. 산이 높으면 골이 깊고 빛이 밝을수록 그림자도 짙게 드리우는 것처럼, 강한 육체일수록 더욱 깊은 내면이 요구된다. 따라서 2번 여사제는 비밀(보이지 않는 것), 이중성, 상대성, 반대급부와 같이 상대개념에 관한 것들을 상징한다.

한편 2는 2인칭인 '너'라는 존재에 대한 인식이며, 나와 가장 밀접한 관계를 맺는 대상을 의미하기도 한다.

우리는 일상에서 반대급부라는 말을 자주 쓰는데, 이는 어떤 일에 대응하는

타로카드 심리학

이익을 의미한다. 예를 들어, 내가 일을 하고 품삯을 받았다고 치자. 나는 노동력을 급부(제공)한 것이고 상대에게서 반대급부로 품삯을 받은 것이며, 상대는 급부로 품삯을 주고 반대급부로 노동력을 취한 것이다. 세상이 양과 음으로 대변되듯이 만물의 이치는 이렇게 상대개념으로 짜여져 있다.

하지만 우리는 살아가면서 항상 한 가지를 놓치고 있는 것 같다. 왼쪽을 보면 오른쪽을 망각하고, 위를 보면 아래를 망각하고, 잘살면 못 살던 때를 망각하고, 건강하면 아팠던 일을 망각하고, 바둑을 둬도 내 수에 빠진 나머지 상대의 수를 망각하고, 받은 것은 잊어버리고 준 것만 기억하는 것처럼 말이다.

반대급부와 관련하여 좀 더 설명해보자. 우리 주위에서 일만 엄청 시켰다고 불평하거나 품삯이 너무 적다고 따지는 사람들을 쉽게 볼 수 있는데, 이것이 곧 급부와 반대급부 중에서 하나는 망각하거나 가볍게 본다는 방증일 것이다. 애초에 조건을 따져서 일을 할지 말지 결정했을 것이고, 일을 했다는 것은 좋든 싫든 그 조건을 받아들였다는 의미이기 때문이다. 이처럼 어느 한쪽을 망각하거나 가볍게 본다는 것은 깊이 고려하지 않은 것 혹은 의식 밖에 있어서 보이지 않는 것, 숨겨진 것, 알 수 없는 것 등과 의미상 연관되어 있다.

2번 여사제 카드가 거울카드라면, 이제부터 당신은 세상을 보는 방법을 바꿔야 한다. 당신 눈에 보이는 것은 빛이 만들어낸 작품이다. 칠흑 같은 어둠 속에서는 눈을 아무리 크게 떠도 온통 검을 뿐이다. 빛과 그림자는 하나이면서 동시에 둘이다. 세상만물은 그 어떤 것이든 드러난 것과 드러나지 않은 것의 두 가지 모습을 지닌다. 따라서 뭔가를 정확히 알거나 이해하기 위해서는 항상 드러난 그 이면에까지 관심을 두어야 한다.

상대개념으로 이루어진 세상만물의 이치는 절대적인 것도 없고 영원한 것도 없다. 길(吉)은 늘 길이 아니며, 흉(凶)도 늘 흉이 아니다. 장점은 단점이 될 수 있고 단점은 또한 장점이 될 수 있다. 내가 돈 때문에 행복하다면 그 돈 때문에 불행해질 수 있고, 권력 때문에 많은 사람을 친구로 사귀었다면 그 권력이 진정한 친구들을 모두 떠나보내는 이유가 될 수도 있다. 한 사물에 겹쳐진 두 가지 성질, 우리는 이것을 이중성이라고 부른다.

세상만물에 이중성이 깃들어 있음을 안다면 당신은 무표정한 여사제처럼 무엇을 봐도 어떤 일을 당해도, 진지함과 신중함을 유지하게 될 것이다. 무표정은 이성을 나타내고, 차분함은 중심을 잃지 않는 안정된 마음이다. 다시 말해서 그 어떤 일에도 이성을 유지한다는 뜻이다.

여사제 카드의
방어기제

:

01 격리

여사제는 숫자 2에 담긴 분리와 결합 그리고 그녀의 표정 없는 얼굴에서 격리라는 방어기제를 먼저 생각해볼 수 있다. 격리는 고통스러운 과거의 기억에 대해 감정을 생각과 분리하여 무의식 속에 밀어넣고 생각만 내뱉는 것이다. 예를 들어 "한 번만 날 더 건드리면 그 집 식구도 죽고 나도 죽는 거지 뭐"라는 식으로 감정 없이 말하는 것이다. 마치 여사제의 감정을 알 수 없는 무표정처럼 말이다.

02 취소

또 하나, 여사제는 원죄를 지은 여자로서의 죄책감에서 비롯된 취소라는 방어기제를 생각해볼 수 있다. 예를 들면, 동생을 때린 아이가 동생에게 자기가 아끼던 물건을 주거나 뽀뽀를 해서 이전의 자기 행동을 취소하는 것이다.

 타로카드 심리학

마지막으로 여사제는 반동형성과도 관련된다. 취소는 오로지 죄책감을 덜기 위한 이중적 행위이지만, 반동형성은 자신이 수용하기 힘든 외부 압박에 대한 불안을 덜기 위한 방어기제다.

우리 속담에 '미운 놈 떡 하나 더 준다'는 말이 있다. 속으로는 싫어하면서 겉으로는 좋아하는 척한다는 뜻이다. 물론 이와 반대로 속으로는 좋아하지만 겉으로는 싫어하는 듯 행동하는 것도 있다.

여자아이가 소꿉장난을 하는데 또래 남자아이가 훼방을 하거나 짓궂은 행동을 하는 것을 흔히 볼 수 있다. 이것은 사실 남자아이는 여자아이에게 관심이 매우 많지만 여자아이는 그걸 몰라주기 때문에 그 억울함이 반대행동으로 나타난 것이다. 다시 말해서 훼방을 놓음으로써 '내가 여기 있다'고 자신의 존재를 상대에게 인식시키고자 하는 행동이기도 하고, 자신을 신경쓰지 않는 것에 대한 불만을 드러내 보이는 행동이기도 하다. 또 다른 예로, 목욕탕에서 온몸에 문신을 한 폭력배를 보고 "문신이 참 멋있네요"라고 말하는 것도 일종의 반동형성이다. 무섭고 거북하지만 상대로 인해 벌어질 수 있는 위험을 차단하고 싶다는 마음이 아부로 드러난 것이다.

왜 이런 현상이 생기는 걸까? 왜 좋으면 좋은 대로, 화가 나면 화가 나는 대로 행동하지 못하는 걸까? 그 이유는 그 사건을 둘러싼 주변상황을 의식하기 때문이다. 대체로 그 주변상황을 자신이 극복하기 힘들다고 판단하기 때문인 것이다.

하지만 자연스럽지 않은 반동형성은 결국 주위 사람들이 눈치채게 된다. 그리고 그들은 그런 행동에 대해 이중성이란 낙인을 찍는다. 하지만 엄밀히 말해서 반동형성과 이중성은 차이가 있다. 반동형성이 불안이나 위험으로부터 나를 보호하고자 하는 기제라면, 사회적으로 습관처럼 인식되는 이중성이나 양면성은 속으로는 음흉한 생각을 하면서 겉으로는 도덕적인 척한다는 의미다.

여사제가 거울카드로 나왔을 때는 혹시 나 자신이 대인관계에서 오는 스트레스를 숨기기 위해 반동형성을 지나치게 사용하고 있지는 않은지 생각해보는 것이 좋다. 또한 나에게 항상 잘 대해주던 친구가 갑자기 "야! 나도 참는 데 한계가 있거든!"이라고 말한다면, 그 친구는 지금까지 내게 반동형성을 줄곧 사용해왔다고 생각할 수 있다.

공포를 극복하고 싶은 마음에 공포에 몸을 맡기는 행위인 역공포 반응(counter-phobic reaction) 역시 반동형성의 일종이다. 예를 들어, 고소공포증이 있는 사람이 비행기나 자이로드롭을 타는 것을 시도한다든지, 폐쇄공포증 환자가 엘리베이터를 타고 고층까지 올라가는 것을 시도한다든지, 무서움을 잘 타는 사람이 스릴러영화 관람을 시도하는 것 등이다.

다만 앞에서 소개한 반동형성과 달리 역공포 반응은 두려움을 회피하는 게 아니라 두려움을 극복하고자 하는 것으로, 문제해결에 대해 좀 더 적극적인 자세다.

만약 여사제가 거울카드로 나왔다면, 나는 마음 속 깊이 자리한 죄책감이나 두려움을 평생 안고 갈 것인지 극복하고 갈 것인지 한번쯤 생각해봐야 한다. 또한 상대의 행동이 보이는 그대로의 마음에서 비롯된 것인지 아니면 속으로는 그 반대의 마음을 가지고 있는지에 대해서도 생각해봐야 한다.

여사제 카드의 점성학
달
:

점성학적 관점에서 여사제 카드는 달에 대응된다. 달은 태양과 자주 비교되는데, 그 이유는 밤과 낮을 지배한다는 점이 서로 대조를 이루기 때문이다. 태양은 낮을 지배하기에 대지의 모든 생명들을 깨워 의식을 갖게 하고 활동하게 만든다면, 달은 밤을 지배하기에 대지의 모든 생명을 잠들게 하고 고요한 무의식 안에서 멈추게 한다.

하지만 공통점도 있는데, 둘 다 빛을 발한다는 것이다. 다만 아이러니하게도 달의 빛은 스스로 발광하는 것이 아니라 태양의 빛을 반사한다. 일반적으로 남자는 양, 여자는 음으로 알려져 있다. 성경에서 아담의 갈비뼈로 이브를 만든 것을 생각해보면 음은 결국 양의 힘을 빌려서 존재하게 되었다고 이해할 수 있다. 이는 태양의 빛을 빌린 달을 연상하게 한다. 다시 말해서 그림자는 빛의 결과물이며, 시간적으로 빛이 먼저 있었음을 알 수 있다. 따라서 타로카드에서도 빛은 양으로 1이요 그림자는 음으로 2이기에 1번은 남자, 2번은 여자가 등장한다고 유추할 수 있다.

양의 속성	태양	빛	숫자 1	남성성
음의 속성	달	그림자	숫자 2	여성성

달의 천문 기호는 초승달을 형상화한 것으로, 인간의 변화하는 마음과 감수성을 나타낸다. 태양이 늘 일정한 항상성을 갖는다면, 달은 초승달에서 보름달로 바뀌듯 늘 변화한다. 또 태양이 지구 전체를 일정하게 유지시킨다면, 달은 보조적으로 그 안에서 변화를 이끈다.

특히 달은 음으로 대표되는 물(바다)을 지배하는데, 물은 생명의 근원이다. 물을 지배하기 위해서 달은 지구를 끊임없이 감싸 돌아야 한다. 그래서 태양은 늘 그 자리에서 중심을 지키는 아버지와 같고, 달은 자식을 보호하기 위해 끊임없이 주위를 맴도는 어머니를 연상시킨다. 모태 안에서 태아가 양수를 통해 제 모습을 갖추게 되는 점 역시 물=자궁이라는 등식을 충족시킨다.

한편 달은 게자리를 지배하는데, 게는 자신의 연약함을 딱딱한 껍질로 방어한다. 이는 연약한 여자이지만 자식을 보호하기 위해서라면 그 누구보다 강하고 억척스러울 수 있는 사랑, 즉 강한 모성을 가진 게의 특징이다.

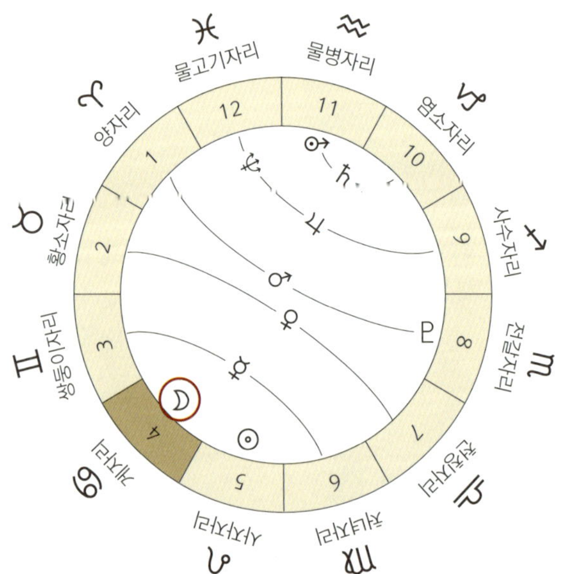

     타로카드 심리학

정리하면, 달은 우리의 가려진 부분을 상징한다. 바깥보다는 안, 뜨거운 곳보다는 차가운 곳, 빠른 것보다는 느린 것, 높은 것보다는 낮은 것, 드러낸 것보다 수용하는 것 등을 상징한다. 또 하나, 달이 이중성을 상징하는 이유는 달은 밤을 상징하지만 역설적이게도 그 빛은 낮에서 왔기 때문이다.

만약 거울카드로서 여사제가 나왔다면 혹시 나는 너무 보이는 것에 치중하지는 않는지, 너무 우울해하거나 불안해하는 건 아닌지 생각해봐야 한다. 또 지나치게 이성보다 감정에 호소하는 건 아닌지, 반대로 너무 이성에 호소하지는 않는지 생각해봐야 한다. 나는 너무 보호받길 원하거나 지나치게 타인을 보호하려는 건 아닌지, 나는 남들에게 위선적인 인상을 주지는 않는지도 생각해봐야 한다.

여사제 카드
상담 활용

:

35세 여자
Q / **남편과 애인 사이에서 고민하고 있어요.**

전 유치원 선생님이에요. 바다가 좋은 부산에 살고요. 그래서인지 바다만 바라보면 죽을 만큼 외로워요. 전 남편이랑 4살 차이가 나요. 제가 학벌은 그리 뛰어나지 않지만 외모가 착해서 그런지 결혼 전엔 남자들이 무지 꼬였어요. 가정환경이나 직업이 좋은 사람도 많았고요. 그런데 그때는 그런 것들이 눈에 들어오지 않았어요. 내 마음에 드는 남자 만나 맞벌이하면서 서로 행복하면 그만이라 생각했지요. 제 남편은 태권도 관장이에요. 키도 크고 멋지게 생겼어요. 예쁜 여자는 남자의 외모보다 배경을 본다고 하지만, 그 좋은 배경을 마다하고 이 사람과 결혼한 걸 보면 전 배경보다 외모였던가 봐요.

문제는 결혼한 지 2년이 다 되어가는데 결혼생활이 행복하지 않다는 거예요. 연애기간은 좋았지만, 그건 아주 잠깐이었어요. 결혼하면 잘하겠지 하고 결혼을 했는데, 그때부터 실망의 연속이에요. 일터에서 집에 돌아오면 나보다 컴퓨터 전원스위치에 먼저 손이 가고 눈은 게임 화면을 보는 거 있죠. 밥 먹으라고 몇 번을 소리쳐야 밥상에 앉고, 제가 정성스레 해준 밥도 대충 몇 숟가락 뜨고는 다시 게임을 해요. 그러면서 "빵 남은 거 있냐?" 묻거나 소시지나 햄을 달라고 하지요. 남들은 신혼에 깨가 쏟아진다고 하는데 전 깨가 뭔지도 몰라요. 쏟아지는 건 온통 스트레스지요.

요즘은 시댁에서 아이는 언제 가질 거냐고 자꾸만 물어보는데, 남편은 아이를 갖자고 하는 건지 결혼 세금을 내자고 하는 건지 관계를 맺는 게 꼭 밀린 공과금을 내는 기분이에요. 관계 자체는 나쁘지 않지만 그 후엔 늘 적막감이 몰려와요. 그렇다고 제가 온갖 애교를 부리며 구걸하고 싶진 않아요. 그것도 어느 정도지요. 저 혼자 좋자고 하는 것도 아닌데…….

얼마 전에 친구를 따라서 나이트에 갔어요. 거기서 한 남자를 만났는데, 총각에다 잘생기고 집안도 좋고 성격도 매우 건전하며 배려심도 많았어요. 지금까지 두세 번 만났는데 저랑 결혼하고 싶대요. 저도 결혼만 안 했다면 당장이라도 상견례 하자고 했을 거예요. 결혼한 게 너무너무 후회됐어요.

그런데 용기가 없어서 전 아직 그 사람에게 유부녀라고 말하지 못했어요. 처녀라고 했거든요. 제가 넌지시 "돌싱은 어때?"라고 물었더니, 자기는 그런 것 상관 안 하대요. 전 어쩌면 좋죠? 이혼하고 그 사람한테 결혼하자고 할까요? 미치겠어요. 하루 종일 이혼만 생각나고 그 사람 얼굴만 떠올라요. 선생님 전 어쩌면 좋아요?

당신의 그림자처럼 당신의 실패도 수용하세요!

"저 혼자 좋자고 하는 것도 아닌데……"라면서 남편에게 책임을 떠넘기는 것부터 집어던져야 합니다. 여기서 한 가지 말씀드리면, 결혼은 나 좋자고 하는 것입니다. 나 행복하자고 하는 것이지요. 이혼 역시 나 편하자고 하는 것입니다. 물론 이런 항변도 가능합니다. "결혼은 두 사람이 만들어가는 행

타로카드 심리학

복이다." 당신은 그 사람을 얼마만큼 안다고 자부합니까? 당신은 바다만 바라보면 죽을 만큼 외롭다고 했는데, 그 사람은 같은 바다를 보면서 어떻게 느낄까요? 당신은 시시때때로 변하는 그 사람의 마음을 얼마나 이해하나요? '우리'라는 의미는 어디서 어디까지인가요?

결혼이 있기에 이혼이 있는 거겠지요. 이것도 상대개념입니다. 결혼생활에서 내 행복은 그 무엇과도, 심지어 남편과도 바꿀 수 없는 절대가치일 겁니다. 그러므로 내가 행복을 최고의 가치로 여길 때 결혼에 실패한다면 불행의 크기만큼 고통스럽겠지요. 결혼생활에서 주인공은 분명 나이고 배우자는 결국 그림자일 수밖에 없을 겁니다. 다시 한번 짚으면, 결혼은 나 행복하자고 하는 것입니다. 따라서 행복하지 않다면 이혼을 생각하는 건 자연스런 일이라 하겠습니다.

결혼은 애초부터 불안하고 불완전한 거래입니다. 알 수 없는 미래에 인생을 통째로 걸고 현재 상태만 고려해서 짝을 짓는 일이니까요. 믿음과 소망과 사랑 중에서 사랑이 제일이라고 했는데, 아마도 결혼에서 제일은 사랑이 아니라 믿음인 것 같습니다. 사랑이 제일이 아닌 게 참말로 다행이지요. 사랑의 호르몬은 만난 지 18~30개월이 지나면 효력이 상실되고 권태기를 맞이한다고 하니까요. 사랑을 믿는다면 적어도 30개월 이후에 바람이 나거나 이혼도 가능하다는 계산이 나오죠. 하지만 권태기와 상관없이 결혼은 서로의 동의하에 이혼할 수 있는 엄연한 법적 사실입니다.

결혼은 해도 후회, 하지 않아도 후회라고 합니다. 이는 결혼 그 자체보다 그 결혼을 영위하는 어려움을 강조한 말일 것입니다. 결혼 지속의 위기는 권태기 말고도 가족관계의 어려움, 경제적 불만족, 불행한 사건이나 사고, 불임 등 무수한 이유가 있을 겁니다. 그 모든 것을 극복하기 위해서 둘이 함께 극복할 수 있다는 서로의 믿음 말고 또 뭐가 필요할까요?

그럼 이혼은 어떨까요? 모르긴 해도 이혼 역시 해도 후회, 하지 않아도 후회 아닐까요? 물론 아주 극소수의 특수한 경우를 빼면요. 모두가 특수한 경우라고요? 그렇게 볼 수도 있겠지요. 백이면 백, 천이면 천, 커플마다 상황이 완벽하게 일치하는 경우는 거의 없을 테니까요.

아마도 결혼보다 더 힘든 게 이혼일 겁니다. 이혼은 보통 이혼만으로 끝나지 않고 재혼이라는 누를 수 없는 욕망과 또 다시 이혼을 반복하게 될지 모른다는 실패에 대한 두려움이 존재하기 때문일 겁니다. 그렇기 때문에 결혼을 하고 이혼을 안 한 경우가 이혼을 한 경우보다 모범적으로 여겨지는 것 같습니다.

이혼을 생각하는 사람이 가장 넘기 힘든 벽은 위자료도 부모도 자식도 아니라, 자신으로 인해 주변 사람들이 피해를 봤다는 죄의식일 겁니다. 요즘은 이혼에 대한 죄의식이 많이 옅어지고 있지만 결코 쉽게 떨쳐낼 수 없는 부분입니다. 하지만 생각해봅시다. 이혼했다고 죄의식을 느껴야 할까요? 아닙니다. 다시 누군가를 만나서 보란 듯이 더 행복하게 살면 되지 그게 무슨 문제입니까? 주변 사람 그리고 여러분의 가족 형제 중에서 이혼 없는 가족이 몇이나 될까요? 누가 감히 그들의 이혼을 잘못된 삶이라고 지적할 수 있을까요? 그런 사람은 오히려 그 자리에서 힐난을 듣기 쉬울 겁니다. "너나 잘하세요"라고요.

이혼이 힘든 건 마라톤 경주와 같기 때문입니다. 한번 넘어진 선수는 다시 일어나 앞사람을 따라잡기가 쉽지 않기 때문입니다. 넘어져서 거리가 멀어졌기 때문에 따라잡기가 힘든 게 아닙니다. 넘어진 이유를 본인이 잘 알기 때문입니다. 연습량 부족이든, 컨디션 관리에 실패했든, 운동화 점검에 게을렀든, 이유가 뭐든 간에 자신의 과오로 넘어진 책임을 피할 수 없기 때문입니다. 물에 젖은 도로에서 미끄러져 재수 없게 넘어졌더라도 그 재수마저 나의 과오로 받아들여야 하는 것이 결혼이기 때문입니다.

결혼은 서로의 믿음만 가지고 한 번도 가본 적 없는 산을 오르는 일과 같습니다. 산을 오르다 보면 쉬운 길도 만나고, 깎아지른 절벽도 만나고, 때로는 큰 바위가 막아서기도 할 것입니다. 정상에 서기 전까지 무슨 일이 생길지 아무도 모릅니다. 단지 어제도 별일 없었고 그 전날도 별일 없었으며, 일주일 전도, 한달 전에도 별일 없었으니 오늘도 그리고 내일도 '역시 별일 없겠지' 하고 살 뿐입니다. 바람이 있다면 갈수록 좋아질 거라는 믿음일 테죠. 그러니 결혼에서 제일은 사랑보다 믿음이라고 하겠지요.

타로카드 심리학

평생에 단 한 번, 지금까지 한 번도 올라가보지 못한 두 산 중에서 아무 산이나 정상에만 오르면 평생 쓸 돈을 준다는 말에 한 사람이 목표를 정하고 산행을 시작했습니다. 그는 산을 오른 지 얼마 되지 않아 장애물을 맞닥뜨리게 되었습니다. 그때 다른 산이 눈에 들어왔습니다. 높이가 비슷하기도 하고 가파르지 않아 좀 더 쉬워 보이는 그 산에 마음이 흔들렸다고 칩시다. 그렇지만 그 산의 정상에 서기 전에는 섣불리 유불리를 말하기 어렵습니다. 지금까지 오르던 산을 포기하고 다른 산으로 갈아탈 수는 있지만 그 어떤 확신도 금물입니다. 단지 지금 오르고 있는 산은 아직 초입이라서 힘을 더 낭비하기 전에 포기하는 것이 유리합니다.

이 사람은 심각한 고민에 빠질 수 있습니다. 계속 갈까 아니면 갈아탈까? 계속 가는 것은 의지이고, 갈아타는 것은 선택입니다. 정상 정복은 의지의 문제일 수도 있고, 선택의 문제일 수도 있습니다. 이 문제의 답은 산 정상에 섰을 때 비로소 얻게 되는 것입니다. 당신은 의지와 선택 중에서 어느 것을 선택해도 상관없습니다. 그것은 당신의 자유입니다. 다만 정상에 서는 것이 산에 오른 애초의 목적임을 잊지 말아야 할 것입니다.

스스로의 의지로 정상에 올랐다면 마음 속은 뿌듯함으로 채워질 테고, 갈아타서 정상에 올랐다면 천만다행이라는 안도감이 생길 것입니다. 두 경우 모두 서로 비교될 수 없는 고유한 만족감을 누릴 수 있을 것입니다. 하지만 둘 다 실패로 돌아간다면 의지는 미련함, 선택은 가벼움이라는 자책감을 두고두고 곱씹게 될 것입니다.

어느 산을 오르면 정상에 오를 수 있을까만 생각한다면, 둘 중에서 어느 산을 오르든 내내 불안할 것입니다. 하지만 어느 산이든 실패할 수 있지만 난 기꺼이 받아들이겠다고 다짐한다면 산에 오르든 못 오르든 그리 문제가 되지 않을 것입니다.

결혼을 영위하는 것도 믿음이지만 이혼을 하는 것도 믿음입니다. 나아가 당신의 행복을 향해 가는 것 역시 당신의 믿음입니다. 어떤 결과든 수용하고 감내할 믿음이 있다면, 실패를 받아들일 용기만 있다면, 어느 쪽이든 당신의 결정은 충분히 훌륭합니다!

■ 상담에 적용한 여사제 카드의 조언

거울로서의 여사제 카드	세상만물의 이치는 상대개념으로 이루어져 있어서 절대적인 것도 없고 영원한 것도 없다.
여사제 카드의 방어기제_ 격리 · 취소 · 반동형성	① 격리 : 내 생각과 감정의 분리가 필요한 건 아닌지, 내 생각대로 모든 감정이 충족되어야 한다고 믿는 건 아닌지 생각해봐야 한다. ② 취소 : 나는 오히려 죄책감에 너무 무딘 것은 아닌지 생각해봐야 한다. ③ 반동형성 : 상대의 행동이 보이는 그대로의 마음에서 비롯되었는지 아니면 속으로는 그와 반대의 마음을 가지고 있는 건 아닌지 생각해봐야 한다.
여사제 카드의 점성학_ 달	나는 너무 보이는 것에 치중하지는 않는지 생각해봐야 한다.

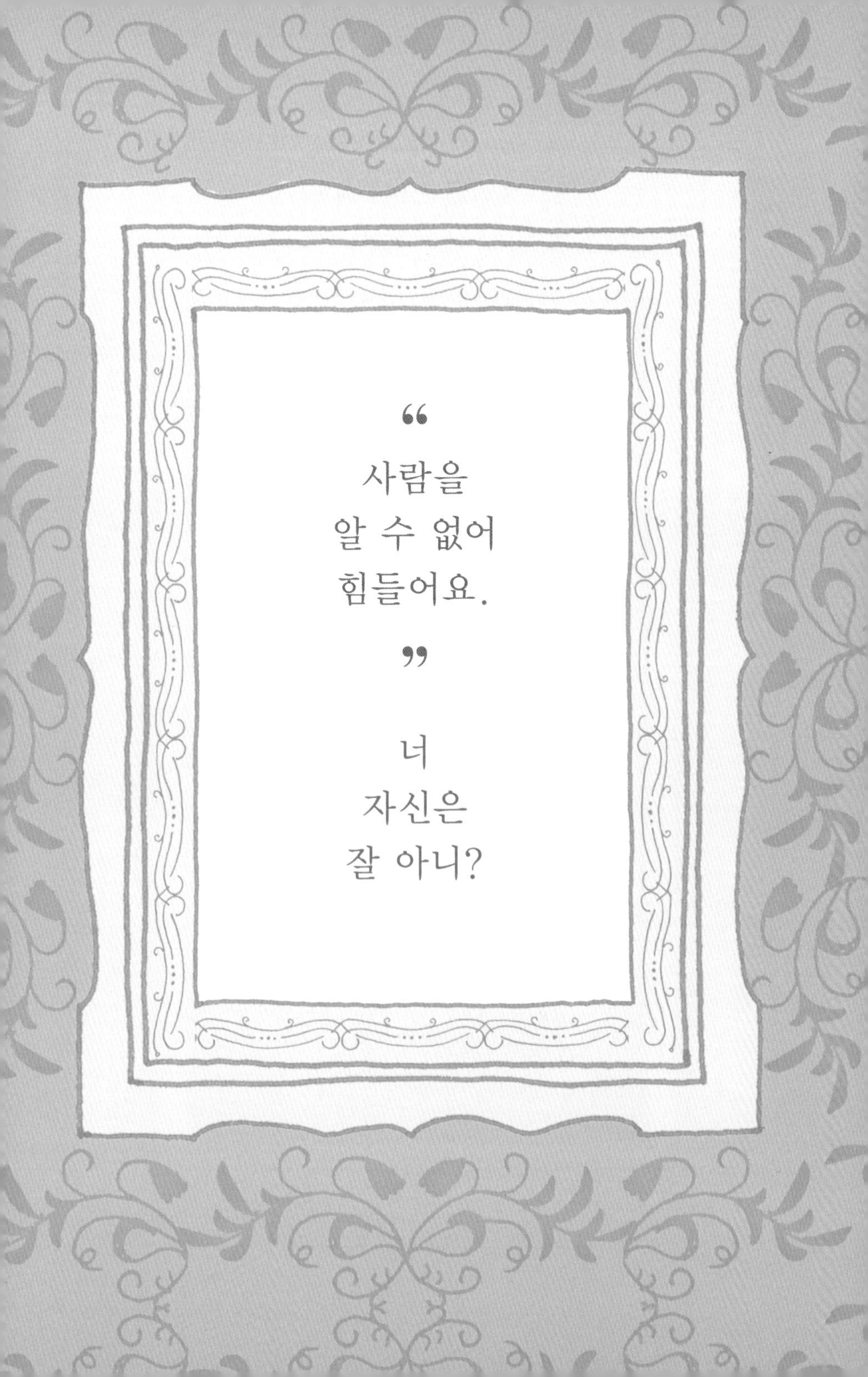
"
사람을
알 수 없어
힘들어요.
"

너
자신은
잘 아니?

3_ THE EMPRESS

3_ 여황제

여행을 떠난 바보가 세 번째로 만난 사람은 여황제다.
여황제는 부드럽고 너그러웠으며, 매사에 긍정적이고 자신감이 넘쳤다.

그녀는 멋을 알고 예술을 즐기길 좋아했다.
옷차림은 화려하면서 기품이 있었고, 황금빛 액세서리는
그녀의 높은 지위를 나타내기에 충분했다.
고풍스러운 식탁 위에는 풍성한 오곡백과가 정갈하게 준비되어 있었고,
벽에는 아름다운 그림들이 가득 걸려 있었다.

그녀는 한가할 때면 온갖 나무와 꽃들이 가득한 정원을 거닐었다. 정원 곳곳에
있는 아름다운 분수에서는 시원한 물줄기를 생동감 있게 내뿜었다.
그녀는 지저귀는 새소리에 맞춰 노래를 흥얼거리곤 했는데,
그 소리는 늘 아름답고 매혹적이었지만 가끔은 슬픔이 묻어났다.
최고의 것들로 둘러싸여 살면서도 어딘가 모를 허전함이 느껴졌다.

바보가 그녀에게 다가가 물었다.

"산다는 건 뭐죠?"

그러자 그녀가 활짝 웃으면서 대답했다.

"끊임없이 날 위해 채워가는 거죠."

말을 마친 후 그녀의 얼굴빛이 바뀌는가 싶더니 나지막이 한마디를 내뱉었다.

"그렇게 새로운 것들로 채워가지 않고서는 하루도 배겨낼 수 없어요.
세상은 너무도 재미 없고 무료하니까요."

거울로서의
여황제 카드

:

2가 분화, 분별, 구별의 의미를 지닌다면, 3은 창의적 완성 혹은 최초의 완성을 의미한다. 1이 과거라면 2는 현재이고 3은 미래다. 우리는 현재를 살지만 늘 미래를 꿈꾼다. 미래는 우리의 바람대로 현재를 한층 업그레이드한 모습이기에 창의적이라는 의미를 갖는다. 이때의 창의는 1번의 의미인 창조와 성격이 좀 다르다. 창조가 무에서 유를 만든다면, 창의는 유에서 유를 만들어낸다.

　1이 점이고 2가 선이라면, 3은 가장 적은 개수의 점 3개가 만드는 최초의 면으로, 외부와 분리된 제한된 공간으로 존재하지만 두께나 무게가 있을 수 없으므로 정신이라는 형이상학적 상징성을 갖는다. 또한 1이 아버지라면 2는 어머니 3은 아이로서 아이는 하나의 완성된 결과물로 인식되는데, 1은 기획, 2는 행위, 3은 그 행위의 결과물로 간주되기 때문이다. 한편 3은 3인칭인 '우리'라는 공동체나 연대에 대한 인식이며, 기초적인 결합을 의미한다.

거울카드 3번은 여황제다. 1번이 에너지의 발화점이라면, 2번은 그 에너지의 분하이고, 3번은 그 에너지의 분화 이후 첫 결합이다. 콩나물시루에 불린 콩을 넣고 매일 물을 주면 이내 껍질 사이로 새순이 얼굴을 내밀기 시작하고 하룻밤 사이에도 쑥쑥 자라는데, 1부터 3까지의 진행 과정이 그처럼 당당하고 튼튼하게 성장하는 모습을 연상하게 한다.

　혹자는 인생에서 성장통을 겪는 시기가 가장 아름답다고 하는데, 이는 하나의 목표를 향해 고통스럽더라도 끊임없이 노력할 때가 가장 아름답다는 의미일 것이다. 무엇이든 다 이루고 나면 처음의 뿌듯함은 곧 사라지고 또 다른 목표가 생길 때까지 마음이 허전해지는 법이니까.

　　　　　　　　　　　　　　　　　타로카드 심리학

시쳇말로 주식은 2~3부 능선에서 사서 8~9부 능선에서 팔라는 이야기가 있고, 달도 차면 기운다는 격언도 있다. 전자는 완성 직전이 가장 안전하다는 의미이고, 후자는 완성 이후는 다시 불완전해진다는 의미다. 즉, 목표를 완성하는 것보다 과정이 중요하며, 그 과정은 진지해야 함을 강조한 말이다.

정신과 물질의 관점에서 볼 때 2번 여사제가 정신과 물질이라는 양극단의 중간에 서 있는 모습이라면, 3번 여황제는 물질 쪽으로 많이 다가선 모습이다. 따라서 이 저울추가 수평을 이루게 하려면 여황제에게는 정신적인 부분을 채워줄 필요가 있다.

물질이나 돈을 추구하는 것이 꼭 나쁜 것은 아니다. 다만, 목표를 세우고 그 목표를 이루기 위해 열심히 노력할 때는 정신도 그만큼 각성되어 있지만, 그 목표를 이룬 후에 다음 목표가 없으면 정신은 흐리멍텅해지고 말초적 욕망에만 이끌려 쉽게 퇴보할 수 있다는 것을 경계해야 한다. "배가 고프면 정신은 더 별빛처럼 빛난다"는 시인 이상(李箱)의 담담한 자기 고백이 떠오른다.

만약 당신의 거울카드가 3번 여황제라면 우선 당신은 그 자체로 아름답고 행복한 사람이라는 의미다. 왜? 왕이니까. 여왕이니까. 현실에서 왕이나 여왕은 많이 가진 사람이거나 어느 한 분야에서 탁월한 능력을 지닌 전문가이다. 그래서 우리는 누구나 왕이나 여왕이 되기를 꿈꾼다.

하지만 아이러니하게도 마음 한켠에서는 '그들은 재물이 많거나 명예나 권위를 가졌지만 아마 불행하거야'라고 믿는다. 우리의 부러움이 만들어낸 얄궂은 믿음이랄까? 그런데 실제로 그런 사람들도 있겠지만, 정말로 행복하다고 생각하는 사람들도 많이 있을 것이다.

그런데 이도 저도 아닌데 거울카드로 여황제 카드가 나왔다면 이것은 무엇을 의미할까? 아마도 그것은 당신의 잠재력을 들추어내는 뜻일 것이다. 즉, "당신은 왕이 될 수 있어요" 아니면 "당신은 여왕이 될 수 있어요"라고 알려주거나 격려하는 것이다. 지금 힘들고 부끄럽고 비참하고 내세울 것 없어도 당신은 왕이고 여왕이다. 매일매일 당신은 왕이나 여왕을 꿈꾸지 않는가? 그 꿈은 아무도 빼앗아가지 못한다. 그 꿈은 무엇보다 소중하고 값지다. 그것을 당신이 모를 뿐. 비록 아무 재산도 없고 아무 명예도 없어도 자신을 있는 그대로 수용한다면 그것만큼 마음 편한 일이 없을 것이다. 그렇다면 그것도 왕이다. 여왕이다. 누구보다 자유롭고 평화로울 테니 말이다.

또 하나, 여황제 카드는 당신의 예술적 성향이 당신의 삶을 더욱 풍성하게 해줄 수 있음을 의미한다.

한편 거울카드로서 여황제는 외로움을 나타내기도 한다. 이 외로움은 비록 물질적으로는 풍요로울지 모르지만 정신적으로는 매우 빈곤함을 의미할 수도 있다. 물질은 감사하는 법을 가르쳐주지만, 정신은 감동하는 법을 가르쳐준다. 감사는 길들여지지만, 감동은 길을 만든다. 모든 것을 버리고 산 속으로 들어간 사람들이 자연을 벗삼아 사는 것이 행복하다며 계속 산에서 살겠다고 말하는 경우를 우리는 TV에서 드물지 않게 볼 수 있다.

여황제 카드의
방어기제

:

01 애정결핍

3번 여황제는 여러 방어기제 중에서 먼저 애정결핍과 관련지을 수 있다. 애정결핍은 구강기 고착과 관련이 있으며, 엄마의 젖을 충분히 먹지 못했거나 오

　　　　　　　　　　　　　　　　　　타로카드 심리학

히려 과도한 수유로 인해 나타나는 부정적인 심리증상으로서 지나치게 타인에게 의존하려 든다. 주위에서 공주병 기질이 있는 사람을 흔히 볼 수 있는데, 이들 역시 애정결핍으로 미숙한 자아를 가진 경우가 대부분이다. 여황제는 임신, 육아 그리고 아름다운 여성이라는 점에서 애정결핍이라는 방어기제와 관련짓기에 충분하다.

02 보상

여황제와 관련된 또 다른 방어기제는 보상이다. 보상은 스스로 받아들이기 힘든 자신의 외모, 성격, 지능, 장애, 학벌, 지위 등의 단점을 보완하기 위해 무의식적으로 다른 어떤 것을 과도하게 발전시키는 노력을 말한다. 자존감이 비교적 높은 사람은 성숙한 방어기제로서 보상을 사용하지만, 자존감이 낮은 사람은 과도하게 보상에 집착하기 때문에 신경증적 방어기제로 활용되기도 한다.

사람들은 왜 보상이라는 방어기제를 쓸까? 다른 그 무엇이 자신의 단점이나 결함을 덮어줄 수 있다고 생각하기 때문이다. 그렇다면 실제로 단점이나 결함이 덮일까? 예를 들어, 학벌이 낮은 사람이 자기보다 학벌 높은 배우자와 결혼한다고 해서 자신의 학벌이 직접적으로 높아지진 않는다. 하지만 배우자의 학벌이 더 좋다고 할 때 사람들의 반응은 어떨까? 아마도 이런 말들을 많이 들어보았을 것이다. "그 사람이 학벌이 낮은 건 학습수준이나 지능이 낮아서가 아니라 가정환경이 나빠 공부를 계속할 수 없었기 때문일 수도 있겠구나! 그러니 저렇게 학벌이 높은 사람이 그 사람과 살지." 이렇게 생각하는 사람들이 많기 때문에 간접적이지만 자신의 낮은 학벌에 대한 결함이 해소되는 효과가 생기는 것이다. 또 키 작고 못생긴 남자가 예쁜 여자와 다니는 것을 보고 "야, 저 남자 진짜 능력 있나 보다"라고 하는 것도 보상심리가 간접적으로 큰 영향을 미친다는 것을 증명한다.

하지만 보상심리에는 좀 더 긍정적인 면이 있다. 애초에 자신의 단점이나 결함을 덮기 위해 시작한 보상행위가 자신이 미처 몰랐던 능력을 개발하고 발전시키게 되거나, 가지고 있던 능력을 한층 더 강화시켜 그 부분에서 경쟁력을 가지게 된다는 것이다.

예를 들어, 초등학교밖에 못 나온 친구가 무시당하기 싫어서 닥치는 대로 책을 읽었는데 그 결과 시나리오작가가 됐다면 이 보상행위는 매우 긍정적으로 작용했다고 볼 수 있다. 장애를 극복한 경우도 이 방어기제의 일종인데, 목발로 세계 60개국의 오지를 여행한 소설가 이상문과 절단된 오른손 때문에 팔꿈치로 피아노를 연주한 최혜연 그리고 맹인이지만 세계적인 가수가 된 스티비 원더가 그 예이다.

물론 부정적인 점도 있다. 가난한 여자가 자기 결함을 덮기 위해 돈에만 과도하게 집착하거나 외모에 불만이 많은 여자가 그것을 덮기 위해 끊임없이 쇼핑에만 열을 올린다면 주위 사람들로부터 외면당하거나 낭비벽이 많은 여자라는 낙인이 찍히게 될 것이다.

만약 여황제가 거울카드로 나왔다면, 나는 결점을 남에게 드러내는 게 창피해 다른 그 무엇에 과도하게 집착하지는 않는지 한번쯤 생각해봐야 한다. 반대로 해결될 수 있는 나의 단점을 긍정적으로 활용해볼 생각은 안 하고 한탄이나 원망만 하고 있지는 않는지도 생각해봐야 한다.

여황제 카드의 점성학
금성

금성은 지구에서 가장 밝게 보여 샛별이라고 하며, 대부분의 행성들과는 반대 방향으로 자전을 한다. 서양에서는 금성을 비너스(로마 신화) 혹은 아프로디테(그리스 신화)라고 부른다. 기독교에서는 '빛을 가져오는 자'라는 뜻으로 루시퍼(Lucifer)라 부르는데, 루시퍼에 대한 기록은 사실 성경에는 없고 유대교 전설에 등장한다. 가장 지위가 높은 대천사이지만, 구름보다 더 높이 오르려 했기에 나중에 지옥으로 떨어져 타락천사가 된다.

금성의 천문 기호는 아프로디테의 거울을 형상화한 것으로 물질을 지배하는 마음을 상징한다. 거울이 나르시시즘과 물질에 바탕을 둔 아름다움을 나타내기 때문이다. 비너스와 아프로디테는 대표적으로 성적 욕망을 상징하기도 하는데 이는 예술과 문화로 이어지며, 그녀들의 풍만한 사랑스러움은 모성과 관련되어 미덕과 헌신으로 이어진다.

점성학에서 금성과 목성은 대표적인 길성이다. 소길성인 금성은 서늘하고 축축하고, 대길성인 목성은 따뜻하고 축축해 생명체가 살기 좋기 때문이라는 것이다. 물론 이 두 행성의 실제 온도는 점성학에서 설명하는 온도와 큰 차이가 있다. 또한 금성은 사랑, 목성은 화합으로 매우 긍정적인 의미가 있다.

여황제 카드를 금성에 대응시키는 이유로 여황제는 비너스의 아름다움을 지니고 있고 물질적 풍요를 누리고 있기 때문이며, 옷차림이나 배경 역시 매우 예술적인 분위기를 풍기기 때문이다. 물론 여황제의 소파에 금성의 기호가 그려져 있는 것도 한몫을 하지만.

다음 그림에서 알 수 있듯이 금성은 천칭자리와 황소자리를 지배한다. 먼저 황소는 물질의 기반인 땅의 의미와 연결된다. 그리고 천칭은 균형을 의미하면서 결혼의 의미까지 포함하는데, 금성은 아름다운 여자와 결혼하고 싶은 남자 또는 결혼을 통해 물질적 부를 누리는 여자로 볼 수 있기 때문이다.

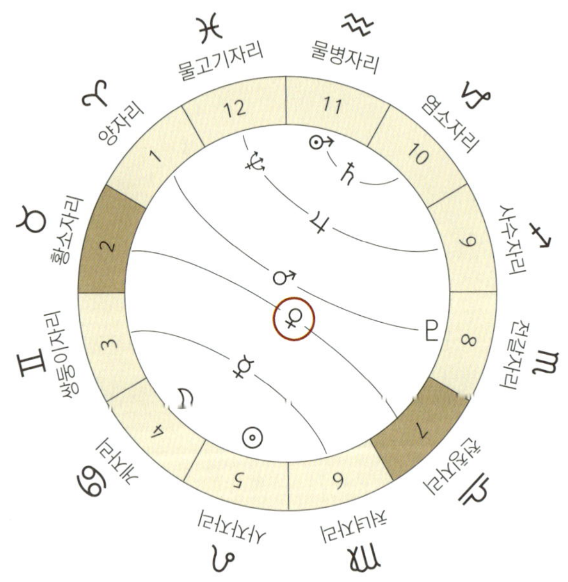

정리하면, 금성은 사랑과 예술 그리고 풍요를 상징한다. 특히 남자의 관점에서는 아름다운 여자를, 여자의 관점에서는 능력 있는 남자를 상징한다.

　　　　　　　　　　　　　　　　　　타로카드 심리학

만약 거울카드로 여황제가 나왔다면, 나는 분수도 모르고 너무 이상적인 상대를 찾는 건 아닌지, 외모에 너무 집착하는 건 아닌지, 돈밖에 모르는 건 아닌지, 모든 것을 돈으로 해결할 수 있다고 믿는 건 아닌지 생각해봐야 한다. 또한 나는 쾌락이나 사치, 허영에 빠져 있는 건 아닌지 생각해봐야 한다.

<h1 style="text-align:center">여황제 카드
상담 활용</h1>

:

47세 여자

Q

쳐다보지 못할 정도로 돈을 많이 벌어 복수할 거예요.

전 1남 4녀 중 막내예요. 어제 지방에 사는 오빠집에 아버지 제사를 지내러 갔다 왔는데 지금도 가슴이 벌렁거려요. 오빠가 우리 형제 중 맏이고, 그 밑으로 전부 언니들이에요. 제가 화가 나 미칠 거 같은 건, 언니들 셋이 만나기만 하면 서로 똘똘 뭉쳐 저를 못 잡아먹어서 안달을 한다는 거예요. 오빠는 아버지를 닮아 점잖고 좋은데 언니들이 그렇게 원수처럼 굴어요.

저희 아빠는 공무원이셨는데, 제 바로 위 언니들까지 모두 편하게 좋은 대학을 나왔어요. 그런데 제가 고2 때 아버지가 갑자기 교통사고로 돌아가셨고, 엄마가 먹고살기 위해 식당을 차렸는데 식당이 잘 안 되자 저축해놓은 돈을 친구의 꾐에 빠져 부동산에 투자했다가 사기를 당했어요. 이후 식당도 잘되지 않아서 문을 닫았고요. 그 바람에 전 대학을 못 갔어요.

그런데 언니들은 엄마를 원망하기보다 절 무시하기 시작했어요. 게으르다, 머리가 나쁘다 하면서요. 사실 제가 저희 형제 중 공부를 제일 못하긴 했지만 저도 할 말이 있어요. 엄마가 식당을 하면서 심심하면 저를 불러 잡일을 시켰고, 또 사기를 당했을 때는 엄마가 저녁마다 술을 먹고 들어와 저랑 다퉜죠. 생각해보세요. 제가 정서적으로 안정이 안 되는데 무슨 공부가 되겠어요? 그 당시 오빠는 미국에 있었고, 언니들은 전부 서울에서 직장을 다니거나 공부를 하고 있었으니 집안 사정이나 제 심정을 제대로 알기나 했겠냐구요? 걸핏하면 제게 무식하다, 머리가 나쁘다, 누굴 닮았는지 모르겠다고 빈정대기나 하고…….

　　그래서 전 그 때부터 죽어라 돈을 벌었어요. '날 무시하지 못하게 한번 보여줄 테다' 하고요. 제가 직장생활을 때려치우고 호프집이나 여자를 데리고 하는 술집을 전전하면서 돈을 벌 때도 언니들에게 욕을 많이 먹었어요. 창피하다, 부끄러워서 어디 가서 말을 못하겠다, 아니면 아버지 얼굴에 먹칠을 한다 등등등. 전 그런 무시에도 아랑곳하지 않고 열심히 돈을 벌었어요.

그런데 제가 어느 정도 먹고 살 만하니까 언니들이 돈을 빌려 달라고 하나둘 접근하는 거 있죠. 전 전부 다 거절했어요. 내가 어떻게 번 돈인데? 자기들은 편안히 밥 먹고 대학 다녔잖아요. 내가 술시중이나 든다고 무시할 때는 언제고 이제 와 돈을 빌려 달라고 하는 거냐고요? 난 그럴 때마다 더 비싼 외제차로 바꿔서 보란 듯이 타고 다녔죠. 그랬더니 그 이후에 제사에 가면 나한텐 별말 없고 자기네들끼리 수군거리기만 하더라고요. 그러거나 말거나 전 아빠나 오빠 보러 제사에 가는 거니까 신경 껐어요.

　　그런데 요즘은 걸핏하면 자식 이야기예요. 언니 애들은 변변한 과외 한번 안 시켜줘도 공부들을 잘해요. 말도 잘 듣는 거 같고. 근데 우리 아이들은 그렇지 못해요. 둘 다 아들인데 큰애는 고1인데 학교를 관뒀어요. 작은 애도 말썽이 좀 많고요. 사실 제가 공부 못한 게 한이 맺혀서 자식들한테는 안 해 준 게 없어요. 고액학원이다 원어민강사다 홈스쿨링이다……. 그런데 그게 제 맘대로 안 되더라고요. 전 돈만 많이 벌면 되지 공부 못하면 어떠냐고 생각하지만, 언니들이 자식 이야기만 하면 너무나 화가 나요. 꼭 저 들으라고 너 그러는 거 같기도 하고요. 어제는 큰언니한테 자식 자랑 그만하라고 대들었다가 다른 언니들하고도 대판 싸워서 제사도 안 지내고 집으로 와버렸어요. 선생님 왜들 절 못 잡아먹어서 안달이죠. 저도 남부럽지 않게 산다고요. 남들은 저를 잘 이해해주고 부러워하는데 왜 언니들은 절 인정해주지 않냐구요?

상대를 이기기 위해 채우지 말고 나를 사랑하기 위해 채우세요!

목표를 이루는 것은 고통스럽긴 해도 가슴 뿌듯한 일일 겁니다. 그것만큼 자존감을 높여주는 일도 없을 겁니다. 그런데 목표를 이루었는데도 불구하고 왜 가슴은 허전하고 또 공허할까요? 다음에 몰두할 목표가 없으면 긴장이 풀려버리는 사람은 새로운 목표를 찾아 다시 열정적으로 살면 됩니다. 하지만 당신의 경우처럼 돈이라는 목표를 이루고도 스스로 인정받지 못한다고 느낀다면 문제의 원인을 한번 곰곰이 생각해볼 필요가 있을 거 같군요.

인정의 일차적인 주체는 자기 자신입니다. 남들이 아무리 인정해준다고 해도 스스로 인정하지 못한다면 남들의 칭찬은 공치사로 느껴지거나 가슴에 크게 와 닿지 않을 것입니다. 당신의 경우에 다른 사람, 특히 형제들의 칭찬은 빈정거림으로 들릴 수도 있을 것 같네요.

외제차를 수시로 바꿀 정도로 경제적으로 성공했는데 언니들이 인정해주지 않으니 화가 난다고 했는데, 이는 자존감 부족을 의심해볼 수 있어요. 자존감은 스스로를 인정할 때 생깁니다. 나의 성취나 업적을 스스로 인정하고 만족하면 그만인데 왜 언니에게 인정받기를 원합니까? 더군다나 당신 말대로 나를 못 잡아먹어서 안달인 언니들한테 말이죠. 결론적으로 말하면 애초부터 당신은 스스로를 만족시키기 위한 일을 계획한 것이 아니라 언니들을 공격하기 위한 일을 자초했다고 볼 수밖에 없군요. 역으로 말하면, 각고의 노력으로 충분한 공격무기체계를 갖추었는데 상대가 겁을 먹지 않아 기분 나쁘다는 말처럼 들립니다.

누구에게든 삶의 목적이나 목표는 유무형의 가치를 추구하는 것일 테지만, 그 가치의 첫 번째 목적은 나의 자긍심을 만족시키는 자아실현이어야 한다고 생각합니다. 하지만 어떤 목표를 설정할 때 지나치게 남을 의식한다면 그 일에 대한 만족도는 나보다 남에 의해 평가될 수밖에 없습니다. 결과적으로 늘 불안한 심리상태가 계속되며, 자존감 강화에도 전혀 도움이 되지 못합니다. 행여 목표 달성을 통해 상대의 변화를 이끌어내려는 동기를 가졌다고 할 때, 그것이 성공하면 좋겠지만 혹시 실패라도 한다면 당신의 경우처럼 얼마나 화가 나고 억울하고 원망스러울까요. 특히 당신의 경우처럼 언니들에게 손가락질까지 당하면서 죽을 고생을 다했다면 더 그렇겠죠. 그렇기 때문에 삶의 목적이나 목표는 어디까지나 나 자신의 자긍심을 바탕에 둔 자아실현에 한정되어야 합니다.

사람은 사회적 동물이라서 자신의 성취를 자신뿐만 아니라 남들에게도 인정받길 원합니다. 그렇기 때문에 당신의 억울함이나 상처받은 자존심이 돈이라는 보상을 통해 온전히 해소될지 의문입니다. 특히 인정받길 원한다면서 언니들에게 복수하고 싶어하는 심리는 오히려 언니들의 방어막만 더욱 두텁게 만들 것으로 보입니다. 따라서 당신의 억울함이나 상처받은 자존심을 회복하기 위해선 일단 스스로를 위한 보상을 목표로 해야 하며, 언니들에게 인정받기 위해선 먼저 언니들을 인정하는 게 우선일 것입니다.

당신은 부족한 학벌을 극복하기 위한 보상심리로 돈을 벌었지만 일차적으로 인정을 받는 데 실패했습니다. 그리고 지금은 자식의 부족함을 채우기 위해 언니들에 대한 복수심을 더욱 키우고 있습니다. 하지만 그렇게 해서 무엇을 얻을 수 있을까요? 언니들을 증오한다고 당신의 과거가 바뀌진 않을 것입니다. 먼저 있는 그대로를 수용해야 합니다. 내가 부족하면 부족한 대로, 학벌이 낮으면 낮은 대로, 나를 구박하면 구박하는 대로 내버려둬야 합니다. 당신이 인정받길 원한다면 당신이 먼저 소통의 환경을 만들어야 합니다. 그러기 위해선 이제까지의 억울함을 보상받기 위해 번 돈은 공격의 도구나 으스댐의 도구가 아니라 상대를 위한 배려의 도구가 되어야 합니다. 그래야만 그들 역시 방어막을 낮추고 당신을 진지하게 바라볼 것입니다. 그 진지함이 소통의 시작이며, 그 소통을 통해 당신의 상처받은 자존심은 회복될 것입니다. 당신의 자존감이 충족될 때 비로소 당신의 돈은 가치를 갖게 될 것이며, 당신 역시 멋있는 부자가 될 수 있을 것입니다. 그러니 상대를 이기기 위해 채우지 말고 나를 사랑하기 위해 채우십시오.

■ 상담에 적용한 여황제 카드의 조언

거울로서의 여황제 카드	나의 외로움은 비록 물질적으로는 풍요로울지 모르지만 정신적으로는 매우 빈곤하다는 의미일 수도 있다.
여황제 카드의 방어기제_ 애정결핍 · 보상	나의 결점을 남에게 드러내는 게 창피해 또 다른 그 무엇에 과도하게 집착하지는 않는지 한번쯤 생각해봐야 한다.
여황제 카드의 점성학_ 금성	나는 너무 돈밖에 모르는 건 아닌지, 모든 것을 돈으로 해결할 수 있다고 믿는 건 아닌지 생각해봐야 한다.

타로카드 심리학

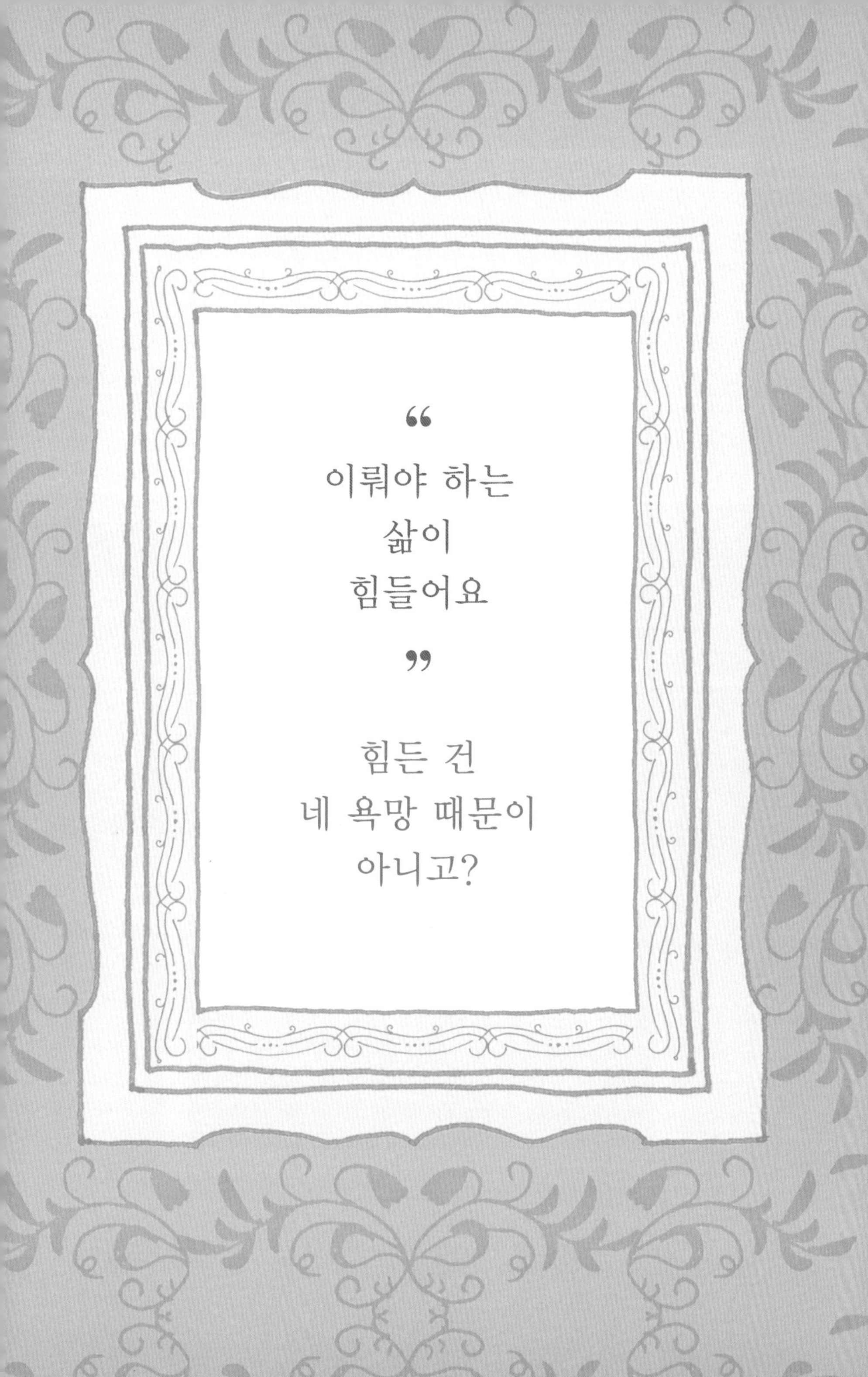
"
이뤄야 하는
삶이
힘들어요
"

힘든 건
네 욕망 때문이
아니고?

4_ THE EMPEROR

4_ 황제

여행을 떠난 바보가 네 번째로 만난 사람은 황제였다.

황제는 강한 눈빛으로 주위를 압도하는 카리스마가 있었으며, 목소리는 크지 않았지만 엄청난 무게감이 느껴졌고, 빠른 판단과 결단력의 소유자였다.

그는 최고의 것들에만 관심이 있었다.

화려한 옷보다 고급스런 옷, 유행하는 옷보다 기품 있는 옷을 좋아했다.

특히 사람들을 만나는 것을 좋아했는데, 항상 중심이 되는 자리를 택했다.

동성친구에게는 의리와 인간애를 강조했고, 이성친구에게는 선물을 잘 하는 편이었지만 정작 받는 사람들의 마음에는 관심이 별로 없는 듯했다.

그의 사무실은 도시가 한눈에 들어오는 건물 꼭대기에 있었는데, 잘 정리된 그 공간은 마치 박제들이 가지런히 진열된 박물관처럼 느껴졌다.

그는 언제 어디서든 일과 노는 것이 잘 구분되지 않았다. 일할 때는 무섭도록 몰입하는 편이었는데 그 모습이 마치 치열한 전쟁을 치르는 장군 같았다.

바보가 그에게 다가가 물었다.

"산다는 건 뭐죠?"

그러자 그가 매서운 눈빛으로 또렷하게 대답했다.

"세상에 가장 높고 튼튼한 성을 쌓는 것이오."

바보가 다시 물었다.

"이렇게 평화로운데 더 높고 튼튼한 성이 왜 필요한가요?"

황제가 대답했다.

"발 아래를 내려다보시오. 저들은 내 성이 높고 튼튼할수록 날 우러러볼 거요. 조금의 의심이나 원망 없이……."

거울로서의
황제 카드

:

3이 에너지의 기초적 결합으로 창의적 존재의 출현이라면, 4는 그것의 안정된 유지나 보존을 의미한다. 예를 들어, 어느 예술가가 공들여 도자기라는 작품을 만들었다면, 4는 그 도자기를 안정되게 보존하는 것이다. 그 장소는 박물관도 좋고, 그 도자기를 산 소비자의 집이어도 좋다. 따라서 4는 물질 또는 물질적 안정감과 관련이 있으며, 4의 안정되게 유지하거나 보존하는 행위는 질서나 통제의 의미로 바꾸어 생각해볼 수 있다.

거울카드 4번은 황제다. 황제는 질서나 통제를 의미한다. 지구는 둥근데 비해 인간이 사는 환경은 온통 사각이다. 당장 문을 열고 밖을 내다보라. 세상이 수많은 사각의 집합인 것을 두 눈으로 바로 확인할 수 있을 것이다. 아니, 문을 열려는 그 순간 문마저 사각인 것을 새삼 느끼게 될 것이다. 그런데 왜 사각일까?

땅을 밟는 물질세계에서 인간은 두 발로 걷지만 대부분의 동물은 네 발로 걷는다. 이 네 기둥은 최소의 수로 구성할 수 있는 가장 안전한 구조물의 골격이다. 인간은 사각이라는 틀이나 사각이라는 기둥의 위 혹은 아래에서 절대적인 안정감을 느낀다. 사각은 상과 하, 좌와 우가 서로 대칭을 이루고 있는 것이 특징인데, 이는 공간의 넓이에 대한 빠른 지각과 공간 활용에 대한 예측성과 효용성 때문이다.

예를 들어, 사각(육면체)의 창고에 사각(육면체)의 상자를 쌓는다고 가정하면 그 어떤 형태의 창고나 상자보다 공실률이 낮다는 것을 쉽게 예상할 수 있다. 나아가 사각 창고나 상자의 경우는 재고관리시 개수를 세거나 계산하기가 훨씬 쉬울 것이다. 계획도시의 도로가 격자모양이고, 농지를 격자모양으로 정리

타로카드 심리학

하는 것도 통제의 수월함을 목표로 한 것이다.

인간은 안정적 삶을 추구하는 경향이 있는데, 안정된 삶은 안정된 공간을 바탕으로 한다. 하지만 우리가 사는 현실은 안정된 공간이 무한정 주어지는 것도 아니고, 외부와 끊임없는 갈등관계에 놓여 있으며, 확보된 공간마저도 효율적 이용을 요구받는다. 따라서 공간이 좁아지면 좁아질수록 우리는 사각이라는 틀을 더욱 필요로 하게 된다. 이렇게 사각의 가치가 상승하고, 이 사각을 소유하기 위해 서로 경쟁하느라 인간 삶이 피폐해지는 악순환이 반복되는 것이다.

현대인의 능력을 도형으로 나타낸다면 사각일지도 모른다. 현대인의 능력이란 6개의 사각으로 이루어진 큐브의 색깔을 맞추는 놀이와 같다. 아무리 흐트러져 있어도 한 치의 오차 없이 그것들을 완벽하게 안정된 형태로 정리정돈하는 재구성의 능력이 요구되기 때문이다.

고층빌딩을 쌓을 때 1㎜의 오차도 없이 네모반듯한 사각(육면체)의 벽돌만 사용해야 기울지 않고 수직으로 세울 수 있다. 마찬가지로 직원은 사장에게 반듯하게 정리정돈된 자신의 실력을 각인시켜야 하며, 사장 역시 직원을 분석하고 분류해서 상하좌우 고르게 분포시키고 활용해야 한다. 이런 이유로 사각의 긍정적 역할은 질서, 안정된 구조, 완벽주의, 통치의 예측 가능함 등이라 말할 수 있다.

하지만 이것이 과도하게 지속되거나 압박으로 작용하게 되면 정신적으로 부정적인 정서를 유발하게 된다. 경직됨, 권태, 무료함, 강박증, 비융통성 등이 바로 그것들이다.

만약 당신의 거울카드가 4번 황제라면, 당신은 겉으론 안정되었거나 안정을 추구한다고 볼 수 있을 것이다. 그것이 아니라면 당신이 어느 조직의 중심인물을 꿈꾸고 있거나 그런 잠재력이 있음을 말해준다고 볼 수도 있다. 중요한 것은 조직의 중심이든 아니든 간에 거울카드로서 황제는 끊임없이 안정을 꾀한다는 것이다. 그렇기 때문에 자연스럽게 불안정과 돌발변수에 대한 두려움이 생긴다. 이 불안정이나 돌발변수는 어떻게 해야 할까?

안정의 반대말은 불안정이며, 안정이 유지라면 불안정은 변화다. 따라서 안정이 유지되기 위해서는 당연히 불안정이 제거되어야 할 것이다. 바꿔 말하면 안정을 위해서 변화는 금물이라는 것인데, 이 안정이 정체라는 생각이 드는 건 왜일까? 앞에서 안정의 과도한 지속은 경직됨, 비융통성, 권태, 무료함, 강박증 같은 부정적 정서를 가져온다고 했다. 말하자면 누구든 안정된 모습을 유지하려 할수록 그 안정이라는 압력에 돌발적인 에너지들은 짓눌리고 왜곡되며 그 압력을 분출하기 위한 구멍을 찾는데 그 모습이 바로 권태나 무료함인 것이다.

물 위에 떠 있는 우아한 백조는 한없이 평화로워 보이지만, 물 아래에서는 가라앉지 않기 위해 쉼없이 두 발을 움직여야 한다. 그 모습을 보면서 안정을 유지하는 것은 정체가 아니라 끊임없는 변화의 노력이라는 것을 쉽게 이해할 수 있을 것이다. 연인이나 부부 사이에 변화를 줘야 권태기가 오지 않는다는 말도 안정을 깨라는 뜻이 아니라 안정을 지속하기 위해서 변화를 적극적으로 활용하라는 의미다. 사랑은 서로 크게 관여하지 않아도 될 때가 가장 위험하다는 말이 있다. 서로 싸우기라도 하면 미운 정이라도 들지만, 서로 관여하지 않는다는 것은 상대가 없어도 불편하지 않다는 의미일 수도 있기 때문이다.

4번 거울카드로서의 황제는 안정은 변화를 통해 지속되며, 변화를 통해 좀 더 성숙한 안정으로 나아간다는 것을 우리에게 보여주고 있다.

타로카드 심리학

황제 카드의
방어기제

:

01 통제

4번 황제는 여러 방어기제 중에서 통제와 관련지어 생각해볼 수 있다. 통제는 자기애적 방어기제로, 당면한 위험이나 불안 또는 스트레스부터 스스로를 보호하기 위해 자신의 뜻대로 주변환경이나 사건 또는 사람을 과도하게 조종하고 이용하려는 것을 말한다. 이 방어기제를 사용하는 사람은 자기 주장이 강하고 능동적이며 솔선수범하지만, 타인을 무시하고 독단적으로 행동한다는 부정적 폐해가 있다.

통제의 예는 주위에서 쉽게 찾아볼 수 있다. TV를 가까이에서 보는 아이에게 부모가 눈이 나빠진다며 몇 미터 떨어져서 보라고 명령하는 것, 사춘기 자녀의 공부를 위해 TV를 없애버리거나 컴퓨터 사용시간을 제한하는 것, 자신이 못다 이룬 꿈을 자식에게 강요하는 것, 당구게임에서 같은 편 친구에게 자기가 시키는 대로 공을 치라고 지나치게 간섭하는 것 등이 있다.

하지만 통제의 대상을 외부가 아닌 내부에서 찾게 되면, 이는 스스로를 통제하게 되는 것으로 억압이라 할 수 있다. 억압 역시 방어기제의 하나인데, 자신의 불편하고 두려운 기억을 통제하고 억압하려 하지만 그런 상태를 오랫동안 유지하기가 쉽지 않다. 따라서 그 불편하고 두려운 기억을 자신에게 유리한 상황으로 조작하는데, 이를 합리화라고 한다. 조선의 역대 왕들 중에는 자신의 치적이나 왕권의 정당성을 위해 실록에 기록된 내용을 뜯어고친 경우가 있는데 이것이 바로 합리화다.

회화적으로 보면 황제 카드는 강력한 권위를 묘사하고 있다. 라이더 웨이트

덱에서 왕좌를 장식한 네 마리 양과 앙크(ankh) 십자가 그리고 둥근 보주는
왕의 강력한 권위를 나타낸다. 전제군주제에서 왕권은 절대적이었는데, 이는
국가기관은 오로지 군주의 권력을 집행하는 기관에 불과하다고 보았기 때문
이다. 따라서 왕의 통치는 정치적 행위 이전에 '나 홀로 국가 통제'와 다르지
않았다.

만약 황제가 거울카드로 나왔다면, 나는 주변 사람이나 가족들을 믿지 못
해서 그들에게 사사건건 잔소리를 하거나 가르치려 들지는 않는지, 또 남을 믿
지 못해 다른 사람에게 시켜도 되는 것을 스스로 도맡아하면서 필요 이상으
로 에너지를 소모하지는 않는지 생각해봐야 한다. 그리고 참는 것이 습관화되
어 언제 폭발할지 모른다는 불안감에 휩싸여 있지는 않는지, 체면이나 권위 때
문에 늘 자신의 약점을 합리화하는 데 골몰하지는 않는지 생각해봐야 한다.

02 부정

또한 4번 황제는 여러 방어기제 중에서 부정과 관련지어 생각해볼 수 있다.
부정은 미성숙한 방어기제로, 당면한 위험이나 불쾌감으로부터 자신을 보호
하기 위해 사실을 부정하거나 수용을 거부하는 것을 말한다.

예를 들어, 군대에서 아들이 사고로 죽었다고 연락이 왔을 때 "절대로 그럴
리가 없어요! 우리 아들이 아닐 거예요!"라고 소리치며 부정하는 부모의 모습,
성추행을 한 남자의 아내가 경찰서를 찾아와 "우리 남편은 절대 그런 사람이
아니에요!"라며 명백한 사실을 부정하는 모습을 쉽게 볼 수 있다.

부정의 방어기제를 엿볼 수 있는 역사적인 장면들을 소개한다. 와신상담(臥薪
嘗膽)이라는 고사성어는 '섶에 눕고[臥薪] 쓸개를 씹는다[嘗膽]'는 뜻으로, 복
수를 하기 위해 온갖 괴로움을 참고 견디는 것을 말한다. 춘추전국시대 오나
라 왕 합려는 월나라를 공격했다가 구천에게 패하고 죽음을 맞는다. 그의 아

 타로카드 심리학

들 부차는 이부자리를 깔지 않고 가시나무 위에서 누워 자며 아버지의 원한을 되새겼고, 결국 구천을 공격해 굴복시킨다. 이때 부차의 신하들이 구천을 죽이지 않으면 후환이 될 거라고 이구동성으로 고했음에도 부차는 그럴 일 없다며 부정한다. 한편 포로가 되어 갖은 굴욕을 겪은 구천 역시 매일 쓴 쓸개를 맛보며 복수를 결의했고, 후에 부차를 생포하여 자살하게 만든다.

그런가 하면 선조는 임진왜란이 일어나기 1년 전 일본을 다녀온 사절단으로부터 전쟁이 일어날 것 같다는 보고와 전쟁은 일어나지 않는다는 상반된 보고를 듣는다. 결국 전쟁은 일어나지 않는다는 보고를 믿고 아무런 대비를 하지 않아 온 나라가 큰 고초를 겪었다.

카이사르는 자신의 양아들 브루투스를 경계했으면서 결국 그에게 암살을 당하면서 "브루투스 너마저도……"라는 유명한 말을 남겼다. 만년의 스탈린은 암살당할지 모른다는 공포 때문에 측근을 믿지 못하고 중요한 기록은 거의 남기지 않았으며, 심지어는 "나 자신까지 믿지 못해"라고 말했다. 이승만은 3·15 부정선거의 잘못을 끝끝내 인정하지 않았으며, 박정희는 김재규가 보고한 부마사태의 심각성을 애써 외면한 것이 계기가 되어 5.18이라는 불행한 사태를 맞이했다.

물론 위의 몇 가지 사실을 예로 들면서 모든 왕이나 권력자들이 다 그렇다고 주장하는 일반화의 오류를 범하고 싶지는 않다. 다만, 책임이 크면 클수록 바람이 거세면 거셀수록 지위가 높으면 높을수록 실패에 대한 상실감이 그만큼 크고, 또 그것을 감당하기 힘들다는 것을 지적하고 싶다.

어느 분야든 최고의 위치에서는 더 이상 오를 수 없고 내려가는 길만이 존재하기에 늘 불안에 시달릴 수밖에 없다. 또한 최고의 자리는 결정을 묻는 게 아니라 결정을 하는 자리이고, 그 결정의 책임은 철저히 자기가 져야 한다는 걸 너무도 잘 알기에 늘 외로울 수밖에 없다.

어쩌면 최고의 자리는 '어떻게 오르는가?'보다 '얼마나 오래 유지하는가?' 그리고 '얼마나 명예롭게 물러나는가?'가 더 중요할지도 모른다. 세조는 어린 조카 단종을 죽였지만 왕권 기틀을 다지는 데 큰 공을 세우며 나라를 안정시켰고, 영조는 어머니가 미천한 신분이라는 열등감과 형 경종을 독살했다는 의혹에 시달리면서도 42년 동안 재위하면서 훌륭한 업적을 많이 이룩했다. 이들을 언급하는 이유는 수단과 방법을 가리지 않고 그 자리를 오래 지키는 것이 장땡이라는 말을 하고 싶어서가 아니다. 목표를 이룬 후에도 초심을 잃지 않고 그 자리를 안정되게 유지하는 것이 더 힘들다, 그 자리를 지키는 과정은 엄청난 책임이 뒤따른다는 사실을 상기시키고 싶어서이다.

만약 황제가 거울카드로 나왔다면, 과연 나는 현재의 성공을 지키고 싶은 마음에 주위의 충고로부터 귀를 닫은 채 애써 낙관적으로만 생각하지는 않는지 또는 내가 성공했다는 이유 하나만으로 나의 생각이 다 맞고 상대는 다 그르다고 믿지는 않는지 그리고 나의 게으름이 원인이 되어 앞으로 힘든 일이 생길까 걱정되는데도 불구하고 그럴 리 없다고 회피하진 않는지 곱씹어볼 일이다.

<h2 style="text-align:center">황제 카드의 점성학
양자리</h2>

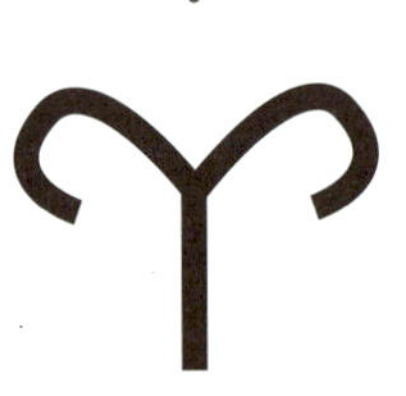

점성학적 관점에서 황제 카드는 양자리에 대응된다. 그리스 신화에 따르면, 이 양은 보이오티아의 왕 아타마스의 후처 이노가 전처의 두 아이 프릭소스와

타로카드 심리학

헬레를 제물로 바치려 하자, 전처 네펠레가 제우스에게 도움을 청하여 아이들을 구출하기 위해 파견한 황금양이다.

양자리는 2천 년 전에는 춘분점에 위치하여 12별자리 중에 첫 번째 순서였지만, 지금은 지구의 세차운동 때문에 춘분점이 물고기자리로 이동했다. 양은 한 해의 시작이자 봄을 알리는 달로 양자리 기간은 3월 21일~4월 20일경이다.

황제 카드에는 네 마리 양이 등장한다. 이 카드를 양자리와 연관짓는 이유는 먼저 12별자리 중에서 가장 먼저 등장하는 별자리로서 처음 또는 으뜸이라는 의미가 1인자인 왕의 지위를 잘 설명해주기 때문이다. 두 번째는 왕의 인자함이나 관대함보다는 왕의 독선적이고 무모함을 좀 더 강조하고 있기 때문이다. 옛날에는 왕권을 견제할 제도나 시민의식이 부족했기 때문에 왕의 통치가 주로 일방적이고 독재적이었다. 이는 양의 독선적이고 무모한 기질과 잘 부합한다.

양자리의 천문 기호는 숫양의 두 뿔을 나타내는 동시에 새싹이나 생명의 에너지, 분수를 의미하기도 한다. 새해를 시작하는 첫 달인 만큼 어린아이가 그렇듯 서툴지만 무모하게 전진하려는 기질이 있고, 뭔가 잡으면 모두 자기 것처럼 행동하는 아이와 같이 개인주의 성향이 강하며 주관적으로 판단한다. 또한 천진난만하고 고집불통이며 억지주장을 하는 것 역시 아이의 기질을 그대로 반영한 것이다. 실제로 양이나 염소는 순하지만, 한번 화가 나면 죽을 때까지 앞으로 돌진할 정도로 용감하다 못해 무모하다.

특히 다음 그림에서 볼 수 있듯 양자리의 지배성은 화성인데, 화성 역시 창과 방패를 상징하는 기호처럼 전쟁을 나타내며 소흉성으로 불린다. 화성은 전쟁을 상징하는 만큼 파괴적이고 공격적이다. 따라서 화성은 그리스 신화 속의 군신 아레스 또는 아킬레스를 상징한다.

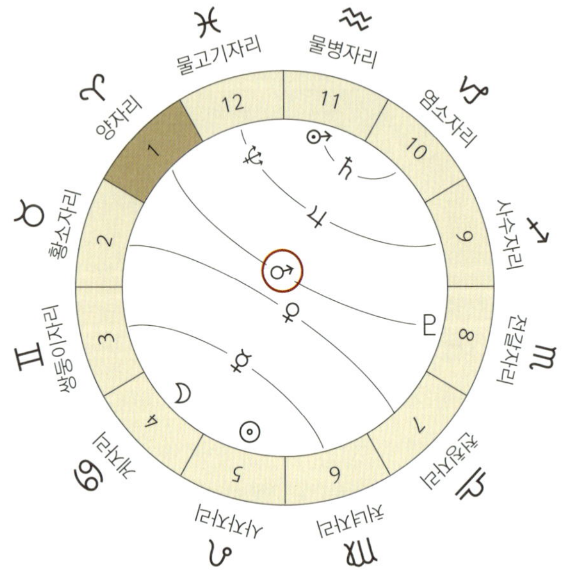

정리하면, 점성학적 관점에서 황제 카드는 힘이나 무력으로 통치하는 독재자를 나타내는데, 아이 같은 천진난만함이 있기 때문에 이 독재자와 상대할 때는 칭찬으로 아이를 다루듯 살살 달래야 한다.

만약 거울카드로서 황제가 나왔다면, 나는 당면한 문제를 지나치게 감정적으로 또는 용기만으로 해결하려는 건 아닌지, 나의 독단적인 생각으로 밀어붙이는 건 아닌지 생각해봐야 한다.

타로카드 심리학

황제 카드
상담 활용

:

54세 여자
Q

명예롭게 퇴진하고 싶어요.

저는 어느 광역시의 학습지회사에서 부장으로 일하고 있어요. 우리 지점에서 부장을 하다가 승진한 A지점장과 함께 2~3년은 정말로 잘나갔어요. 이 지역의 다른 학습지회사를 다 합해도 따라오지 못할 정도로 학생들이 많았거든요. 그렇게 잘나간 건 저와 B부장이 A지점장을 튼튼히 받쳐주었기 때문이었다고 봐요.

저와 B부장은 정말 죽기살기로 열심히 일했어요. 그전에 있던 C지점장이 회사보다 사람들 일에 관심이 많았고 직원들을 전부 갈라놓다시피 해서 일할 분위기가 전혀 아니었거든요. 본사에서 C지점장을 명퇴시키고 당시 부장 셋 중 가장 선임인 A지점장을 임명하는 초강수를 뒀어요. 우리 셋은 C지점장에게 정신적으로 시달렸기에 서로 동지애도 있고 해서 잘해보자 열심히 한 거예요. 본사에서도 파이팅하라고 월급 외에 격려금도 줬어요.

그런데 A지점장을 중심으로 뭉쳐서 2~3년 동안 잘나가니까, 또 다른 부장 D가 A지점장과 알력 다툼을 하기 시작했어요. D부장의 영업력이 출중했는데, A지점장이 그 부장을 견제하기 시작한 거예요. 사내에서 자기보다 목소리가 점점 커지니 자존심도 상하고 위기감도 커진 거죠. 그러다 영업전략 때문에 두 사람이 크게 다투었고, D부장이 우리보다 규모가 좀 작은 학습지회사에 지점장으로 가버렸어요. D부장이 저랑 매우 친했기 때문에 그 사건 이후로 저는 A지점장에게 견제를 당했고, 새롭게 승진한 B부장만을 현재 지점장이 싸고돌다 보니 저 역시 활력이 매우 떨어져버렸어요. D부장 사건이 있은 후 최근 몇 년 사이에 우리 지점 학생이 ⅓로 줄었어요. 물론 경제가 나쁜 것도 하나의 이유겠지만요.

문제는 본사에서 우리 지점을 손보고 싶어한다는 거예요. 현재 A지점장이 그만두든지, 지점장은 그대로 두고 부장을 다 바꾸든지 고민하는 것 같아

요. 만약 부장을 바꾼다면 제가 유력해요. B부장은 저보다 7살이나 어리거
든요.

　요즘 잠이 안 와요. 전 정년퇴직을 원해요. 이 회사에 평생을 바쳤는
데……. 물론 잘리면 동종업계로 갈 수도 있지만, 그건 굉장히 자존심 상하
는 일이에요. 이 시점에서 잘리는 걸 도무지 받아들일 수가 없어요. 그래서
매일 밤 불면증에 시달려요. 가끔 "잘리면 어때, 안 되면 마트 계산원이나
하지 뭐" 했다가도 금세 또 잘릴까봐 불안에 시달려요. 허리가 안 좋아 다
른 업종으로 가는 건 무리고, 동종업계로 간다 해도 나이 적은 사람들에게
치일 테고, 금전적으로는 그래도 현재 직장이 가장 나은데……. 내려놓자고
하루에도 열두 번 더 되새기면서 내려놓지 못하는 게 돈 때문인지 자존심
때문인지 저 자신도 헷갈려요. 선생님 전 어떻게 해야 할까요?

<table>
<tr><td>타로리더
A</td><td>**안정은 변화 위에서만 유지할 수 있어요. 거센 물살을 거슬러 오
르는 물고기가 더 강해지듯 말이죠. 변화를 받아들이세요!**</td></tr>
</table>

당신이 불안해하는 이유가 단지 돈이나 자존심뿐일까요? 그것 말고도 친숙
한 사람들, 정들고 익숙한 지역, 그 동안 열정을 바쳤던 곳, 좋든 싫든 추억
이 어린 곳에 대한 아쉬움이 클 것입니다. 또 그만두면 낯선 직장에서 낯선
사람들과 일해야 한다는 두려움, 그곳에서 얼마나 능력을 발휘할 수 있을까
하는 걱정 등이 불안의 원인일 것입니다.

　하지만 영원한 안정이란 게 있을 수 있을까요? 생전에 수난을 당한 것도
고지리 죽이시까지 부판심시늘 낭안 넉사 속 인불들을 보면 영원한 안정이
란 없는 거 같습니다. 하지만 먹고 자고 입고 싸야 하는 엄연한 현실에서 우
리의 안정은 물질적 조건에 좌우되고 있음이 확실해 보입니다. 돈으로 환산
할 수 있는 명예나 지위나 권력을 당신이 얼마나 확보할 수 있는가에 따라
불안감의 크기도 달라지겠죠. 그럼 얼마나 많은 돈을 가져야 불안감이 해소
될까요?

당신은 '명예롭게 퇴진하고 싶어요'를 구호처럼 내걸고 있고, 자존심을 상
하고 싶지 않으며, 현재의 직장이 유리하다는 걸 강조하고 있는데, 다음과

　　　　　　　　　　　　　　　　　　　타로카드 심리학

같이 정리할 수 있을 것 같습니다. 첫째 지금 직장에서 정년퇴직을 하고 싶고, 둘째 욕심이 있다면 지점장으로 승진하고 싶다는 속마음인 거죠.

우선 정년퇴직에 대한 희망은 본사에서 결정하는 것이니 보장될 수 없는 것이고, 또 지점장 승진도 그리 낙관적으로 보이지 않는군요. 그것보다 더 부정적이고 위험해 보이는 것은 대안이 없다는 것은 둘째치고 자신감이 너무 없다는 점이에요.

어떤 경우에도 부정적인 생각보다 긍정적인 생각이 더 나은 결과를 가져온다는 것을 감안하면 당신이 마음을 고쳐먹지 않는 한 외부의 어떤 변화도 자신감으로 연결되기는 어려워 보입니다. 즉, 외부 사정이 달라진다고 결과가 긍정적으로 흘러갈 거라는 기대는 대박을 바라는 것만큼이나 현실성이 없습니다. 그러니 당신의 자신감만이 외부에 대처하는 힘입니다.

하루에 열두 번도 더 내려놓고 싶다는 고백은 현재 직장을 잃고 싶지 않다는 간절함에서 비롯된 불안감으로 보입니다. 달리 말해서 내려놓을 수만 있다면 얼마든지 불안에서 해방될 수 있다는 의미입니다. 물론 내려놓기가 쉽지 않겠지요.

평생 가지려고, 이루려고 앞만 보고 달린 사람이 아무 계기나 이유 없이 갑자기 피턴이나 유턴 심지어 리턴을 명령받는다면 매우 당황스럽겠죠. 하지만 그 당황스러움의 원인은 당신 자신에게 있습니다. 인생을 앞만 보고 달려왔고, 또 달려갈 수 있을 거라 믿었던 당신의 단순함이 잘못이라는 겁니다. 평소 예측하고 대비했었어야 합니다.

하지만 이왕 닥쳐온 변화라면 좀 더 빨리 대처하려는 노력이 필요합니다. 당신이 이제 와서 "미리 다른 일도 알아놓을 걸" 혹은 "뭔가를 배워놓을 걸" 하고 후회해도 돌이킬 수는 없습니다. 그러니 이번만큼은 변화에 좀 더 빨리 올인하는 게 맞겠죠.

안정은 변화를 통해서만 유지될 수 있습니다. 안정이 안정으로만 이어지면 금방 정체될 것이라는 사실은 불 보듯 뻔합니다. 당신은 지금껏 안정만을 추구해왔기 때문에 지금의 불안이 매우 크게 느껴지는 겁니다. 물론 크고 작은 변화에 대처해왔다고 항변할 수도 있지만, 지금의 위기를 안정을 위한 변화로 보지 않는 한 당신의 안정은 정체일 뿐입니다.

안정이 예금이라면, 불안정은 주식투자라고 할 수 있겠지요. 아시다시피 안정을 유지해주던 여러 수단이나 상황은 나이가 들수록 제한될 수밖에 없습니다. 하지만 효율적이지 않은 수단이라면 바로 그것부터 버려야 합니다. 직장이든 지위든 명예든 권력이든 일이든 취미든, 오직 최소의 것만 남았을 때 우리는 그 수단을 잘 활용하기 위해 최선을 다하게 될 것입니다.

이 말은 지금 가진 모든 기득권을 버리고 모험을 하라는 말은 아닙니다. 배수의 진을 치라는 말입니다. 현실적으로 수단을 유지하기 어려워졌다면 현실 부정에서 멈추지 말고 그것을 버려야 합니다. 소유하고 싶지만 욕심이라는 것을 인정해야 합니다. 설사 목표를 이루지 못하더라도 현재의 정체에 안주하지 않고 변화를 꾀하는 것만이 안정임을 깨달아야 합니다. 나아가 단순한 안정을 위한 변화보다 '내가 왜 저 목표를 향해서 가야 하나?'라는 자신에 대한 질문도 뒤따라야 할 것입니다.

정리하면, 지금의 불안이 명예로운 퇴진이나 맹목적인 안정 추구에서 오는 건 아닌지 곰곰이 생각할 필요가 있습니다. 현재의 직장을 포기하라는 말이 아니라, 이 두 질문에 준비가 되어 있을 때 현재의 노력이 보다 더 큰 에너지를 갖게 될 것이라고 저는 믿습니다.

■ 상담에 적용한 황제 카드의 조언

거울로서의 황제 카드	안정은 변화를 통해 지속되며, 변화를 통해 좀 더 성숙한 안정으로 나아간다는 것을 생각해봐야 한다.
황제 카드의 방어기제_ 통제·부정	나는 늘 체면이나 권위 때문에 내 약점을 합리화하는 데 골몰하진 않는지 혹은 나의 게으름이 원인이 되어 앞으로 힘든 일이 생길까 걱정되는데도 불구하고 그럴 리 없다며 애써 회피하진 않는지 생각해봐야 한다.
황제 카드의 점성학_ 양자리	나는 현재의 문제를 너무 감정적으로 혹은 용기만으로 해결하려는 건 아닌지 생각해봐야 한다.

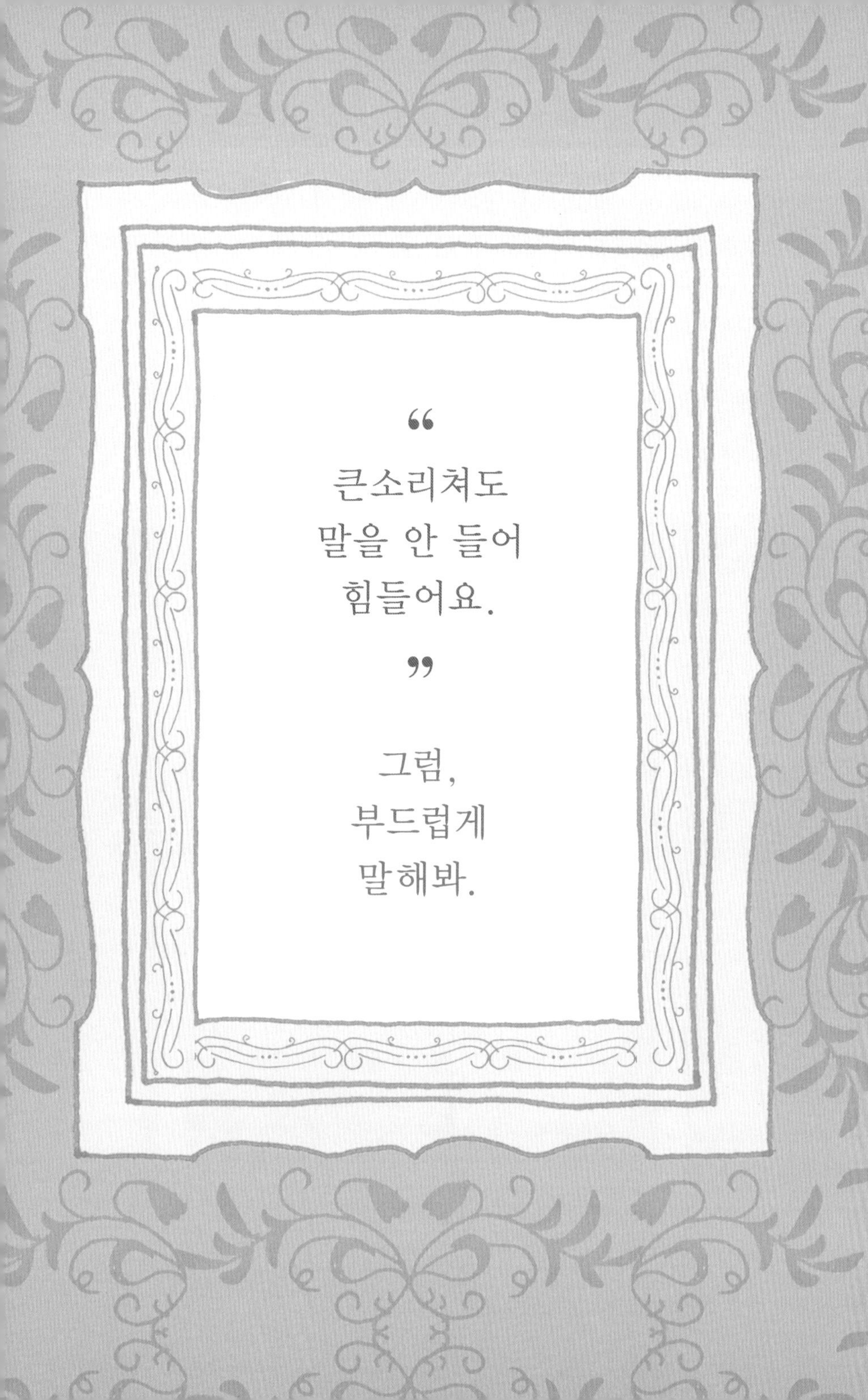

"
큰소리쳐도
말을 안 들어
힘들어요.
"

그럼,
부드럽게
말해봐.

5_ 교황

여행을 떠난 바보가 다섯 번째로 만난 사람은 교황이었다.
그는 부드럽고 상냥했으며, 말수가 적고 말하기보다 듣는 편이었다.
또 언제나 그윽한 눈으로 사람을 깊이 들여다보는 것 같았다.
한마디로 그는 배려심과 따뜻함이 돋보이는 성격의 소유자였다.
그는 늘 순백의 옷을 입었는데, 그 색깔만큼 깨끗하고 욕심이 없는 듯했다.
누구보다 아이들을 좋아했으며, 아프고 병든 사람을 도왔고, 가진 자와 힘있는
사람에겐 늘 겸손과 아량을 주문하거나 심지어는 꾸짖기까지 했다.
그의 권위는 도덕적으로 흠이 없어서 사람들로 하여금 스스로 반성하게 했다.
그는 때로는 아버지같이 위대하고 늠름하고 믿음직스러웠지만,
때로는 어머니처럼 부드럽고 따뜻하며 헌신적이었다.
그는 혼자 있을 때도 반성하고 성찰하고 절제했으며, 모든 이의 아픔과 잘못을
자신의 것처럼 느꼈고, 즐겁고 행복한 일은 하늘에 영광을 돌렸다.
늘 사람들을 위해 기도했고, 그의 사랑은 그것만으로도 충분히 차고 넘쳤다.

바보가 그에게 다가가 물었다.
"산다는 건 뭐죠?"

그러자 그가 빙그레 웃으며 대답했다.
"나를 있게 해준 그분에게 끊임없이 감사드리는 것이죠."

바보가 다시 물었다.
"그럼, 내가 왜 있게 된 거죠?"

교황이 대답했다.
"당신이 있어 그 질문이 가능하듯, 그 이유가 있어 당신이 존재할 테죠."

거울로서의
교황 카드

:

타로카드 4번이 질서와 통제를 의미한다면, 5번은 변화다. 사각이라는 도형에 어떤 힘이 가해지면서 안정된 사각의 틀은 깨지고 그보다 불안정해 보이는 오각의 형태로 변화하기 때문이다. 달리 말하면, 사각이라는 공간에 1이라는 생명의 씨앗이 침투하여 그 씨앗이 발화하면서 견고한 사각의 틀이 깨지거나 분화한다는 것이다.

또 하나, 한 자리 자연수로 1은 시작이고 9는 종말이다. 이때 5는 그 중간에 위치하는 수로 터닝포인트의 의미를 지니는데, 이 역시 변화를 떠올리게 한다.

거울카드 5번인 교황의 대표적 상징은 변화다. 교황은 여러 권한을 가지고 다양한 역할을 수행한다. 먼저 교황의 대표적인 권한은 통치권, 성품권, 교도권이다. 통치권은 교회의 모든 것을 다스리는 권한, 성품권은 백성을 거룩하게 할 권리, 교도권은 교리를 가르칠 권한을 의미한다. 또한 교황은 여러 역할을 수행하는데, 그 예들을 보면 교회법을 손질하고, 교회의 인사를 담당하거나 재산을 관리하며, 예수회 사제에게 고해성사를 받는 것들이다.

하지만 타로카드에서 많이 쓰이는 의미나 역할은 통치권, 교도권, 고해성사 정도이다. 통치권은 중재로, 교도권은 교육으로, 고해성사는 카운슬링이나 멘토링 또는 상담으로 의미가 전환되어 쓰인다. 거기에다 교황은 신의 대리인으로 성경의 규율을 따르는 삶을 살기 때문에 종교적 신념에 대해서는 원리원칙의 의미, 타인에 대해서는 헌신과 봉사의 의미가 추가된다.

중재, 교육, 상담은 모두 변화의 원인이나 계기가 될 수 있다. 중재는 새로운 계약으로 변화를 끌어내고, 교육은 사고가 확장하면서 변화를 이끌며, 상담은

타로카드 심리학

문제해결을 위해 변화의 방법을 직접 알려주는 것이다.

만약 당신의 거울카드가 5번 교황이라면, 당신이 지금껏 완벽하다고 믿고 있던 그 완고하고 경직되고 융통성 없는 신념을 다시 생각해보라는 의미다. 즉, 당신에게는 변화가 필요하다는 의미다. 당신의 그 완고한 신념이 옳든 그르든, 지금껏 유리하게 진행되었든 불리하게 진행되었든 상관없다. 현재의 신념에 새로운 변화가 필요할 뿐이다.

그 변화는 반성일 수도 있고, 도전일 수도 있다. 그리고 반성이나 도전을 위한 방법으로는 기존의 신념을 성찰하거나 확장할 수 있는 새로운 교육, 신념을 행동으로 옮기기 위한 중재(계약·합의·확장), 신념에 의해 생긴 불합리나 현실적 문제를 개선하기 위한 상담(컨설팅·멘토링)이 필요하다.

앞서 황제 카드에서 변화 없는 안정이란 있을 수 없다고 설명하였다. 황제가 안정을 위해 변화가 필요했다면, 교황은 현재의 안정에 안주할 것이 아니라 비록 불안정하더라도 변화를 통해 시야를 더욱 넓히고 문제를 개선하고 더 나아가 개척하라고 말하고 있다. 다시 말해서 스스로 문제의식을 갖고 미래에 닥쳐올 불행을 사고, 분석, 예견하고 그것에 대처할 새로운 대비책을 찾거나 새로운 영역을 개척하라는 것이다. 물론 현재 자신이 불안정한 상태라면 중재나 교육이나 상담을 통해 돌파구를 끊임없이 모색해야 할 것이다.

만약 당신의 거울카드가 5번 교황이라면, 종교적으로나 도덕적으로 삶에 대한 성찰이 필요하다는 것을 의미한다. 당신이 추구해왔던 가치가 종교적으로 도덕적으로 건강한 것인지, 당신의 삶이 이기적이진 않은지, 당신은 외부로부터 받기만 하고 돌려주는 것에는 인색하지 않은지, 당신의 안정이 개인적이든 사회적이든 긍정적으로 기여할 수 있는 방법을 생각해보고 주위를 돌아보라는 의미다.

　현재 당신이 세상에 왜 존재하는지 모르겠고 죽고 싶은 심정인데 5번 교황이 거울카드로 나온다면, 당신이 존재하는 그 자체가 이유 있는 '쓰임'이라는 걸 조금도 의심해서는 안 된다.

<h2 align="center">교황 카드의 방어기제
주지화</h2>

:

　5번 교황은 여러 방어기제 중에서 주지화와 관련지어 생각해볼 수 있다. 주지화는 불안정적인 사람들의 신경증적인 방어기제다. 주지화를 지성화 혹은 지식화라고도 하는데, 자신이 수용하기 힘든 외부의 압박, 공격, 위험 혹은 문제상황이나 갈등상황에 대해 지적논리화를 통해 그 불안을 감소시키는 방어기제다. 다시 말해서 주체할 수 없는 감정을 이성으로 통제하여 불안을 줄이는 것인데, 이성이 감정을 통제하는 방법으로는 사고, 분석, 추론과 같은 지적능력이 동원된다.

　예를 들어, 지하철에서 어린 학생이 할머니에게 욕을 하거나 주먹질을 하고 있다면, 그 모습을 보고 누구든 버릇없는 학생의 행동에 화가 치밀어오를 것이다. 그럼에도 불구하고 주위에서 적극적으로 나서지 못하는 이유는 남의 일에 괜히 나섰다가 나만 피해를 보게 되지 않을까? 하는 두려움 때문일 것이다. 이 경우에 목격자는 분노와 두려움으로 감정의 동요가 일지만 이 감정을 통제하기 위해 이성이 끼어든 것이다.

　"지하철에서 어른과 학생이 싸우게 되는 것은 보통 자리양보와 관련이 있을 거야. 분명 앉아 있는 학생 앞에서 서서 가는 할머니가 다리가 아픈 척을 했을 것이고 학생은 모른 척했겠지. 그러자 할머니가 '요즘 학생들은 버릇이 없어!'라고 비난을 했고 기분 나빠진 학생이 '나이만 많으면 다인가 뭐!' 하고

　　　　　　　　　　　　　　　　　　　　　타로카드 심리학

빈정거렸을 거야. 그래서 할머니가 '학생 말버릇이 그게 뭐야? 집에 어른도 없어!'라고 나무랐겠지. 그러자 화가 난 학생이 분명 욕을 했을 것이고 그 때문에 싸움이 격해졌을 거야. 어차피 이런 일들은 서로 똑같아서 생기는 일이니 둘다 좀 당해봐야 돼. 괜히 나섰다가 나만 피곤해지니 말리는 거보다 전화로 역무원에게 신고하는 게 현명해. 하지만 내가 신고하지 않아도 누군가 전화할 거니까 난 그냥 모른 체하는 게 나아."

이렇게 논리적 사고를 통해 분노와 두려움을 이성적으로 통제하는 것이 주지화다. 또 다른 예로, 뺑소니 사고를 당해 온몸이 피투성이가 되어 돌아온 아이를 보고 기겁하는 대신 오히려 냉정하고 이성적으로 사고 당시 상황을 꼼꼼하게 물어보는 것 역시 주지화다.

주지화는 위험, 고통, 두려움, 스트레스 등에 의한 불안을 이성적으로 통제하기 때문에 성숙한 방어기제로 보인다. 하지만 스트레스를 가끔씩 해소하지 않고 주지화를 과도하게 사용하면 점점 소극적이고 수동적인 사람으로 변해 스스로 무기력감을 자주 느끼게 된다.

다시 원점으로 돌아와서 교황은 종교인이다. 종교는 비합리적이고 비이성적으로 생각될 수도 있는데 왜 교황을 감성보다 이성적인 주지화와 관련짓는가? 그 이유는 청소년기에 성적 욕망이나 정서적 혼란에서 벗어나기 위해 철학이나 종교 또는 문학이나 예술의 심오함이나 난해함에 과도하게 집착하는 특징을 고려했기 때문이다.

만약 교황 카드가 거울카드로 나왔다면, 나는 어떤 문제에 부딪쳤을 때 분석, 판단, 예단부터 하고 행동한 후 자신의 무기력함에 자책감을 느끼진 않는지 생각해봐야 한다. 또한 나는 스트레스를 이성적으로만 통제하려고 하지는 않는지, 경우에 따라 차라리 감정적으로 대응하는 게 더 효율적인 건 아닌지 생각해봐야 한다.

교황 카드의 점성학
황소자리

:

점성학적 관점에서 교황 카드는 황소자리에 대응된다. 그리스 신화에 따르면, 이 황소는 페니키아의 공주 에우로파의 미모에 반한 제우스가 아내 헤라의 눈을 피하기 위해 변신한 것이다. 소로 변한 제우스는 에우로파에게 접근하고, 에우로파가 투명한 뿔을 가진 신비로운 황소에 마음을 빼앗겨 결국 황소 등에 올라타자 제우스는 그녀를 데리고 사라진다.

또 다른 신화에서는 강의 신 이나코스의 딸 이오를 부인 헤라의 질투로부터 보호하기 위해 제우스가 흰 암소로 둔갑시켰다고 한다.

황소자리의 천문 기호는 황소의 머리와 두 뿔을 형상화한 것이다. 황소자리는 12별자리 중에서 두 번째 순서이고, 기간은 4월 21일~5월 20일 무렵이다. 이 기간은 짝짓기의 계절이므로 다산을 상징한다. 또한 황소는 농사를 짓는 데 이용되기도 하고, 가축 중에서 가장 비싼 동물로서 풍요와 재물 등 물질적 부를 상징한다.

특히 다음 그림에서 볼 수 있듯 황소자리의 지배성은 금성인데, 앞서 여황제 카드에서 설명했듯이 금성은 물질에 기반한 아름다움으로 물질적 풍요를 상징한다.

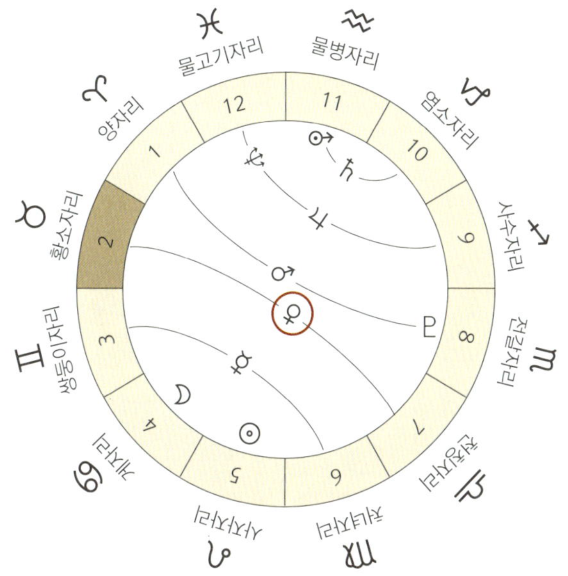

황소는 유아기에 해당하는 연령으로 평소에는 온순하지만 농사일을 할 때는 아무리 힘들어도 게으름을 잘 피우지 않아 고집과 끈기 그리고 인내심이 많은 동물로 알려져 있다. 하지만 가끔 난폭하게 돌변하기도 한다.

교황 카드를 황소자리와 연관짓는 까닭은 중세시대 십자군 원정으로 교황의 권위가 쇠락하기 전에 교황은 왕보다 더 막강한 정치권력을 갖고 있음에도 불구하고 평소에는 소처럼 온순하고 온화한 모습을 유지했기 때문이다. 다시 말해서 일상의 평온함을 상징하는 황소와 평화의 사도라 불리는 교황의 모습에서 공통점을 발견한 것이다. 그리고 교황은 자신이 가진 세 가지 막강한 권력인 통치권, 성품권, 교도권을 잘 사용하여 세상을 평화롭게 유지할 의무와 책임이 있기 때문이다.

참고로 통치권은 행정력과 중재능력, 성품권은 백성을 거룩하게 할 권리, 교도권은 교육할 권리를 의미한다. 결국 이 세 가지 권력은 일상의 평온함을 구현하기 위한 능력이기도 하지만, 일상의 평온함 속에서 이 능력이 더욱 잘 발휘될 수 있기도 하다.

만약 거울카드로 교황이 나왔다면, 혹시 나는 너무 안일하게 살고 있지는 않는지 또는 나는 너무 고집이 세고 융통성이 없는 건 아닌지 생각해봐야 한다. 또한 나는 늘 속으로만 삭이다가 갑자기 욱하는 성격 때문에 손해를 보는 일이 많지는 않은지 생각해봐야 한다. 또는 내게 중재능력, 교육가적 기질, 상담능력과 관련된 잠재력이 있음을 잊고 있는 건 아닌지 생각해봐야 한다.

교황 카드
상담 활용

:

끝냈다면서 그 사람 전화만 기다려요.

제 남편은 개인병원 의사예요. 전 별로 내세울 건 없지만 남편이 제 외모에 반했고, 저 역시 남편 외모는 별로였지만 직업 하나만 보고 결혼했지요. 대학생 딸이 하나 있는데 잔소리하지 않아도 제 할 일 알아서 하는 편이니 착하다고 해야겠죠.

그런데 문제는 제게 남자가 생겼다는 거예요. 얼마 전 호주 시드니에 여행을 갔는데, 거기서 우리를 인솔하던 가이드와 그만 사랑에 빠지고 말았어요. 지금 생각해봐도 너무나 이해가 안 가요. 전 지금껏 다른 남자를 만나본 적이 단 한 번도 없고, 아니 만나고 싶다는 생각조차 해본 적이 없어요. 그리고 처음 봤을 때 그 가이드도 제 스타일이 아니었어요. 어딜 데리고 나가기엔 정말 창피할 정도의 외모라고 생각했으니까요. 사실 가이드라는 직업이 그렇게 여유 있는 직업도 아니라는 생각도 했고요.

타로카드 심리학

먼저 다가온 건 그 사람이었어요. 여행자 중에서 유독 저에게만 잘해준다고 생각을 했지만, 막상 보살핌을 받는 제 입장에서는 나쁠 게 없었어요. 며칠 보다 보니 외모는 싹 잊혀지고 상냥하고 친절하다는 생각만 들더라고요. 가끔씩 위험한 곳에서 손을 잡아주거나 몸을 잡아줘도 기분이 나쁘지 않았어요.

4일째 되는 날이었던 거 같아요. 가이드가 호텔 객실로 전화를 했더라고요. 하버브리지가 보이는 아주 근사한 카페가 있는데 맥주 마시러 나오지 않겠느냐고요. 제가 혼자는 좀 그렇다고 했더니 그럼 같이 온 동생분을 데리고 나오셔도 된다고 하더라고요. 그래서 주저하다가 제가 아끼는 동생과 함께 나갔는데, 그 가게가 가이드의 후배가 운영하는 곳이더군요. 동생이랑 그 가게 사장님은 둘 다 미혼이라 서로 죽이 맞았고 전 가이드랑 많은 이야기를 나눴지요. 분에 넘치는 서비스 때문인지 그림 같은 다리 때문인지 여하튼 근사한 밤을 보냈지요.

호텔로 돌아와 자리에 누웠는데, 가이드에게 들은 이야기가 떠올랐어요. 한때 잘나간 이야기, 사업에 실패한 이야기, 빚 때문에 고생한 이야기 등등 결론은 참 안타깝다는 느낌이었지요. 잠이 들려고 하는데, 가이드가 저 혼자 있는 객실로 찾아왔어요. 카페 주인이 준 가벼운 선물을 전하겠다고 하더군요. 너무 고마웠던 마음에서였는지 술김에서였는지 커피 한 잔이라도 대접하고 싶은 마음에 가이드를 객실로 들이고 말았지요. 그리고서 그만 그 방에서 일을 치르고 말았어요. 정말 인생은 알 수 없는 거 같아요. 다음 날 그 가이드 보기가 창피할 것만 같았는데 오히려 미소와 함께 가슴이 뛰기 시작하는 거예요. 우린 그 이후로도 여행이 끝나기까지 며칠간 서로 밤을 함께 했어요. 한국에 온 이후로도 우리는 쉴새없이 대화했지요.

전 사실 그 남자와 공유할 수 있는 게 아무것도 없어요. 해줄 수 있는 것도 없고요. 그런데도 그 사람만 생각나서 미칠 거 같아요. 정신이 팔렸는지 저번 주는 교회마저 빼먹어 이러다간 큰일 나겠다 싶어 아예 그 사람에게 이별을 선언하고 전화번호랑 카톡까지 지웠어요. 그래놓고 매일 그 사람 연락을 기다리고 있는 한심한 저를 발견해요. 전 어쩌면 좋아요? 아는 친구에게 살짝 말했더니 제가 속궁합 때문에 그렇다고 해요. 전 아니거든요. 절대

로 아니에요. 제 남편과의 관계도 아무 문제가 없거든요. 아무리 생각해도
제 자신이 이해가 안 가요. 생각해보면 그 사람은 제게 아무런 매력도 없는
사람이에요. 그런데 제가 왜 이렇게 그 사람 전화를 미치도록 기다리는 건
지……. 저 왜 이럴까요? 저 정말 어쩌면 좋을까요?

**당신의 노력을 응원하지만, 진정한 자유를 위해서 당신을 괴롭히는
과도한 압력의 원인부터 생각해봤으면 좋겠네요!**

끝냈다고 하는 건 이성의 힘이고, 그러면서 기다린다고 하는 것은 감정의
힘이겠지요. 교황 카드의 방어기제인 주지화는 감당하지 못하는 감정의 동
요를 이성으로 통제하는 것인데, 당신의 경우에는 이성으로 통제되지 않을
만큼 감정의 힘이 크다고 볼 수 있겠습니다. 그 동안 억눌렸던 감정이 가공
할 만한 힘으로 한꺼번에 폭발한 것으로 보입니다.

원래 늦게 배운 도둑질이 밤새는 줄 모르고, 늦바람이 더 무섭다고 하지
요. 이는 모범적이고 원리원칙을 지키는 사람일수록 무의식에서 도덕과 규
칙에 대한 반발이 강하다는 의미입니다. 풍선의 한쪽을 누르면 다른 쪽이
불룩 튀어나오는 것처럼 우리의 의식과 무의식은 끊임없이 조화와 균형을
유지하려는 성질이 있기 때문이죠.

당신이 남편의 직업만 보고 결혼했다는 고백에서는 자기 스타일이 아닌 남
자와 사는 압박, 지금껏 다른 남자를 만나본 적이 단 한 번도 없고 또 만나
고 싶다는 생각조차 해본 적 없다는 고백에서는 모범적이고 도덕적이어야
한다는 압박, 카페에 동생을 데리고 간 것이나 남자의 말에 안타까움을 느
낀 것 그리고 객실로 찾아온 남자에게 커피라도 한 잔 대접하고 싶었지만
주저했다는 고백에서는 모범적인 아내로서의 압박, 더불어 교회마저 빼먹
어 이러다간 큰일 나겠다 싶어 아예 이별을 선언했다는 고백에서는 종교적
죄의식으로 인한 압박이 느껴집니다. 정말 여러 부분에서 당신이 주체 못할
압박을 느끼고 있다고 판단됩니다.

지금껏 크고 작은 압력에 감정이 억눌려 살아왔지만, 아무도 자신을 알
아보지 못하는 먼 외국에서 비록 자신의 스타일은 아니지만 누구보다도 상

    타로카드 심리학

냥하고 친절한 왕자를 만났으니 그 남자에 대한 경계감이 충분히 호감으로 바뀔 만합니다. 게다가 그 왕자가 근사한 야경에 즐거운 맥주까지 제공했으니 그 로맨틱함을 어떻게 잊을 수 있겠습니까?

하지만 당신의 고백 속에 숨겨진 압박들을 생각해보면 정말로 그 남자가 좋았던 것일까요? 아니면 여러 압박에서 벗어나고 싶었던 것일까요? 확실히 모르겠지만 현재 당신은 그 남자로 인해 행복하고, 또 전에 없던 불안한 상황에 있는 것만은 분명하군요.

삶도 자유인데 연애야 말해 뭐할까요? 문제는 스스로 감당하기 버거우니 안타깝고 불편한 자유라는 겁니다. 비록 불편한 자유지만 한번 맛본 감정의 자유로 인해 스스로 완벽한 자유를 끊임없이 꿈꿀 수도 있겠지요. 그럴 때마다 당신의 감정과 이성은 지쳐갈 것입니다. 분명한 건, 그 어떤 경우든 이성이 통제할 수 없는 감정의 끝은 파국이라는 겁니다. 이성이 통제할 수 없다면 감정이 사그라들기만을 기다릴 수밖에 없겠죠. 이 경우에 구원군은 아마 시간뿐일 것입니다.

어쩌면 현재 누군가를 만나 예기치않게 괴로워하는 이 사건은 안정된 삶에 던져진 변화의 씨앗일지도 모르겠군요. 이 혼란은 지금까지 살아온 인생 전체를 되돌아보게 하는 큰 계기가 될 것입니다. 이런 혼란을 통해 당신은 나 같지 않은 나와 대면하고 전혀 고민하지 않던 일을 고민하게 되겠지요. 나아가 지금껏 당신이 살아오면서 지켜온 가치들이 새로운 관점으로 보이거나 더 큰 삶의 가치들을 찾게 될지도 모릅니다.

변화의 결과가 전화위복이 되거나 용두사미가 될 수도 있겠지요. 이성적인 인간은 둘 중에 무엇이 되더라도 확신을 갖고 길을 갈 것입니다. 하지만 어리석은 인간은 후회막심한 행동의 결과를 감정 탓으로만 돌리겠지요. 그런데 이미 일어난 일이라면, 비록 후회하고 있다 할지라도 이성의 탓으로 돌려야 하지 않을까요? 그래야 자신의 문제에 좀 더 진지할 수 있을 테니 말입니다.

전화번호와 카톡을 지운 당신의 통제력을 존중합니다. 이성은 검열이 목적이고 감정은 분출이 목적이겠지만, 과연 그 기다림이 당신이 욕구를 완전히 분출할 수 있게 해줄지 의문이며, 혹여 또 다른 욕구로 전이되어 나타나지 않을지 우려되기도 합니다.

당신의 노력에 박수를 보내지만, 과도한 압력의 원인부터 다시 한 번 생각하고 그 압력을 그때그때 푸는 습관을 들여야겠어요. 모범적인 아내 역할이나 성실한 종교생활 등등 자신이 완벽해야 한다는 생각부터 버렸으면 합니다. 당신의 진정한 자유는 그것에서부터 시작되어야 할 거 같아요.

■ 상담에 적용한 교황 카드의 조언

거울로서의 교황 카드	종교적으로 또는 도덕적으로 삶을 성찰할 필요가 있음을 의미한다.
교황 카드의 방어기제_ 주지화	나는 스트레스를 이성적으로만 통제하지는 않는지 생각해보고, 경우에 따라서는 차라리 감정적으로 (평소의 압박에) 대응하는 게 더 효율적일 수도 있다는 것을 고려해야 한다.
교황 카드의 점성학_ 황소자리	나는 늘 속으로만 삭이다가 갑자기 욱하는 성격 때문에 손해를 보지는 않는지 생각해봐야 한다.

타로카드 심리학

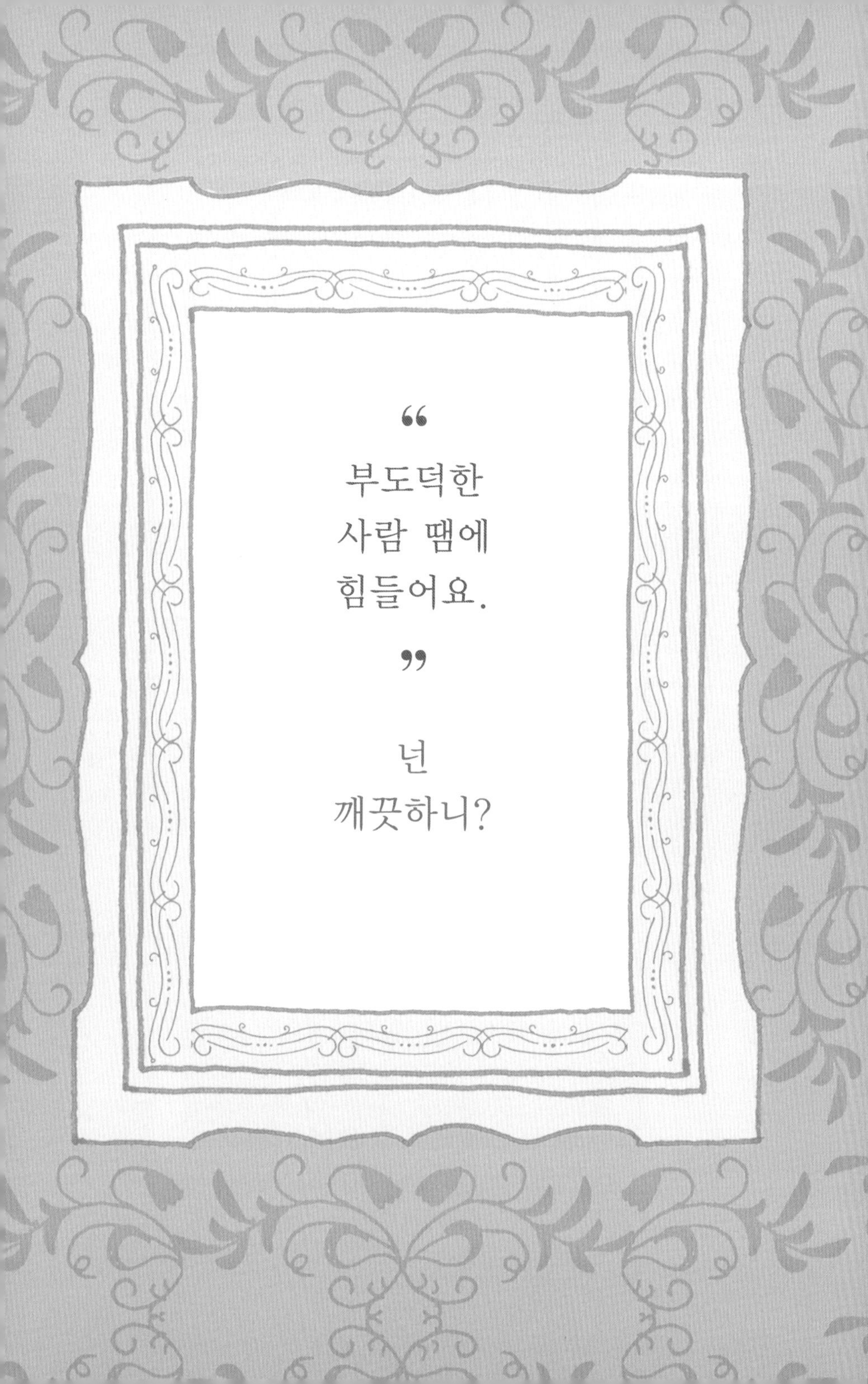
"
부도덕한
사람 땜에
힘들어요.
"

넌
깨끗하니?

6_ THE LOVERS

6_ 연인

여행을 떠난 바보가 여섯 번째로 만난 사람은 연인이었다.
그들은 커플룩을 입고 누가 보든 말든 안고 입맞추고 귓속말로 소곤거렸다.
이어폰을 나누어 끼고 음악을 듣고, 잔 하나에 빨대 두 개를 꽂아 함께 마셨다.
한쪽이 어깨를 기대면 다정하게 머리칼을 쓸어넘겨 주기도 했다.

그들은 세상을 다 가진 듯 행복해 보였지만, 언제나 그런 것은 아니었다.
때론 사나운 눈빛으로 상대에게 고함을 지르기도 하고, 많은 이들이 지나다니는
길가에서 동상처럼 서서 서로에게 따지고 또 따지기도 했다.
쇼핑한 물건을 패대기치고, 다신 안 볼 사이처럼 혼자서 자리를 뜨기도 했다.
울리는가 싶더니 안아주고, 안아주는가 싶더니 작별을 고하고, 작별을
고하는가 싶더니 간절히 소식을 기다리고, 막상 연락이 오면 화를 냈다.
그들은 수십 번 이별하고 수십 번 만났다

바보가 그들에게 다가가 물었다.
"산다는 건 뭐죠?"

그러자 연인은 이구동성으로 대답했다.
"없으면 허전하고 있으면 귀찮은 거죠."

바보가 다시 물었다.
"그게 도대체 뭐죠?"

그들이 각자 말했다.
"남자?"
"여자?"

거울로서의
연인 카드

:

거울카드 6번은 연인이다. 5가 변화라면, 6은 완전한 결합을 나타낸다. 삼각형 두 개를 엇갈리게 겹치면 육각이 되는데, 육각은 정신에 비유되는 3과 3의 결합이다. 또한 여섯 개의 면인 육면체는 또 하나의 확고한 완성을 나타낸다.

하지만 삼각형 두 개를 바닥에 놓고 나란히 붙이면 찌그러진 마름모꼴이 된다. 마름모꼴의 사각은 결합의 역동성이며, 이 역동성은 완전한 결합(정사각형)을 지향한다.

얼핏 보기에 결합은 긍정적인 것 같다. 하나에 하나를 더하면 물질적으로는 두 배가 되고, 정신적으로는 서로 다른 양자의 목적이 합치하거나 뭔가를 공유한다고 보기 때문이다. 또한 결합하면 무엇인가를 할 수 있게 되므로 결과보다 과정을 중시한다면 긍정적인 면이 우선적으로 부각된다.

하지만 결합은 분리의 씨앗이기도 하다. 분리가 부정적으로 느껴지는 이유는 과정보다 결과의 불만족에 주목하기 때문일 것이다. 예를 들어, 만남은 행복이고 이별은 불행이라는 생각은 만남은 무조건 행복해야 한다는 믿음의 결과다. 하지만 좀 더 생각하면 헤어짐이 곧 설렘이라는 것을 깨달을 수 있다.

만해 한용운의 「님의 침묵」이란 시에 이런 구절이 나온다. "우리는 만날 때에 떠날 것을 염려하는 것과 같이 떠날 때 다시 만날 것을 믿습니다." 만나면 언젠가는 헤어진다는 회자정리(會者定離)의 명제를 늘 가슴에 품고 산다면 애초에 영원한 행복을 바라지도 않을 것이고, 만남이 그렇게 긍정적인 의미로 들리지도 않을 것이다. 아무튼 결합이든 분리든 만남이든 이별이든, 좋고 싫음은 다 마음가짐에 있다고 봐야 한다.

타로카드 심리학

만남이란 단어는 왜 낭만적으로 들릴까? 사람과 사람이 만나기 때문이다. 사람은 사람을 만나는 것만으로도 사람답기 때문이다. 사람 중에서도 이성이 좋고, 만나는 목적 중에서도 사랑이 가장 달콤한 건 더 말할 필요도 없다. 남녀 간에 애정에 기반한 만남의 완성은 결혼이다. 하지만 애정이 전부 결혼으로 연결되지 않는 것은 많은 부분에서 두 사람을 둘러싼 여러 요소 즉 성격, 취미, 성적 궁합, 삶의 목표, 서로의 가풍 등의 결합을 요구하기 때문이다.

하지만 애정과 관련하여 완전한 결합의 조건은 이렇다는 기준은 없다. 있다면 일대일 대응이 아니라 타협이며, 가장 효과적인 기준은 양보나 이해라 할 수 있다. 사랑은 감정에서 출발하여 끊임없이 이성의 검열을 요구받기에 온전하게 지속되기가 쉽지 않다. 이 이성적인 검열의 스트레스가 헤어짐의 발단이기에, 이것을 극복하는 가장 좋은 방법은 양보나 이해밖에 없는 것이다.

만약 당신의 거울카드가 6번 연인이라면 당신의 파트너를 점검할 필요가 있다는 뜻이다. 좁게는 이성친구와 동업자부터 넓게는 당신이 속해 있는 집단의 구성원들까지 말이다. 만약 애인이라면 요즘 그(그녀)와 나 사이가 어떤지, 두 사람은 긍정적인 또는 원활한 파트너십으로 잘 지내고 있는지, 그렇지 않다면 왜 사이가 나빠졌는지 등을 점검하고, 문제의 원인이 나에게 있지는 않은지, 비록 상대가 고집을 부린다고 해도 나 역시 타협을 위해 충분히 노력했는지, 내가 손해를 좀 보더라도 양보와 이해의 노력을 했는지를 검토해야 한다.

만약 현재 새로운 사람을 사귀려 하거나 어떤 모임이나 직장에 들어가려는 계획이 있다면, 그것들에 대해 나는 얼마나 큰 기대와 바람을 갖고 있는지, 혹은 무작정 의존하려는 것은 아닌지 따져보아야 하며, 만약 그 파트너십이 깨졌을 때 충분히 감당할 수 있는지도 진지하게 검토해봐야 한다.

한편 거울카드로서 연인 카드는 이성친구가 생기거나 새로운 모임이나 조직에 들어갈 수도 있고 새로운 직장을 구할 수도 있지만, 이미 이성친구가 있다면 두 사람의 관계에 새로운 변화가 생길 수도 있다. 다시 말해 삼각관계에 빠질 수도 있다는 것을 예고한다.

<h2 style="text-align:center">연인 카드의 방어기제
애정결핍</h2>

:

6번 연인은 여러 방어기제 중에서 애정결핍과 관련지어 생각해볼 수 있다. 애정결핍은 신경증적 방어기제로서 타인의 비난이나 질책으로부터 자신을 보호하기 위해 타인의 관심을 유도하거나, 타인에게 지나치게 의존하려는 행동을 말한다.

애정결핍을 방어기제로 쓰는 사람의 행동 특징은 다음과 같다. 손톱을 물어뜯는 행동, 자주 자책하는 행동, 타인의 칭찬이나 관심을 유도하는 행동, 타인에 대한 과도한 집착이나 소유하려는 행동 등이다. 프로이트(Sigmund Freud)에 따르면, 0세에서 1.5세 사이에 엄마로부터 수유를 충분히 못 받거나 오히려 과도하면 입에 대한 고착이 일어나는데 이것을 구강기 고착이라고 하며, 이 결과로 애정결핍이 나타난다고 한다.

손톱을 물어뜯는 행동 역시 입과 관련되어 있다. 엄마에게 사랑받지 못하서나 오히려 과도하게 받으면 결핍에 대한 갈증이나 넘치게 받은 사랑을 잊지 못하고 끊임없이 집착하게 된다는 것이다. 엄마는 우는 아이에게 젖을 물린다는 것을 아는 아이는 울음으로 엄마의 관심을 유도하고, 그럼으로써 엄마의 사랑(젖)을 번번이 차지한다는 것이다.

애정결핍을 가진 사람은 타인의 관심이나 사랑을 차지하기 위해 여러 수단을 동원하게 된다. 예를 들어, 최대한 불쌍하게 보여 주위로부터 동정심을 유발

타로카드 심리학

한다든지, 반대로 자신을 대단한 사람처럼 연출하여 타인에게 주목받고자 한다. 또한 다수의 사람들과 있을 때 자신에게 쏠려야 할 관심이 다른 쪽으로 분산되는 것을 막기 위해 과도한 집착을 보이는데, 자기 것으로 소유하려는 행동이 강한 질투로 이어지기도 한다. 즉, 애정결핍은 상대와 결합(만남)하려는 의지가 과도한 나머지 집착으로 이어지고, 집착은 오히려 이별(분리)의 원인이 되기도 한다.

애정결핍은 바람둥이, 의처증, 의부증, 스토킹 등의 심리증상으로 나타나지만, 거의 모든 중독의 원인이기도 하다. 예를 들어 알콜중독, 쇼핑중독, 섹스중독, 도박중독 등의 증상은 채워지지 않는 소유욕에 대한 갈증을 의미한다.

특히 애정결핍은 구강기 고착을 가장 큰 원인으로 보기 때문에 모성애와 관련이 깊다. 따라서 엄마의 무조건적 사랑에 대한 그리움이 무의식적으로 생애 전반에 걸쳐 매우 강하게 나타난다. 자신의 잘못이나 결함을 무비판적으로 수용해주는 엄마에게 안락함을 느끼는 아이는 어른이 되어서도 타인들에게 그러한 무비판적이고 무조건적인 사랑을 요구하게 된다.

애정결핍이 있는 사람에게 가장 일차적인 관심과 사랑은 칭찬이다. 칭찬은 가장 쉽고 빠른 상대에 대한 지지의 수단이다. 그 이유는 애정결핍을 가진 사람의 자존감을 가장 빨리 상승시켜주기 때문이다. 이는 언제 어디서고 어떤 상황에서도 가능하다.

애정결핍의 증상 중에 분리불안장애가 있는데, 이는 누군가와 분리되는 것을 몹시 두려워하는 것으로 흔히 어린아이가 엄마와 떨어지는 것을 불안해하는 것이 대표적인 예이다. 애정결핍을 갖는 사람이 대인관계에서 강한 집착과 소유욕을 보이는 이유가 여기에 있다.

만약 연인이 거울카드로 나왔다면, 나는 이성관계나 대인관계에서 상대에게 과도하게 집착하거나 의존하지 않는지 돌아봐야 한다. 또한 혼자라는 생각에 너무나 우울해하며 내 존재를 부정하거나 자신감을 잃지는 않는지, 그로 인해 세상을 부정적으로나 비관적으로 바라보지는 않는지 되돌아봐야 한다. 그리고 애인이나 동업자나 동료가 내게 과도하게 집착한다고 느껴진다면, 상대의 불안정한 정서를 더 자극하거나 부추기는 행동을 하고 있진 않는지 고민해봐야 할 것이다. 물론 지나친 애정결핍 증상은 심리상담이나 심리치료가 먼저이지만 말이다.

**연인 카드의 점성학
쌍둥이자리**

Ⅱ

점성학적 관점에서 연인 카드는 쌍둥이자리에 대응된다. 그리스 신화에 따르면, 이 쌍둥이는 백조로 변신한 제우스와 스파르타의 왕비 레다 사이에서 태어난 카스토르와 불사신 폴리데우케스 형제다. 이들은 숙부 레우키포스의 딸들을 납치하여 아내로 삼았는데, 이들 자매는 자신들의 사촌인 이다스와 린케우스의 약혼녀였다. 이 때문에 사촌들 사이에 싸움이 벌어져 폴리데우케스를 제외하고 모두 죽었다. 폴리데우케스가 형 카스토르의 죽음을 슬퍼하자 제우스가 죽은 카스토르를 불사신의 몸으로 부활시켜주었다고 한다.

연인 카드에는 성경의 아담과 이브가 등장하는데, 아담의 몸에서 이브가

 타로카드 심리학

나왔으므로 이들 또한 쌍둥이로 볼 수 있다.

쌍둥이자리는 12별자리 중에서 세 번째 순서로, 기간은 5월 21일~6월 21일 무렵이다. 쌍둥이자리의 천문 기호는 동료를 상징하며, 결합과 계약을 나타낸다. 쌍둥이는 취학 연령의 어린이가 가지고 있는 유아적 지성을 상징하는데, 호기심이 많고 표현력이 좋으며 소통을 즐긴다. 또한 이해력과 인식능력이 좋고 논리적이고 분석적이지만, 단점으로는 산만하고 조급하다.

다음 그림에서 알 수 있듯이 쌍둥이자리의 지배성은 수성인데, 수성의 천문 기호는 헤르메스를 상징한다. 수성은 달과 같이 변질되기 쉬우므로 정보를 이용한 사기를 경계해야 한다고 앞서 1번 마법사 카드에서 설명하였다. 사실 사기는 법이나 정보를 많이 아는 사람이 저지를 수 있는 범죄이지만 산업스파이처럼 고급정보를 가진 사람이 불법의 유혹에 노출되기 쉽다.

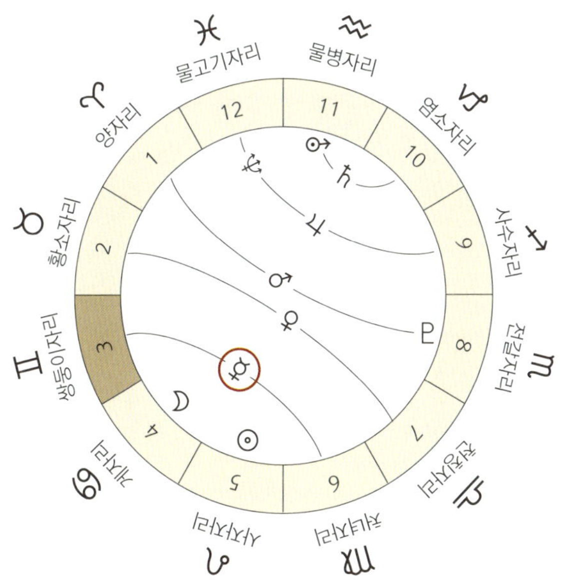

정리하면, 점성학 관점에서 연인 카드는 정보나 소통을 나타내는데, 그 정보나 소통이 잘못 사용되면 사기에 휘말리거나 구설수에 오를 수도 있으니 주의해야 한다.

만약 거울카드로서 연인 카드가 나왔다면, 과연 나는 정보를 잘 활용하는지 아니면 데이터중독으로 필요 없는 정보를 습득하는 데 쓸데없이 시간을 소모하지는 않는지 생각해봐야 한다. 또한 타인과의 소통에 인색하거나 반대로 그 때문에 시간을 너무 낭비하지는 않는지, 타인과 대화할 때 너무 비판적이진 않은지 생각해봐야 한다.

연인 카드
상담 활용

:

56세 여자
Q / **딸이 남자에게 빠져서 집에 들어오지 않아요.**

올해 스물넷 먹은 하나밖에 없는 딸 때문에 환장하겠어요. 얘가 남자한테 빠져서 집에 들어오질 않아요. 딸이 애를 먹인 건 고등학생 때부터예요. 용돈을 주면 전부 옷이나 화장품 아니면 신발을 사버리는 거예요. 인터넷에서 물건을 사다가 여러 번 혼쭐이 난 뒤로는 글쎄 친구 집으로 배달을 시키는 거예요. 입지도 않는 옷을 온 방에 펼쳐놓고, 그것도 모자라 친구들에게 돈을 빌리거나 카드 훔쳐서 또 치마다 청바지다 온통 긁다가 걸린 게 한두 번이 아니에요. 아빠한테 그렇게 처맞아도 겁을 안 먹어요. 방학 때 힘들게 알바해서 번 돈을 몽땅 쇼핑으로 날리고……. 정말 왜 그러는지 내 속으로 낳은 딸이 맞는지 의심스러웠다니까요. 그렇게 자랐어요 걔가.

얼마 전에는 출근할 때 교통이 불편하다고 자동차를 사달라고 졸라대서 경차를 하나 뽑아 줬는데, 한두 달 잘 타고 다니는가 싶더니 어느 날 그 차에 남자친구라는 놈을 하나 싣고 왔더라고요. 그 머스마가 내 딸보다 두 살인가 많다는데 처음 본 순간부터 맘에 안 들었어요. 양팔에 문신을 어깨까

지 했고 직장도 뚜렷하지 않았어요. 차라리 강아지나 한 마리 싣고 오는 게
낫지 어디서 그런 근본 없는 놈을 데리고 왔는지, 두 번 다시는 데리고 오지
말라고 야단을 쳤더니 글쎄 그 때부터 집에 안 들어오는 거예요. 그리고 전
화를 해서는 그놈이 자기한테 얼마나 잘해주는지 모른다나 어쨌다나. 엄마
는 날 나무라기만 하지만 남친은 하루에도 몇 번씩 전화해주고 걱정해준다
면서 그놈하고 결혼할 거라더군요. 2주나 집에 들어오지도 않고 직장도 그
만둬서 실종신고를 했더니 경찰한테 딸이 "엄마가 사귀는 걸 반대해서 당
분간 안 들어갈 테니 신경 끄세요"라고 했대요. 이 일을 어쩌면 좋아요?

"엄마인 내 잘못은 없는가?"라는 생각에서 시작해보세요!

그래도 따님이 취직을 하고 회사를 다니는 건 참으로 용하군요. 나름대로
직장을 다닌 것은 사회에 적응하려 한 노력으로 보여서 개선의 여지가 있다
고 믿고 싶네요.

　　과거에 쇼핑하던 행태를 보면 충분히 쇼핑중독으로 판단할 수 있을 것
같습니다. 쇼핑중독의 원인을 단정하기 어렵지만, 돈에 대한 개념이 없이 소
비를 한 건 사실이니까요. 스스로를 돋보이게 하고 싶은 생각은 타인을 의
식하기 때문일 겁니다. 외모에 신경쓰면서도 만족을 못하는 것은 자존감 결
여를 의심해볼 수 있으며, 그 원인 중 하나로 애정결핍을 들 수도 있습니다.
엄마는 날 나무라기만 하지만 남친은 하루에도 몇 번씩 전화해주고 걱정해
준다는 말에서 남자친구의 관심과 배려가 따님에겐 특별하게 느껴지나 봅
니다. 다시 말해서 따님이 얼마나 관심을 받고 싶어하고 사랑받고 싶어하는
지 알 것 같아요.

차를 사달라고 한 것은 그 나이 직장인의 평범한 소원일 수도 있다고 생각
해요. 그 차에 남친을 태우고 온 것 역시 그 나이에 자연스런 일로 느껴지고
요. 하지만 차라리 강아지나 한 마리 싣고 오는 게 낫다는 당신의 반응은 좀
심했다 싶네요. 그 말을 들은 딸의 기분이 느껴집니다. 그건 아마도 엄마에
대한 원망일 테죠. 또한 그 남자와 결혼할 거라는 말이나 엄마가 사귀는 걸
반대해서 당분간 집에 안 들어갈 테니 신경끄라고 했다는 말에서도 엄마에

대한 평소의 불만이 느껴집니다. 따라서 모든 게 딸 때문이라고 생각한다면 이 문제는 영원히 해결되기 어려워 보입니다. 먼저 나, 즉 '엄마의 잘못은 없는가?'라는 생각에서 출발해야 할 거 같아요.

예를 들어, 딸의 불안정한 정서를 더 자극하거나 부추기는 행동을 하고 있진 않나 진지하게 고민해봐야 할 것입니다. 또한 딸에 대한 엄마의 비뚤어진 욕망이나 집착이 딸에게 고통을 준 것은 아닌지 생각해봐야 합니다. 나아가 정신과의사나 전문 상담기관을 통해 딸에게 어떤 정신적 결함이 있는 것은 아닌지, 즉 애정결핍이 너무 심한 건 아닌지 상담을 받아볼 필요가 있어 보입니다.

■ **상담에 적용한 연인 카드의 조언**

거울로서의 연인 카드	이성친구가 있다면 두 사람의 관계에 새로운 변화가 생길 수도 있다. 다시 말해 삼각관계에 빠질 수도 있다는 것을 예고한다.
연인 카드의 방어기제_ 애정결핍	애인이나 동업자 혹은 동료가 내게 과도하게 집착한다고 느껴진다면, 내가 상대의 불안정한 정서를 더 자극하거나 오히려 부추기는 행동을 하고 있진 않는지 고민해봐야 한다.
연인 카드의 점성학_ 쌍둥이자리	타인과 대화할 때 너무 비판적이진 않은지 생각해봐야 한다.

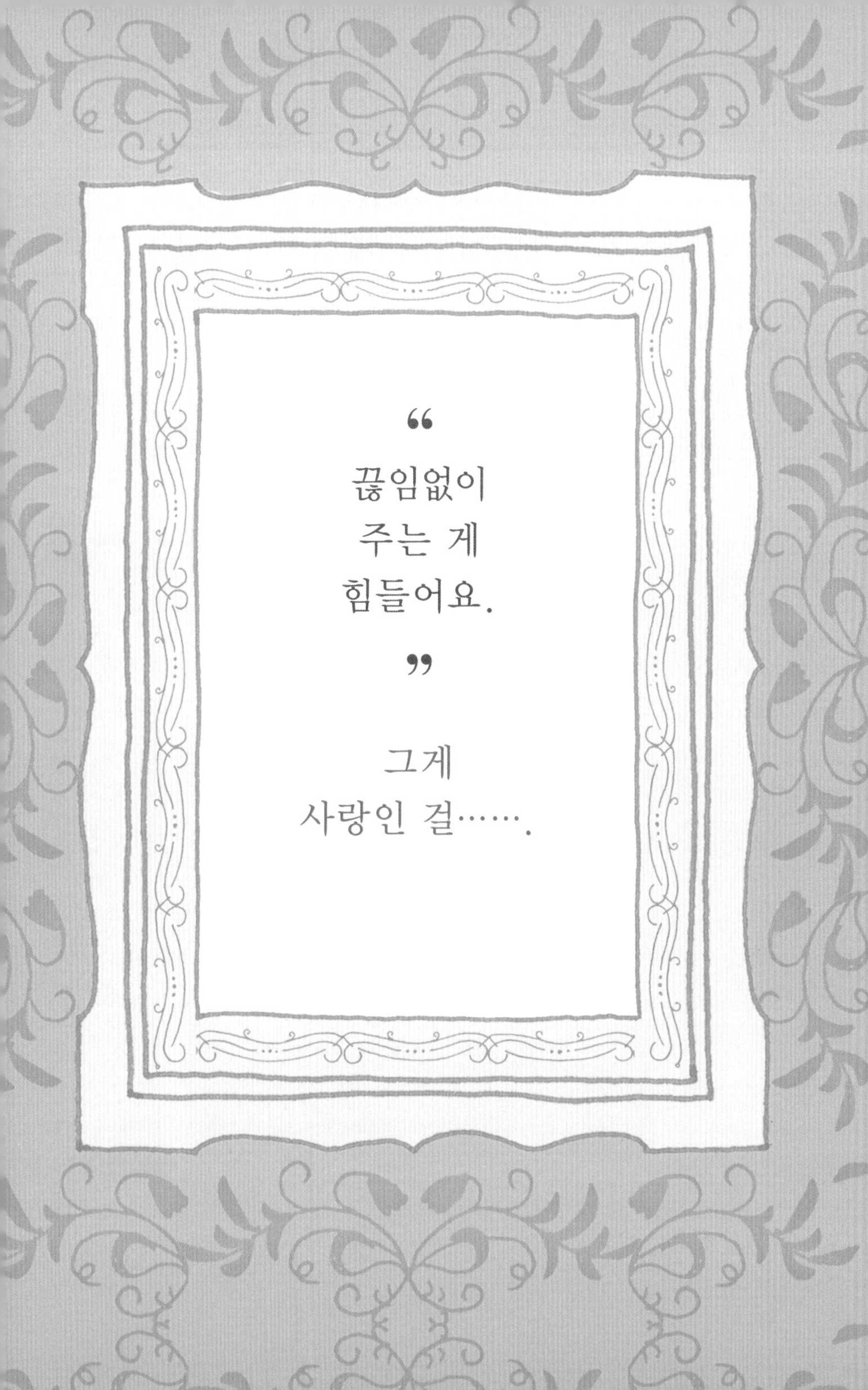

"
끊임없이
주는 게
힘들어요.
"

그게
사랑인 걸…….

여행을 떠난 바보가 일곱 번째로 만난 사람은 전차를 탄 전사였다.
그는 두 마리 말이 끄는 전차를 타고 다녔는데,
겉은 한없이 강해 보였지만 속은 그렇게 부드러울 수가 없었다.
한낮의 태양 같은 뜨거움과 한밤의 달 같은 차가움을 동시에 가지고 있었다.
그는 멋을 알고, 멋을 부릴 줄 알고, 또 멋부리기를 좋아했다.
그의 곁엔 늘 여자들이 모여들었고, 여자들이 모인 곳엔 늘 그가 있었다.

그는 당당한 군인답게 어떤 위험도 마다하지 않았고,
죽음에 맞서는 각오로 전차에 늘 자신의 관을 싣고 다녔다.
하지만 때때로 전쟁의 참혹함을 목격한 뒤에는
문득 고향을 그리워하며 깊은 고민에 잠겼다.
그는 태양과 달이 미처 밝히지 못한 어둠 속에서 두 마리 말을
한 방향으로 조화롭게 이끌 때에야 비로소 고민을 이겨낼 수 있었다.

바보가 그에게 다가가 물었다.
"산다는 건 뭐죠?"

그러자 전사가 다부지게 대답했다.
"자기 자신에게 끊임없이 길을 묻는 거죠."

바보가 다시 물었다.
"당신은 용맹하고 길은 많잖아요?"

전사가 비장한 목소리로 스산하게 대답했다.
"한번 간 길은 되돌릴 수 없기 때문이죠."

거울로서의
전차 카드

:

거울카드 7번은 전차다. 7은 흔히 신비의 수로 알려져 있는데, 7을 기독교의 천지창조(신이 6일 동안 천지를 창조하고 7일째 되는 날 안식을 취했기 때문), 달의 주기(한달을 초승달·상현달·보름달·하현달의 4개로 나누면 각각 7일씩이기 때문), 7개의 행성(고전점성술에서 행성을 태양·달·수성·금성·화성·목성·토성의 7개로 정했기 때문) 등과 관련지어 신성하게 생각했기 때문이다. 특히 7을 행운의 수로 여기기도 했는데, 그 이유는 도박이나 게임에서 두 주사위의 합이 7이 나올 확률이 가장 높기 때문이다.

타로카드의 수비학에서 6이 완전한 결합을 나타낸다면, 7은 그 완전한 결합을 위한 조화나 균형을 의미한다. 조화와 균형은 깊은 숙고가 필요하기 때문에 7은 늘 고민에 빠져 있는 철학자의 모습으로 그려지며, 외로움은 그의 벗이다. 7은 3과 4의 합이다. 여기서 3은 삼각형 즉 면으로서 정신을, 4는 삼각뿔로서 물질을 나타내므로, 7이 의미하는 조화와 균형은 곧 이 정신과 물질의 균형을 끊임없이 추구하는 위치에 있는 것이다. 다시 말해서 7은 조화와 균형을 위한 관리와 통제를 의미하는데, 타로카드의 주인공인 전사가 바로 전차를 관리하고 통제한다.

타로카드에서 전차를 모는 전사는 그리스 신화에서 태양과 불의 신인 아폴론으로 알려져 있다. 그의 이마와 어깨에는 밤을 상징하는 별과 달이 장식되어 있고, 마차를 끄는 흑백의 두 여자 스핑크스 역시 밤과 낮을 상징한다. 마차를 모는 전사는 음과 양의 두 요소를 잘 관리하고 통제하여 두 스핑크스가 한 방향으로 달리게 해야 한다. 따라서 두 스핑크스의 조화와 균형은 전차의 중심

 타로카드 심리학

에 박혀 있는 성교를 뜻하는 팽이처럼 완전한 소통을 필요로 한다.

　목적지를 향해 끝없이 달리는 흑백의 두 스핑크스는 유기적 소통을 위해 정신과 물질, 마음과 육체, 욕망과 현실, 가정과 사회, 자신과 타인, 안과 밖, 남자와 여자 등 상대적인 두 요소를 끊임없이 검토하고 숙고해야 한다. 그렇기 때문에 전사가 가는 길은 치열한 전쟁터처럼 고독하고 외로운 것이다.

과연 조화와 균형은 무엇을 의미할까? 조화는 주변을 충분히 의식해야 한다는 것이다. 주변보다 튀어도 안 되고, 너무 뒤처져도 안 된다. 적당히 보조를 맞추는 것이 조화다. 우리는 일상에서 욕망이 지나쳐 성급하게 행동하다가 일을 망치거나, 좀 더 좋은 기회를 기다리다 모든 기회를 놓치는 경우를 종종 경험한다. 조화는 욕망과 현실의 어울림이다. 적당히 다가가고 적당히 물러나며, 적당히 높여주고 적당히 숙여주는 것이 바로 조화다.

　균형은 어깨를 나란히 한다는 의미다. 상대가 웃으면 나도 상대를 위해 웃어주고, 상대가 울면 나도 상대를 위해 울어주는 것이다. 동업을 할 때는 상생할 수 있게, 결과를 나눌 때는 서로 공평하게 맞은 만큼 때리고 때린 만큼 맞아야 한다.

　남녀 간에 조화와 균형은 내 처지를 생각하고 내 분수에 맞는 이성을 원하며, 상대가 베푼 만큼 갚아주려는 마음을 가져야 한다. 그것이 마음이든 물질이든. 또한 누가 먼저 좋아했든 서로의 관계는 소위 갑과 을이라는 강자와 약자의 논리보다는 역할의 논리가 우선시되어야 한다.

조화와 균형을 잘못 생각하면 '중간만 가라'는 말로 오해할 수도 있다. 하지만 매사에 중간만 가면 자신의 능력을 언제 발휘하겠는가. 필자의 말은 능력을 감추라는 말이 아니라 상황에 맞게 능력발휘를 조절하라는 말이고, 특히 능력을 보일 때는 내 능력에 반감을 갖는 사람이 소외감을 느끼지 않게 방법을 찾으라는 것이다. 조화와 균형은 임시방편이 아니라 숙고된 판단에서 나온다. 숙고된 판단을 위해서는 사리분별을 잘 해야 하며, 늘 역지사지로 생각해야 더 나은 결과를 가져온다는 걸 명심해야 한다.

만약 당신의 거울카드가 7번 전차라면, 먼저 나는 지금 주변을 전혀 의식하지 않고 이기적으로 아니면 개인주의적으로 살고 있지는 않는지 또는 상대에게 고통만 주거나 반대로 참고만 있지는 않는지 생각해봐야 한다.

　한편 거울카드로서 전차는 누군가와 승부를 겨룰 일이 생기거나 걸어야 한다 또는 진행 중인 일을 더욱 강하게 밀고 나가거나 더 큰 자신감으로 밀어붙여야 한다는 걸 예고하기도 한다. 또한 예상치 않은 행운을 기대해볼 만하다.

전차 카드의 방어기제
행동화

:

7번 전차는 여러 방어기제 중에서 행동화와 관련지어 생각해볼 수 있다. 행동화는 미성숙한 방어기제다. 용납할 수 없는 무의식적 욕망이나 동기를 의식하는 것이 두렵거나 고통스러울 때, 그 욕망이나 동기를 의식화하는 과정을 생략하고 말보다 행동이라는 출구를 통해 즉각적으로 드러내는 것이 행동화다. 쉽게 말해서 뒷일을 생각하지 않고 자신의 감정을 즉시 행동으로 옮기는 것인데, 이는 반사회적 인격장애를 가진 사람의 특징이기도 하다.

　원래 행동화는 말을 못하는 유아들의 스트레스 해소법이다. 어린아이는 자신의 불만이나 욕구를 울음이라는 행동으로 표현한다. 하지만 말을 할 수 있는 성인이 되어서도 스트레스를 말 대신 행동으로 나타내는 경우가 있는데, 연애를 하면서 상대에게 떼를 쓰거나 짜증을 부리는 것이 그 예이다. 또 감정

　　　　　　　　　　　　　　　　　타로카드 심리학

을 주체하지 못하고 말 대신 고함이나 욕설, 심하면 폭력을 쓰고 물건을 부수는 것도 행동화의 예다. 어른이 되면 성숙한 방어기제를 사용해야 하는데도 유아기 때의 습관이나 버릇을 극복하지 못했기 때문에 미성숙한 방어기제라고 하는 것이다.

행동화를 방어기제로 쓰는 사람을 표현할 때 말보다 주먹이 앞선다고 말한다. 왜 이런 행동을 할까? 흥분된 감정을 제어하는 과정이 고통스럽기 때문에 그 고통을 인식하지 않기 위해 생각하는 과정을 건너뛰고 감정을 곧바로 행동으로 표현하는 것이다.

 최근 사회문제로 대두되고 있는 불특정 다수를 향한 화풀이인 '묻지 마 칼부림' 역시 무의식에 쌓인 불만이 의식화되지 못한 상태에서 빠르고 쉬운 돌파구를 통해 그 압력을 분출하는 경우다. 왜 그런 범행을 저질렀는지 이유를 물어보면 적절한 이유를 대지 못하는데 그것은 생각하는 과정이 생략되었기 때문이다. 운전 중에 앞차가 끼어든다고 판단한 운전자가 충분히 말로 혹은 법으로 해결할 수 있음에도 불구하고 상대의 차를 강제로 멈춰 세우고 야구 배트를 휘둘러 상대의 차를 박살내는 것 역시 행동화의 흔한 예이다.

따지고 보면 전차 카드는 숙고하는 철학자로서 생각을 즐기는 자이다. 그래서 어떻게 이 카드가 떼를 쓰거나 짜증을 내는 것과 관련되는지 의문이 들 수도 있다. 이때는 원인보다 결과에 초점을 맞추면 쉽게 이해될 것이다. 즉, 자기 확신이 지나친 사람은 자신의 의지를 무조건 관철시키려는 경향이 있는데, 이것이 쉽지 않을 때는 설득을 포기하고 떼를 쓰거나 짜증을 부릴 수 있다. 바로 이 모습이 행동화의 양상처럼 비춰질 수 있다는 것이다.

 또한 전차는 기본적으로 물리적 힘으로 움직이기 때문에 파괴적이고 폭력적인 행동이 강조되고, 결과적으로 행동화라는 방어기제를 연상시키기에 충분하다. 다시 말해서 전차 카드는 조화와 균형이 무너진 결과 행동화를 보이는 것이 아니라, 행동화(전사의 활력적인 모습)의 방어기제 때문에 조화와 균형이 깨진 행동을 한다고 이해하면 될 것이다.

한편 행동화를 극복하기 위해선 어떤 방법이 있을까? 첫째, 충동적인 감정이 일어날 때는 일단 깊은 호흡으로 감정을 다스린다. 둘째, 역지사지의 마음으로 문제 상황을 바라본다. 셋째, 어떤 문제든 행동보다 말로 해결할 수 있다는 생각을 갖는다.

만약 전차가 거울카드로 나왔다면, 나는 타인과의 갈등을 충분한 대화로써 합리적으로 풀어나가는지, 나는 상대에게 정중하게 부탁하거나 요구하지 않고 습관처럼 떼를 쓰거나 짜증내지는 않는지, 욕이 습관화되어 있거나 화를 자주 내지는 않는지, 일단 화가 나면 물건부터 집어던지거나 부수지는 않는지, 말이 안 통한다고 고함을 질러 상대를 위축시키거나 짜증난다는 이유로 매번 상대를 내버려둔 채 자리를 피해버리지는 않는지, 사람들로부터 극단적으로 행동한다는 말을 자주 듣지는 않는지 진지하게 생각해보고 반성해야 할 것이다.

전차 카드의 점성학
게자리

:

♋

　　　　　　　　　　　　　　　　타로카드 심리학

점성학적 관점에서 전차 카드는 게자리에 대응된다. 게자리 이야기에는 그리스 신화에서 가장 힘이 센 영웅 헤라클레스가 등장한다. 헤라클레스는 제우스와 미케네 왕녀인 알크메네 사이에서 태어났는데, 제우스의 아내인 헤라는 늘 그를 미워했다. 결국 헤라는 헤라클레스로 하여금 티린스의 왕 에우리스테우스를 위해 12년 동안 아홉 개의 머리를 가진 무서운 괴물뱀 히드라를 퇴치하도록 계략을 꾸몄다. 그리고 히드라를 도와줄 거대한 게를 보냈는데, 이들 모두 헤라클레스에게 죽임을 당한다. 헤라가 이들을 불쌍히 여겨 히드라는 바다뱀자리로, 게는 게자리로 거듭나게 했다는 것이다.

게자리는 12별자리 중에서 네 번째 순서로, 기간은 6월 22일~7월 22일 무렵이다. 게자리의 천문 기호는 게의 두 집게발을 형상화한 것인데, 두 개의 작은 원을 큰 원이 감싸고 있는 형상을 내면이나 가족을 보호하는 모습으로 해석한다. 또한 내부의 두 원은 어머니의 젖가슴을 상징하는 것으로 양육이나 희생 혹은 헌신을 의미한다.

이처럼 게자리는 보호나 양육 혹은 희생이나 헌신을 나타내지만, 갯벌 진흙 속에 살면서 사람이 다가가면 재빨리 몸을 숨기는 모습에서 알 수 있듯 경계심이 많아 불안함과 나약함을 나타내기도 한다. 또한 몸을 보면 부드러운 내면을 보호하기 위해 딱딱한 껍질이 둘러싸고 있는데, 보통 비행 청소년이나 성격이 억센 여자들을 자세히 보면 보통 사람들보다 훨씬 여리고 상처받기 쉬운 내면의 소유자가 많다. 부러진 뼈가 더 단단해지듯, 이별이 두려워서 냉정하게 먼저 이별을 고하듯이 말이다.

특히 게자리의 지배성인 달 역시 불안함과 나약함의 의미가 있는데, 그 이유는 달이 여린 감성을 지녔기 때문이다.

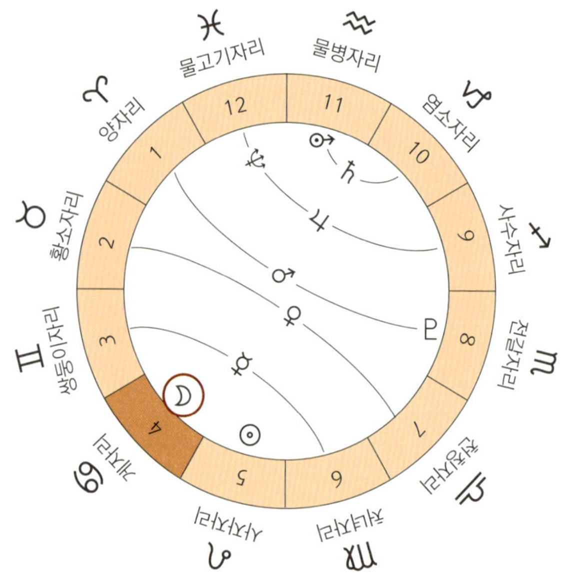

라이더 웨이트 덱의 전차 카드에는 창을 든 전사가 등장하는데, 이 전사의 전투적인 모습은 게의 탐욕스런 집게발을 상징한다. 또한 전사는 불의 신 아폴론으로서 머리에는 별, 어깨에는 달을 함께 지니고 있는데, 이러한 음양의 조화 역시 부드러운 내면과 공격적인 외면을 함께 보여주고 있다.

정리하면, 점성학적 관점에서 전차 카드는 연약하지만 핍박받는 자기 자신이나 누군가를 보호하기 위해 오히려 더욱 강하고 공격적인 모습으로 변할 수 있다는 것을 보여주고 있다.

거울카드로 게자리가 나왔다면, 때때로 내가 갑자기 화를 내거나 폭력적으로 변하는 이유는 숨기고 싶은 아프거나 부끄러운 내면을 상대가 건드렸기 때문이지만, 사실 나는 그 단점을 수용하기에는 용기가 부족하지 않은지 생각해

타로카드 심리학

봐야 한다. 또는 데이터중독으로 필요 없는 여기저기서 정보를 습득하느라 시간을 너무 많이 소모하지는 않는지, 나의 탐욕이나 과욕을 나 자신을 위해서가 아니라 가족이나 동료를 위해서라며 핑계대고 있지는 않는지 생각해봐야 한다.

전차카드
상담 활용

:

42세 남자
Q

제가 얼마나 버틸 수 있을지 궁금해요. 불안하기도 하고…….

저는 현재 부천의 오일마사지 방에서 일하고 있습니다. 한때는 작곡으로 음악 쪽에서 나름 주목받던 시절도 있었지요. 세상일이란 정말 알 수 없는 거 같습니다. 제가 다니는 직장은 무면허 불법영업장입니다. 제가 불법영업장에서 일할 수밖에 없는 건 신용불량자이기 때문입니다. (참고로 그의 드러난 팔이나 목에 문신이 있었고, 담뱃불로 인한 상처도 군데군데 보였다)

3년 전쯤 부동산으로 큰돈을 벌었다고 소문난 친구가 신도시에 부동산 투자를 권했어요. 그래서 제가 가진 돈과 아버지 퇴직금까지 합쳐 거의 3억원을 투자했는데, 그만 그 친구한테 홀랑 사기를 당했어요. 현재 그 친구는 중국으로 도주한 상태입니다.

이후 어떻게든 살아보려고 사채를 천만원 썼는데, 알고 보니 그 사채업자가 제 명의를 도용하고 다른 사람들을 끌어들여 제2금융권에서 1억원을 대출받은 다음 먼저 제게 천만원을 주고, 나머지 9천만원은 자기들이 끌어들인 사람들한테 흘러간 것으로 꾸며놓았더라고요. 사채업자가 제 명의를 도용하면서 1억원을 대출받았고 그 대출금의 일부인 천만원이 제 통장으로 들어오는 바람에 전 졸지에 공범이 되어 징역 6개월에 집행유예 1년을 받고 말았습니다. 그 뒤로는 아무도 믿을 수가 없어요. 가족마저도…….

지금 일하는 영업장 여사장이 이곳에서 6개월 정도만 더 하고 중국으로 함께 가자고 하는데, 가도 될지 사장을 믿어도 될지 의문입니다. 제 사정이 너무 힘든데 의심만 할 수도 없고⋯⋯. 이 여사장은 오일마사지로 돈을 엄청 벌었다고 하는데, 전 이 영업장에서 아직 재미를 보지 못하고 있는 상황입니다. 그래서 많이 힘들어요. 일산에서 일하다 이 영업장으로 옮긴 지 한두 달밖에 안 됐어요. 그래서 저를 찾는 손님이 아직 적어요. 전단지도 돌려보곤 하지만⋯⋯.

파산 신청을 하려고 해도 제가 공범으로 되어 있어서 형이 끝나자마자 곧바로 파산신청을 하면 법원에서 믿어주지 않을 것 같고, 이곳저곳에 있는 빚쟁이들 이자도 줘야 해요. 하루 종일 돈 벌 생각밖에 안 합니다. 어떨 땐 다 내려놓고 싶을 때도 있어요.

요즘은 내가 여기서 얼마나 버틸 수 있을 지 궁금해요. 불안하기도 하고요. 어디로 옮기기도 쉽지 않고, 또 옮겨도 자리잡기가 쉽지 않으니까요.

전 앞으로 어떻게 살아가야 할까요? 전 앞으로 어떻게 될까요?

공짜가 있나요? 비싼 공부는 언젠가 비싼 대가로 돌아오는 법입니다!

앞으로 어떻게 될지는 신만이 알겠지요. 당신의 말대로라면 친구의 꾐에 빠져 가족끼리 돈 좀 벌어보겠다고 3억원이라는 거액을 투자했다는 건데, 엄밀히 말하면 투자보다 투기에 가깝네요.

투기로 큰 이익을 볼 수도 있지만 큰 손해를 볼 수도 있습니다. 당신의 경우에는 투기가 잘못이 아니라 아버지의 퇴직금까지 끌어다 쓸 만큼 과욕을 부린 게 문제로 보입니다. 만약 3억원을 투자한 것에 대해 후회만 한다면 앞으로 떼돈을 벌 기회가 생겨도 당신은 외면하겠죠. 인생 최대의 난관에 빠뜨린 사건이었으니 말입니다. 하지만 인생이라는 게 모험 없이 살아갈 수 있을까요? 애석하지만 그 일을 통해 당신은 투기는 안정된 이익을 보장하지 않는다는 사실을 비싸게 공부한 셈이군요. 그러니 당신이 한 모험은 불행했지만 의미는 있다고 봅니다.

　　　　　　　　　　　　　　　　　　　타로카드 심리학

먼저 3억원을 날리면서 두 가지 큰 잘못을 저질렀다는 것을 짚고 넘어가야 겠네요. 첫째는 투자처(친구)를 의심하지 않았다는 것이고, 둘째는 돈에 눈이 먼 나머지 아버지의 퇴직금까지 집어넣었다는 것입니다. 결과적이지만 이익에 눈이 멀어 친구를 너무 믿었고, 돈을 무리하게 끌어다 쓴 게 화를 키웠다고 봐야겠지요.

그런데 다음에 일어난 사채 문제는 친구의 사기사건과는 좀 성격이 다르네요. 친구에게 당한 사기는 충분히 주의했다면 손해를 최소한으로 줄일 수 있었겠지만, 사채 문제는 돈을 쓸 수밖에 없는 형편이었고 명의 도용은 당신이 전혀 방어할 수 없는 일이었기에 운이 나빴다고 할 수밖에 없네요. 사채 외엔 달리 방법이 없었으니까요. 이 문제는 너무 자책하지 말았으면 합니다.

중요한 건 현재 '중국으로 가야 하나?'의 문제인데, 제 생각부터 말씀드리면 가는 것이 나쁘지 않아 보입니다. 현재 안정적이고 만족스럽지 않은 상황이라면 한번쯤 외국에 나가 변화를 꾀해보는 것이 좀 더 적극적인 모습으로 판단되기 때문입니다. 물론 지금 돈도 없겠지만, 또 다시 돈을 무리해서 끌어 모아 중국으로 가지만 않는다면 말예요.

이번 일과 관련하여 사업장 주인을 의심하는 것은 번번이 사기를 당하면서 생긴 습관인 듯한데 차라리 다행스런 태도로 보입니다. 한때 음악을 직업으로 삼았을 정도로 감성적인 당신은 어떤 판단을 할 때 자문을 통해 객관성을 확보하려는 노력이 꼭 필요해 보이기 때문입니다. 다만, 중국에 가는 일은 금전적으로 무리하지만 않으면, 어차피 더 이상 잃을 것도 없는 지금 다시금 도약하는 기회로 삼아도 좋지 않을까 생각됩니다.

빌 게이츠는 "인생 최대의 실수는 시간 낭비다"라고 말한 적이 있습니다. 당신은 아직 젊기에 한두 번 더 실수한다고 해도 스스로 나는 실패자라고 단정해서는 안 될 것입니다. 고민은 충분히 하되 우물쭈물하지는 마세요. 거울카드로 나온 7번 전차는 고민보다 자신감이 우선되어야 한다고 충고하고 있음을 기억해두십시오.

거울카드로서의 전차 카드	진행 중인 일을 더욱 강하게, 좀 더 자신감 있게 밀어붙여야 한다는 것을 예고한다.
전차 카드의 방어기제_ 행동화	사람들로부터 극단적인 행동(예를 들어 온몸을 담뱃불로 지져 상처를 내거나 문신을 하는 것)을 한다는 말을 자주 듣지는 않는지 반성하거나 진지하게 생각해야 한다.
전차 카드의 점성학_ 게자리	나의 탐욕이나 과욕이 나 자신을 위한 것이 아니라 가족이나 동료를 위한 것이라며 핑계를 대고 있지는 않는지 생각해봐야 한다.

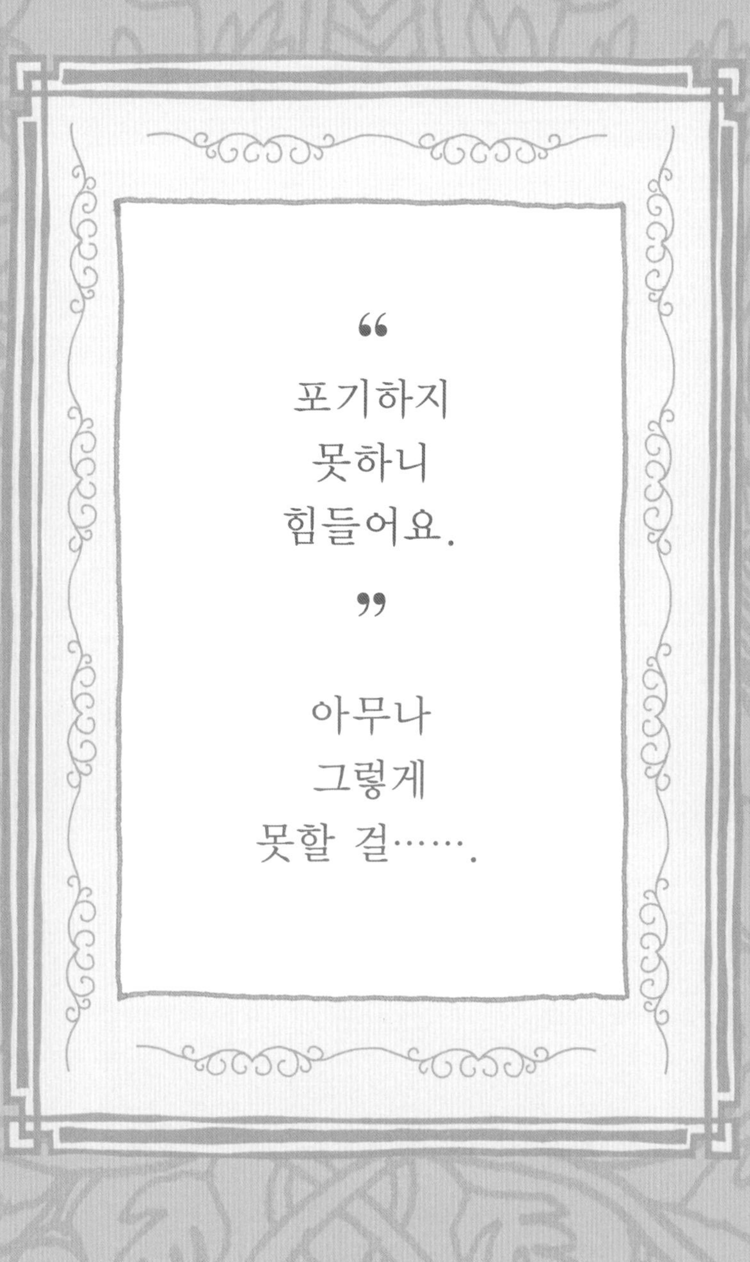

"
포기하지
못하니
힘들어요.
"

아무나
그렇게
못할 걸…….

8_ 힘

여행을 떠난 바보가 여덟 번째로 만난 사람은 지혜로운 힘의 여자였다.
그녀는 부드럽고 차분했으며, 여유 있고 배려하는 성격이었다.
예쁘게 꾸미는 것을 좋아했지만, 소박하면서도 자연친화적이었다.
늘 깔끔한 옷차림에 정갈한 분위기였지만 충분히 아름답고 신비로웠다.

그녀는 어떤 위험이 닥쳐도 당황하지 않고 부드럽고 지혜롭게 극복해 나갔다.
건강한 육체와 강한 정신력의 소유자로,
매우 현실적이어서 돈과 물질을 잘 다루는 편이었다.
특히 위험한 물건을 잘 다루었고, 고통을 참는 인내심이나 끈기도 탁월했다.
그녀는 모성이 강해서 아이들이나 동물을 좋아하는 것은 물론
사나운 동물처럼 거친 사람과의 갈등이나 분쟁도 슬기롭게 해결할 줄 알았다.
상대를 자신의 의지대로 이끄는 설득력이 있었고
상대에게서 단점보다 장점을 이끌어내는 능력도 있었다.

바보가 그녀에게 다가가 물었다.
"산다는 건 뭐죠?"

그러자 그녀는 다부지게 대답했다.
"상대를 지켜봐주고 고쳐주고 이끌어주고 칭찬해주는 거죠."

바보가 다시 물었다.
"그런 힘은 어디에서 나오나요?"

그녀가 신비한 미소로 바람처럼 대답했다.
"바람에 흔들릴 뿐 꺾이지 않는 힘에서랄까……?"

거울로서의
힘 카드

:

거울카드 8번은 힘이다. 8은 흔히 힘의 수로 알려져 있는데, 8을 옆으로 뉘어 놓으면 영원성을 상징하는 뫼비우스의 띠가 된다. 영원하다는 것은 금이나 다이아몬드처럼 변하지 않는 속성으로서 그 자체가 힘이기도 하고 부의 상징이기도 하다. 특히 로마에서 8은 어머니의 젖가슴을 상징하며, 불굴의 힘인 모성을 나타낸다고 보았다.

타로카드 수비학에서 7은 완전한 결합을 위한 조화나 균형의 의미를 지닌다. 8은 그것을 기초로 한 지속성으로서 4+4로 설명하기도 한다. 즉 땅이나 물질을 상징하는 사각형 2개가 겹쳐진 모양으로 보거나, 꼭짓점이 4개인 삼각뿔 두 개가 겹쳐진 모양으로 보는 것이다. 땅이 겹쳐지든 물질이 겹쳐지든 둘 다 부의 확장이고, 부는 또 다른 관점에서 힘의 확장이다.

8번 힘 카드의 대표 키워드가 '지혜로운 힘'으로 알려진 이유는 여신이 거친 사자를 부드럽게 다루고 있는 라이더 웨이트 덱의 그림 때문일 것이다. 남자보다 힘이 약한 여자가 무기 하나 들지 않고 부드러운 손길만으로 사자를 제압하지 않는가. 이것이 바로 지혜로움이다. 흔히 외유내강(外柔內剛)이라는 말도 이런 여자를 두고 하는 말일 것이다.

여자의 부드럽지만 강한 힘을 비유하는 또 다른 표현으로 여자는 갈대라는 말이 있다. 남자는 바람이라는 명제와 대응하는 말로 여자의 수동성을 의미하고 있지만, 갈대는 바람에 흔들릴 뿐 부러지지 않는다는 깊은 뜻이 담겨 있기도 하다. 가위바위보 게임에서 부드러운 보자기가 강한 바위를 이기는 이치도 이와 같다.

특히 모성은 여자가 가진 힘 중에서 가장 강하다. 그래서 나온 말이 '여자는 약하다. 하지만 어머니는 강하다'라는 말이다. 어머니의 무조건적이고 영원한 사랑은 끊임없이 이어지는 뫼비우스의 띠를 연상케 하기에 충분하다.

과연 지혜로운 힘은 어디에서 나올까? 지능에서 나올까? 아니면 지식에서 나오는 것일까? 그것도 아니면 경험? 아니면 사랑인가?

지혜와 관련된 에피소드 하면 솔로몬을 떠올리지 않는 사람이 드물 것이다. 두 여자가 한 아이를 두고 서로 자기 아이라고 싸운다. 이에 솔로몬은 그 아이를 반반 나눠 가지라고 한다. 그러자 가짜 엄마는 그러겠다고 대답하지만, 진짜 엄마는 그럴 수 없다며 아이를 포기한다.

초나라 항우와 관련된 에피소드도 있다. 전쟁에서 한나라 유방에게 밀려 불리해지자 항우는 인질로 잡고 있던 유방의 부친을 가마솥에 삶아 죽이겠다고 위협한다. 그러자 유방이 "너와 나는 희왕의 명을 받고 형제가 되기로 약속했다. 그러니 너의 아버지가 나의 아버지이고, 나의 아버지가 너의 아버지다. 너의 아버지를 삶아 죽이겠다면 그렇게 해라. 다만 내게도 그 국물을 한 그릇 다오"라고 응답하자 항우는 유방의 부친을 살려 보낸다.

마지막 에피소드는 삼국지의 제갈량에 관한 것이다. 제갈량의 뛰어남을 질투한 주유가 제갈량에게 3일 안에 화살 10만 개를 구해 오라고 한다. 제갈량은 배 안에 허수아비를 가득 싣고 짙은 안개를 틈타 조조군의 진영으로 잠입해 징과 북소리로 자신들의 존재를 알린다. 놀란 조조군이 안개 속 적들을 향해 수많은 화살을 쏘자 제갈량은 자신들의 배에 꽂힌 그 화살들을 전부 뽑아 10만 개를 채운다.

이 세 이야기에서 알 수 있는 것은 지혜란 확실히 극적일 때 더욱 빛난다는 것이다. 다시 말해서 절체절명의 순간에 우리는 하늘에 간절하게 기도하면서 신의 한 수를 바라는데, 이 신의 한 수가 지혜인 것이다.

하지만 신의 한 수는 신이 주는 것이 아니라 내가 만들어내든 또 다른 이가 만들어주든 인간이 만들어야 하기에 결코 쉽게 나올 수 없다. 보통의 경우에 지혜는 경험과 지식에서 나온다. 그리고 그 지혜는 최소의 비용으로 최대의 효과를 누릴 수 있을 때 더욱 값지며, 사물이나 동물에 관한 것보다 인간과 관련된 것일수록 더욱 빛을 발한다. 참된 지혜는 인간의 존재목적에 관한 것까지 아우르고 있기 때문이다. 그래서 오래 산 경험 많은 노인을 지혜의 상징으로 삼는 게 아닐까.

이 세 가지 에피소드 중에서 앞의 두 에피소드는 입(말)으로 문제를 해결하고, 마지막 하나는 물리적으로 문제를 해결한다. 그 중에서 입으로 해결한 것이 더 주목받는 이유는 최소비용만 들인 것도 있지만 무엇보다 인간의 마음에 호소하고 있기 때문이다. 다시 말해서 "그래도 네가 인간이냐?" 혹은 "그래도 우리는 인간이지 않느냐?"라고 되묻고 있는 것이다.

이는 인간이라면 누구나 비슷한 마음을 가지고 있기 때문에 그 마음을 이용한 것인데, 사람의 마음을 이용하면 혹은 사람의 마음을 얻으면 혹은 사람의 마음을 감동시키면 못 풀 문제가 없다고 본 것이다. 그래서 나온 말이 입으로 천냥 빚을 갚는다는 말이다. 입으로 사람을 살릴 수도, 죽일 수도 있다는 말이다.

말로 문제를 해결하는 지혜는 문제의 핵심이 인간의 마음에 있음을 간파하고 그것을 들여다보는 기술로서 역지사지의 관점을 이용한다. 굳이 구분하자면, 호랑이에게 물려가도 정신만 차리면 산다는 말이나 제갈량의 에피소드나 병법에서 주로 볼 수 있는 반짝이는 아이디어들은 기지라는 표현이 좀 더 합당해 보인다.

     타로카드 심리학

만약 당신의 거울카드가 8번 힘 카드라면 내가 어떤 위기에 몰려 있든 벗어날 수 있다는 자신감을 가져라. 가장 먼저 그 위기와 관련된 사람들을 떠올리고, 그 사람들의 마음을 역지사지로 이해하거나 이해받고 설득하라. 물론 이 과정에서 끈기와 인내심을 가져야 하는데, 사람의 마음은 쉽게 감동받지 않을 뿐만 아니라 감동은 간교한 꾀나 술수로는 줄 수도 없고 오래 가지도 않기 때문이다.

한편 거울카드로서 힘 카드는 지혜로운 관리를 통해 어려운 사건사고를 슬기롭게 해결하게 되거나, 인간관계에서 상대를 리드할 수 있게 되거나, 난폭한 상대를 부드럽게 변화시킬 수 있음을 말해준다. 또한 여자라면 미인계를 쓸 일이 생길 수도 있고, 남자라면 부드럽지만 리더십이 있는 애인이나 상대를 만날 수도 있다. 물질적으로 더 풍요로워지거나 그렇게 될 수 있다고 예고하는 것이기도 하다.

힘 카드의
방어기제

:

01 통제

8번 힘 카드는 여러 방어기제 중에서 먼저 통제와 관련지어 생각해볼 수 있다. 통제는 불안으로부터 자신을 보호하기 위해 주변 환경이나 사건 또는 대상을 자신의 통제 아래 두는 것을 말한다. 자기 물건을 아무도 못 만지게 하는 것도 일종의 통제인데, 정작 자신이 쓰려고 할 때 그것이 없어지거나 고장나는 것을 불안하게 생각하는 까닭이다. "리모컨은 항상 TV 위에 둬!"라고 말하는 것도 통제에 해당한다. 힘 카드 그림을 보면 여성이 난폭한 사자를 길들이고 있는데 불안한 상황을 통제하는 모습으로 해석할 수 있다.

또한 8번 힘 카드는 여러 방어기제 중에서 투사적 동일시와 관련지어 생각해 볼 수 있다. 자기애적 방어기제인 투사적 동일시는 투사와 동일시라는 두 개념이 합쳐진 말로, 투사는 남의 탓으로 돌리는 것을 의미하며, 동일시는 투사자가 피투사자에게 자신의 경험이나 감정을 반영하는 것을 말한다.

예를 들어, 엄마가 아이에게 "① 너 때문에 내가 힘들다. ② 네가 시키는 대로 하지 않으니"라고 했다면, ①은 투사이고 ②은 투사적 동일시다. 특히 여기서 ②는 엄마의 강한 주장이 들어 있는데, 이 주장은 엄마 자신의 목적이나 바람 또는 생각이다. 따라서 투사는 투사자의 문제에 그칠 뿐이지만, 투사적 동일시는 투사자가 피투사자를 유도하거나 조종하려는 의도가 담겨 있다.

여기서 중요한 것은 투사자에 의해 투사적 동일시를 당한 사람은 투사하는 사람의 일방적 감정에 끌려다니거나 동일한 감정을 갖도록 요구받는다는 것이다. 쉽게 말해서 투사자가 피투사자를 통제하는 것이다.

투사적 동일시는 다양한 표정이나 행동 또는 복잡한 언어로 표현하기도 하는데, 이를 메타커뮤니케이션(meta communication)이라고 한다.

투사적 동일시에는 크게 네 가지 유형이 있다.

❶ **의존성** 투사자가 스스로 아무것도 할 수 없다는 무기력을 피투사자에게 호소하는 것.

예_ "난 이제 아무것도 할 수 없을 것 같아요."

❷ **통제형** 투사자가 자기 말에 복종하라며 피투사자에게 지배력과 통제력을 드러내는 것.

예_ "내가 시키는 대로만 해."

❸ **성(性)** 성을 매개로 관계를 유지하기 위해 피투사자를 유도하거나 조종하는 것.

예_ "제게 관심이 있으신 거 같은데 전 언제든 콜이에요."

❹ **환심 사기** 자신의 희생을 알아달라고 피투사자에게 메시지를 던지는 것.
예_ "내가 널 위해 얼마나 많은 일들을 하는지 넌 전혀 모른다."

특히 8번 힘 카드는 위의 네 가지 유형 중에서 두 번째 통제형과 관련이 깊은데, 여신이 거친 사자를 잘 통제하는 모습처럼 투사자가 피투사자로 하여금 복종적인 역할을 하도록 강요하는 것이다.

일례로 여성혐오증이 있는 남자들은 대개 어릴 때 어머니의 사랑과 애정이 단절되는 경험을 한 사람들이다. 이들이 성인이 되면 자신에게서 애인이나 아내가 떠나갈 것을 두려워하여 그녀들을 무기력하게 만드는 경우가 많다. 그래야 그녀들이 자신에게 의존하기 때문이다. 이때 여성혐오증에 걸린 이 남자는 통제형 투사적 동일시를 사용하게 된다.

투사적 동일시는 원시적 방어기제이기 때문에 극복하기가 쉽지 않다는 특성이 있다. 이럴 경우에는 심리상담 전문가를 찾는 것도 좋은 방법이다.

만약 거울카드로 힘 카드가 나왔다면, 남자든 여자든 성별에 상관없이 나는 타인을 너무 통제하려 들지는 않는지 또는 상대가 무기력해서 내게 의존성을 보여야만 내가 안정적으로 느끼진 않는지 한번쯤 생각해봐야 한다.

또한 카드의 그림 속 사자를 나와 동일시한다면, 나는 상대에게 너무 의존적이진 않은지 혹은 상대를 위한 나의 희생에 그 사람이 동일시를 느끼진 않는지도 생각해볼 필요가 있다.

특히 힘 카드는 내담자가 여성일 때 성적 에너지가 넘친다고 해석하는 경우가 많은데, 혹시 나는 이성관계에서 성을 매개로 상대와의 관계를 지속하기 위해 성적인 투사적 동일시를 자주 사용하지는 않는지도 생각해봐야 한다.

힘 카드의 점성학
사자자리

:

점성학적 관점에서 힘 카드는 사자자리에 대응된다. 그리스 신화에 따르면, 헤라클레스는 자신이 섬기는 에우리스테우스 왕으로부터 자유를 얻기 위해 그가 명령한 열두 가지 과업을 수행해야 했다. 첫 번째 임무는 네메아 숲의 거대한 사자를 죽이는 일이었다. 활과 곤봉으로 사자를 제압하는데 실패한 헤라클레스는 결국 맨손으로 사자를 목 졸라 죽인 후 사자 가죽을 벗겨서 돌아간다.

사자자리는 12별자리 중에서 다섯 번째 순서로, 기간은 7월 23일~8월 22일 무렵이다. 사자자리의 천문 기호는 사자의 머리와 갈기(혹은 꼬리)를 의미한다. 사자는 백수의 왕으로 불린다. 12별자리 중에서 '나'라는 주체의식이 가장 강해서 자신을 세상의 중심으로 여기거나 자신의 관점으로 세상을 보기 때문에 타협할 줄 모른다. 이는 세상과 구별되는 개성화로 이어지고, 또 자신만의 독자적인 스타일을 추구하기 때문에 창조성으로 이어진다. 특히 사자자리의 지배성은 태양인데, 태양 역시 세상의 근원이고 중심이다.

상징적 관점에서 보면 1이라는 숫자는 처음이고 근원이고 신이고 왕이다. 또한 태양 역시 세상의 중심이자 태초의 빛이고 최고의 에너지이며 신이고 왕이다. 사자 역시 백수의 왕이고 왕은 곧 신이다. 따라서 1=태양=사자라는 등식

                                          타로카드 심리학

이 성립하는데, 이 등식의 대표적 의미는 중심과 절대적인 힘이다.

8_ 힘 카드

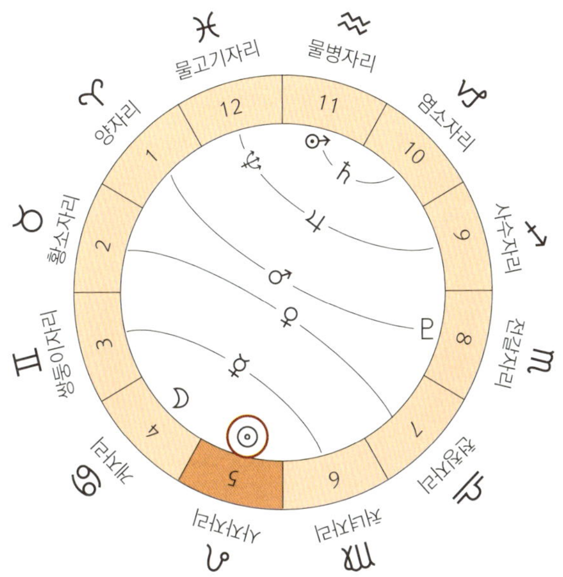

정리하면, 점성학적 관점에서 힘 카드는 나, 중심, 힘, 개성 등을 상징하는데,
사자자리의 기질이 너무 강하면 독단, 독재, 과시 등의 부정적 기질을 보일 수
도 있다.

거울카드로 힘 카드가 나왔다면, 혹시 나는 너무 이기적이거나 지나치게
개인주의적이지는 않은지 생각해봐야 한다. 또한 독단이나 독재적 기질이 너
무 강해 타인을 지배하려는 습관이 있지는 않는지, 아니면 예전에 잘나가던
때를 잊지 못하고 왕년 타령만 하는 건 아닌지 생각해봐야 한다.

힘 카드
상담 활용

:

38세 여자
Q

제가 교수가 될 수 있을지 궁금해요.

저는 전시회만 30번 넘게 한 화가입니다. 지방대를 나왔고, 서울 상위권 대학에서 석박사를 마쳤습니다. 지방대에서 전임강사를 하다가 몇 년 전 그만두었고요. 최근 여러 대학 임용에서 정년이 보장되지 않는 조교수직에 몇 번 응시했지만 다 떨어졌어요.

한국사회가 다 그렇지만 특히 예체능은 인맥이 매우 중요해요. 저 같은 경우 지방대를 나왔고, 석박사를 서울에서 했지만 성격이 그리 활달한 편이 못 돼 인맥이 그리 넓지 못합니다. 미술 분야는 그래도 외국에서 석박사 중에 하나는 하고 오는 게 좀 더 유리한데 전 그 점에서 별로 내세울 게 없습니다. 내세울 게 있다면 공모전에서 여러 번 입상을 했고 전시회를 계속 해오면서 나름대로 이름을 알려가고 있다는 것입니다. 외국에서도 간혹 전시회 요청이 들어오기도 하고요.

이쪽에도 워낙 유명한 사람이 많아서 아직 갈 길이 멉니다. 하지만 솔직히 말해서 제가 임용에서 번번이 떨어진 건 돈과 빽 때문인 거 같아요. 저보다 실력이 낮은 친구들도 교수로 채용된 경우가 있으니까요. 물론 저도 3류대학이나 전문대에서 교수를 하려면 얼마든지 할 수도 있겠죠. 하지만 그렇게까지 해서 뭐해요? 차라리 안 하고 말지.

지도교수님이 저를 적당한 대학에 추천해주겠다고 해서 교수님만 믿고 있었는데, 계속 이리저리 변명만 하시고 소득이 없어요. 이번에도 한 곳에 추천해주신다고 했는데 믿음이 안 가요. 정말 교수님이 저를 적극적으로 밀어주지 않는 것인지, 그렇다면 그 이유가 저를 밀어줄 마음이 없어선지 아니면 다른 이유 때문인지 궁금해요. 그리고 제가 정말 교수가 될 수 있는지도 궁금합니다. 그냥 포기하고 맘 편하게 그림이나 그리자고 생각했다가도 지금껏 공들인 노력이 아까워 자꾸 집착하게 된답니다.

이제부터는 안 되는 이유 말고 되는 이유만 생각하세요!

사실 거울카드는 점을 쳐서 합격한다 혹은 못한다와 같이 알아맞히는 것에 목적이 있는 것이 아닙니다. 물론 카드의 분위기로 합격 여부를 판단해볼 수도 있지만, 그것보다 중요한 것은 지금 내 상황에 가장 필요한 것은 무엇인가? 내가 잊고 있었던 것은 무엇인가? 나는 어떤 마음으로 문제를 바라보아야 하는가? 등등 문제를 둘러싼 주변 상황과 문제의 주체인 자신을 거울에 비춰보고 성찰한 뒤, 그 기초 위에서 문제해결을 위해 새로운 방법을 모색하거나 노력을 기울이는 것입니다.

당신의 거울카드는 8번 힘 카드입니다. 8이 불굴의 힘인 모성을 나타낸다고 볼 때 당신의 집착은 그리 무모해 보이진 않습니다. 모성은 대가를 바라지 않는 사랑이기 때문이죠. 물론 지금까지 공들인 것이 아까워 자꾸 교수직에 집착하게 된다고 말하긴 했지만, 과거의 노력에 대한 현실적 보상이 아쉬워 포기를 못한다고 믿는 것이 잘못이지 교수가 되든 한 되든 순수하게 교수직을 바라는 것은 문제가 되지 않습니다. 바란다고 다 되는 것도 아니고요. 모성이란 자식에게 대가를 바라고 헌신하는 것은 아니니까요. 사랑이라는 이름으로 순수하게 열정을 쏟아붓는 것 자체가 힘인 것이죠.

또한 8번 힘 카드는 난처한 일이나 문제가 슬기롭게 해결되거나 난폭한 상대가 부드럽게 변할 수도 있음을 의미하기 때문에, 어쩌면 지도교수가 이번에 새로 추천해준다는 대학에 정말 임용이 될지도 모르지요. 아직은 확실히 알 수 없습니다.

중요한 것은 거울카드로서 8번은 힘 카드이고, 그 거울의 의미는 지혜로운 힘이라는 것입니다. 당신에게 포기라는 단어는 어울리지 않는 듯합니다. 설령 교수직을 포기했다 하더라도 현실의 모습은 포기 상태로 비춰지지 않아야 한다고 봅니다. 그렇다면 순수한 화가로 성공해서 교수가 부럽지 않을 만큼 명성을 얻어 좀 늦더라도 교단에 설 수도 있을 것입니다.

또 하나 당신은 성격이 활달한 편은 못 돼 인맥이 그리 넓지 못하다고 말했는데, 그것을 단순히 성격 탓으로 돌려버리고 "그러니 난 어쩔 수 없어요"

라는 식이면 곤란합니다. 당신 스스로 예체능은 인맥이 매우 중요하다고 말한 것처럼, 그 중요성을 잘 알고 있다면 그것을 가볍게 생각해서는 안 될 것입니다. 비록 성격은 활발하지 못해도 인맥관리는 잘했다는 말을 듣는다면, 그건 정말 지혜롭다는 칭찬과 마찬가지입니다. 물론 쉬운 일은 아니지만 거울은 엄연히 나의 단점을 그렇게 비추고 있음을 기억하세요.

또한 당신은 교수가 적극적으로 밀어주지 않는 것인지, 그렇다면 당신을 밀어줄 마음이 없어선지 아니면 다른 이유 때문인지 궁금하다고 했는데, 교수가 되기 위해 지도교수의 추천을 받는 건 매우 중요한 일입니다. 교수가 추천을 했는데도 떨어진 이유가 교수 때문은 아니라는 확신이 필요합니다. 그러기 위해선 교수와의 소통에 더욱 심혈을 기울여야 할 것입니다. 더군다나 이번에 새로운 대학에 추천해주겠다고 했으니 말입니다. 물론 교수의 속마음을 전부 알 순없다 해도, 추천을 하려고 애쓰니 믿어야지 어떻게 하겠습니까?

8번 힘 카드는 조심해야 될 부분도 있는데, 사자는 위험한 동물이기 때문입니다. 사자를 다루는 데 실패한다면 사자는 언제든 난폭한 맹수로 돌변할 수도 있다는 것입니다. 현재 사자는 지도교수를 떠올리게 하니 자칫 교수의 기분을 상하게 하는 일은 없어야 할 것입니다. 방어기제 측면에서 보면, 교수에게 "내가 당신을 위해서 얼마나 많은 일들을 하는지 전혀 모릅니다"라는 식의 환심사기 전략을 시도해보는 것도 괜찮아 보입니다.

■ 상담에 적용한 힘 카드의 죠언

거울로서의 힘 카드	지혜로운 관리를 통해 어려운 사건사고를 슬기롭게 해결하게 되거나, 인간관계에서 상대를 리드할 수 있거나 난폭한 상대를 부드럽게 변화시킬 수도 있다.
힘 카드의 방어기제_ 통제·투사적 동일시	그 사람은 그를 위한 나의 희생에 동일시를 느끼진 않는지 생각해볼 필요가 있다.
힘 카드의 점성학_ 사자자리	나는 독단적 또는 독재적 기질이 너무 강해 타인을 지배하려는 습관이 있지는 않은지 생각해볼 필요가 있다.

 타로카드 심리학

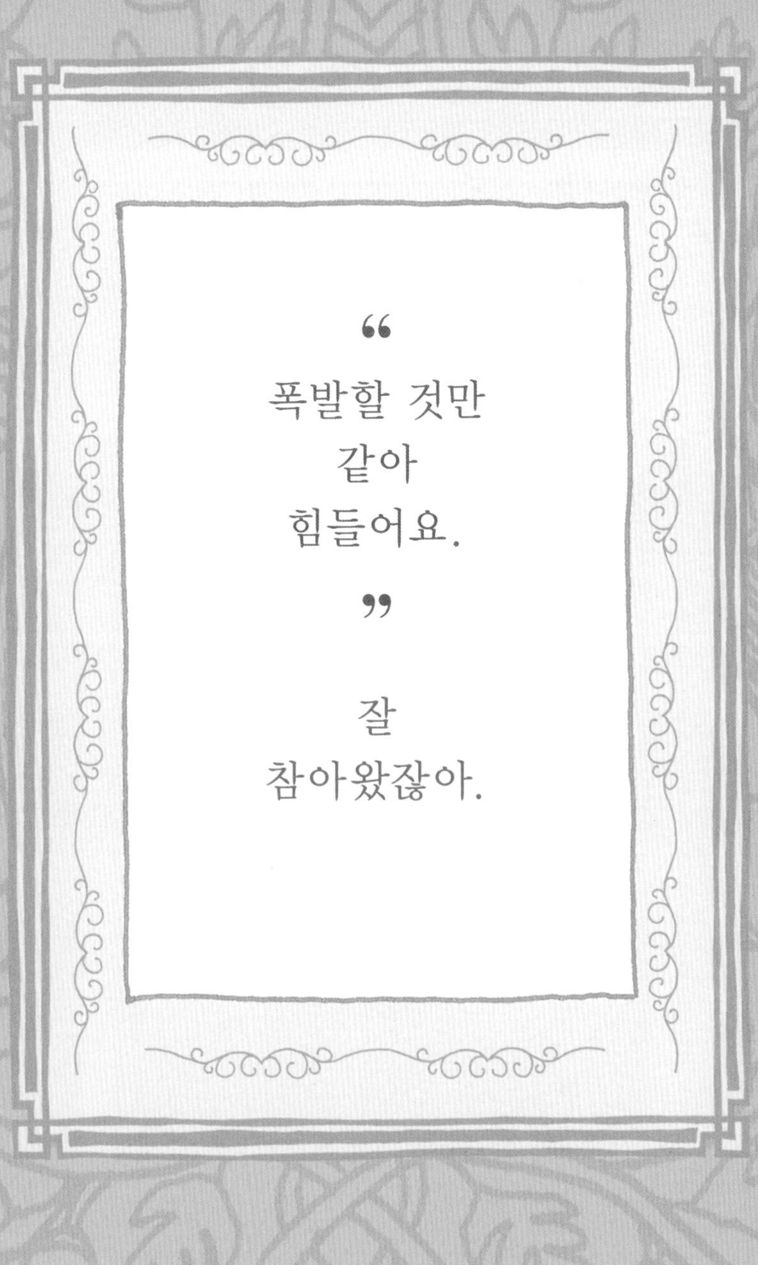

"
폭발할 것만
같아
힘들어요.
"

잘
참아왔잖아.

9_ THE HERMIT

9_ 은둔자

여행을 떠난 바보가 아홉 번째로 만난 사람은 은둔자였다.

그는 늘 말이 없고 골똘히 생각에 잠긴 듯해서 도무지 성격을 알 수 없었다.

달관한 듯 세상일에 관심이 없었고 오로지 책을 읽거나 명상을 하기 위해

조용하고 한적한 곳을 찾아다니곤 했는데, 가끔은 동굴이나 산장

혹은 도시의 흉가나 하수구 속에서 발견되기도 했다.

어둠 속을 걸으며 밤하늘의 별을 세거나 한낮에 등불을 들고 다니는 그를

제대로 아는 사람은 드물었다.

누구는 그에게 깊은 상처가 있을 거라고 했고, 또 다른 이는 그가 예전에 높은

자리에 있다 쫓겨났다고 했으며, 어떤 이는 그가 철학자라고 했다.

고행 중인 수도자라고 귀띔하는 사람도 있었지만, 사실인지는 알 수 없었다.

그는 초라한 행색 때문에 한눈에 보기에도 가난해 보였다.

다만, 외로워 보이지만 스스로는 외로워하지 않는다는 것만은 분명해 보였다.

또 나이가 많고 건강도 나빠 보였지만, 눈빛만큼은 하늘의 별처럼 빛났다.

바보가 그에게 다가가 물었다.

"산다는 건 뭐죠?"

그러자 그는 침묵하며 바보를 빤히 바라보았다.

"……"

바보가 다시 물었다.

"혹시 말을 못하거나 귀가 안 들리나요?"

그가 등불을 바보의 얼굴을 비추며 대답했다.

"비켜줄래요?"

거울로서의
은둔자 카드

:

거울카드 9번은 은둔자이다. 9는 한 자리 자연수의 마지막 수로 흔히 종말의 수로 알려져 있다. 또한 9는 완성의 수로도 알려져 있는데, 1이 시작 단계라면 9는 마지막 단계이기 때문이다. 바둑이나 장기와 같은 게임에서도 최고수를 보통 9단으로 설정하고 있고, 정치에서도 최고수를 정치9단이라고 표현하는 것도 이와 같은 맥락이다. 보통 10을 완성으로 생각하는 경우가 많은데, 10은 1+0으로 1이 되니 수비학에서는 새로운 시작을 의미한다.

　1이 방금 태어난 아이라면, 9는 초로의 노인에 비유할 수 있다. 육체의 건강함이나 활력은 어릴수록 강하겠지만, 정신의 성숙도는 노인이 아이보다 높을 것이다. 따라서 9는 원숙한 지혜나 깨달음 또는 득도나 승화를 의미한다. 타로카드에서는 9번 은둔자로 대낮에 현자를 찾기 위해 등불을 들고 다녔다는 고대그리스 철학자 디오게네스를 그리고 있다. 원숙한 지혜를 갖춘 현자로 노인의 모습을 한 디오게네스를 등장시킴으로써 9의 수비학적 의미를 강조하고 있는 것이다.

사실 9가 정신적 에너지의 최고조를 나타낸다면, 8은 육체적 에너지의 최고조를 나타낸다. 즉, 8은 4+4로서 물질과 땅의 상징인 4가 중복되므로 물질 혹은 부와 연결되지만, 9는 3×3으로서 정신의 상징인 3이 중복되므로 높고 훌륭한 정신과 연결되는 것이다.

　하지만 타로카드 8번 그림에서는 물질적 부보다 지혜로운 힘을 더 강조하고 있다. 만약 8을 지혜로운 힘으로 본다면, 9는 원숙한 지혜로 볼 수 있다. 나아가 8과 달리 9는 그 지혜를 현실세계에서 적극적으로 사용하기보다는 수동

　　　　　　　　　　　　　　타로카드 심리학

적으로 사용한다고 볼 수 있다. 예를 들어, 누군가가 자신에게 지혜를 구하면 귀찮지만 대답해주는 정도이다. 다시 말해서, 세상을 꿰뚫어 볼 줄 알지만 그 것은 자신의 성찰을 위한 앎 혹은 성찰의 결과로 인한 앎이지 세속적인 문제 를 해결하기 위한 앎이 아니라는 것이다. 왜냐하면 은둔자라는 이름에서 이미 9는 세속의 삶에 모든 미련을 버린 것으로 봐야 하기 때문이다.

그렇다면 타로카드에서 9번 은둔자를 어떻게 해석해야 할까? 은둔자는 세속 에 대한 미련이나 욕망이 없거나 그 직전에 있는 사람이다. 보통 깨달음을 얻 거나 속세의 욕망을 초월한 현자는 제자를 양성하거나 깊은 산골로 들어가 안분지족하는 삶을 사는 경우가 많다. 그래서 은둔자의 삶은 세속과 단절된 것으로 보일 수 있지만, 그 삶을 자세히 살펴보면 일단 세속에서 자신의 기득 권을 내려놓되 스스로의 내면에 더욱 깊숙하게 발을 들여놓은 것이다.

　우리는 여기서 중요한 사실을 발견할 수 있다. 만약 은퇴하여 제자를 기른 다면, 이는 불완전한 은둔으로 자신의 역량을 완전히 포기한 것이 아니라 제 자를 통해 미래를 도모하는 행위라고 할 수 있다. 하지만 정신적으로는 그것 이 깨달음이든 앎이든 간에 자아는 더욱 강화되는 측면이 있다. 물론 완전한 은둔자라면 그 누구도 만나길 꺼릴 테지만, 디오게네스라는 철학자를 모델로 등장시킨 걸 감안하면 9번 은둔자가 완전한 은둔을 한다고 보기는 어렵다. 다 시 말해서, 단지 마음에 들지 않는 오염된 세속을 외면할 뿐 여전히 그 안에서 희망을 찾는다는 것을 그가 들고 다니는 등잔을 통해 충분히 느낄 수 있기 때 문이다.

만약 당신의 거울카드가 9번 은둔자라면, 나는 지금 세속적인 욕망을 지나치 게 드러내고 있지는 않는지, 겉으로는 현실적 욕망이나 이권을 포기한 척 초 연한 척하지만 사실은 끈질기게 욕망을 꿈꾸고 있지는 않는지 생각해봐야 한다. (물론 욕망을 버리지 못하는 것은 은둔자에게 어울리지 않는다.) 또한 나는 물질적 욕망은 포기했지만, 그 상실감을 보상받기 위해 상대를 정신적으로 더 피곤하게 만들지는 않는지 생각해봐야 한다. 더불어 오로지 내 경험에서 얻은 지혜만을 제대로 된 지혜라고 믿거나 억지주장을 하지는 않는지도 되돌아봐야 한다.

한편 거울카드로서 은둔자 카드는 결과가 어떻든 모든 과정을 완수한 자신에게 좀 더 따뜻한 위로와 격려를 보낼 일이 생기거나, 모든 것을 초월한 의젓한 자신의 모습이 상대에게 감동을 줄 수도 있음을 의미한다. 또한 외진 곳으로 혹은 홀가분하게 혼자 갑작스런 여행을 떠날 수도 있다.

은둔자 카드의 방어기제
회피

:

9번 은둔자 카드는 여러 방어기제 중에서 회피와 관련지어 생각해볼 수 있다. 회피는 미성숙한 방어기제로서 자신이 수용하기 힘든 외부의 압박, 공격, 위험 혹은 문제상황이나 갈등상황에서 무조건 도피하려는 것을 말한다. 회피 방법으로는 문제상황과 물리적으로 거리를 두거나, 체념한 상태로 순응하거나, 아예 다른 것에 집중하는 것이 있다.

회피는 의식적 회피와 무의식적 회피로 구분할 수 있다. 의식적 회피는 억제(억압)와 비슷하지만 차이가 있다. 억제가 합리적이며 인내심에 의한 결과라면, 회피는 일단 문제상황에서 도망가려는 것으로 비합리적이며 인내심 부족의 결과다. 무의식적 회피는 주체의 의지보다 기분이 우선한다. 쉽게 말해 기분이 좋고 싫음에 좌우된다.

회피 행동으로는 문제상황이 생기면 그 장소에서 나가버리거나 한동안 연락을 끊고 잠수를 타기도 하며, 괴로움을 잊기 위해 생각날 때마다 술을 마신다거나 일 혹은 취미생활에 깊이 몰두하기도 한다. 쉽게 말해 회피는 골치 아픈 문제상황과 자신을 분리하는 방법, 즉 거리두기로 나타난다. 그 거리는 물리적인 거리가 될 수도 있고 정서적 혹은 정신적인 거리가 될 수도 있다.

회피의 문제점은 무조건적 도피를 통해 잠깐은 마음이 편할 순 있지만 문제상황이나 갈등상황이 근본적으로 해결되지 않은 채 방치된다는 것이며, 회피하고 싶은 그 상황들은 나중에 더 크고 부담스런 상황이 되어 돌아올 수 있다는 것이다. 예를 들어, 사채를 쓴 사람이 빚을 갚지 못해 외국으로 도망쳤다고 치자. 잡히지 않기 위해 외국에서 죽을 때까지 숨어 살면 모를까 결국 다시 돌아와야 한다면 그 기간만큼 이자만 늘어날 것이 뻔하다. 따라서 회피를 방어기제로 쓰는 사람은 문제상황을 근본적으로 해결하기 위해 좀 더 적극적인 행동이나 노력할 필요가 있다.

은둔하는 이유는 크게 두 가지로 볼 수 있다. 첫째, 깨달음을 얻기 위한 구도자나 기회를 기다리는 사람이 은둔하는 경우다. 둘째는 사람에게 받은 상처, 사회적 능력의 상실, 범법행위 등으로 세상과 단절하는 경우다. 전자는 자신이 의도한 은둔이지만, 후자는 원치 않는 은둔이다. 또한 전자는 스스로 은둔을 접을 수 있지만, 후자는 은둔을 언제 끝낼지 기약이 없다. 따라서 회피의 방어기제를 사용하는 사람들은 전자보다 후자의 경우가 대다수다.

만약 은둔자가 거울카드로 나왔다면, 나는 사람들에게 상처받고 스스로 고립을 선택하지 않았는지, 현재 처해 있는 문제상황이나 갈등상황을 주체적으로 해결하기보다 시간이 지나면 다 해결된다는 태도로 일관하지는 않는지, 진지하게 마음을 터놓고 대화로 풀어야 하는 문제를 바쁘다는 핑계로 차일피일 미루고만 있지는 않는지, 상처받은 일에 이성적으로 대처하기보다 무의식적으로 회피하는 건 아닌지 생각해봐야 한다.

또한 거울카드가 은둔자라면, 당장 해결할 수 없는 문제나 갈등상황이 생길 수 있고, 피하고 싶은 상대를 우연히 만날 수도 있다.

은둔자 카드의 점성학
처녀자리

:

점성학적 관점에서 은둔자 카드는 처녀자리에 대응된다. 그리스 신화에서 이 처녀는 제우스와 데메테르 사이에서 태어난 페르세포네이다. 지하세계의 신 하데스가 페르세포네를 납치하여 아내로 삼자 데메테르는 식음을 전폐하고 슬퍼했다. 그 때문에 지상의 모든 작물은 흉년이 들고 대기근이 찾아왔다. 제우스는 하는 수 없이 하데스에게 페르세포네를 지상으로 돌려보내라고 명령한다. 하데스는 석류를 먹으면 지하세계에 있어야 한다는 사실을 숨긴 채 페르세포네에게 석류를 주면서 집으로 보내주겠다고 약속한다. 페르세포네는 기쁜 나머지 석류 네 알을 먹었고 1년 중 네 달은 지하세계에서 지내야 했다. 그 때문에 지상에서는 겨울에 농작물이 자라지 못하게 되었다.

처녀자리는 12별자리 중에서 여섯 번째 순서로, 기간은 8월 23일~9월 22일 무렵이다. 처녀자리의 천문 기호는 날개달린 여신이 보리 이삭을 들고 있는 모습을 형상화한 것이다. 처녀는 순결과 식생활, 노동을 상징하는데, 조심스럽고 섬세하며 결벽증이 있고 완벽을 추구하며 분별력이 있고 겸손하다. 특히 식생활과 관련이 깊어 위생관리능력과 분류능력이 뛰어나다. 단점으로는 까칠하고 비판적이며 폐쇄적이다.

게다가 다음 그림에서 볼 수 있듯이 처녀자리의 지배성은 수성인데, 수성이 정보를 수집하고 분석하는 능력이 뛰어나므로 처녀의 깔끔하고 완벽적인 일처리와 매우 잘 어울린다.

은둔자 카드에는 처녀자리와 관련된 순결이나 식생활 그리고 노동에 대한 부분이 별로 드러나 있지 않지만, 처녀의 대표적 상징인 순결 때문에 폐쇄적이라는 의미를 강하게 내포하고 있다.

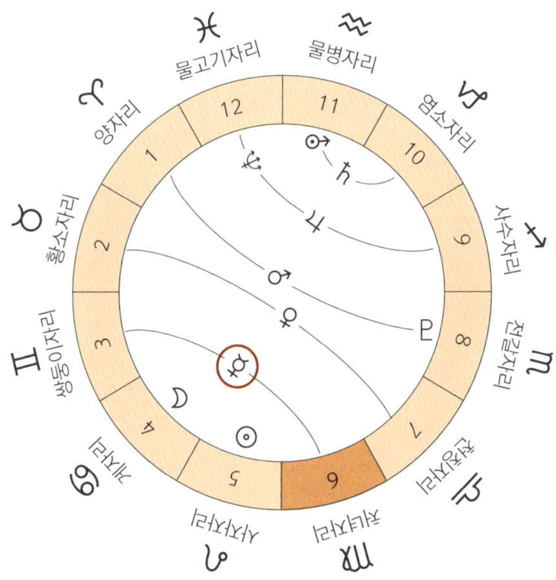

정리하면, 점성학적 관점에서 은둔자 카드는 정보수집(책읽기)이나 정보분석

(책을 읽고 분류하기)을 위해 자기만의 폐쇄적인 공간을 찾아 은둔하기 때문에 문서작업이나 연구 혹은 매우 세밀한 분류나 편집작업이 잘 어울린다.

거울카드로서 처녀자리가 나왔다면, 혹시 나는 너무 일에만 매달리지는 않는지, 내 일이 현실적으로 별로 도움이 안 되는 비생산적인 일은 아닌지 생각해봐야 한다. 또한 지나칠 만큼 상대에게 완벽성과 결백성을 요구하는 성격이 소통을 방해하지는 않는지, 타인과 대화할 때 너무 비판적이진 않은지, 타인과의 잦은 대화단절 때문에 폐쇄성이 더욱 짙어지는 건 아닌지 생각해봐야 한다.

은둔자 카드
상담 활용

:

30세 여자
Q

외롭긴 하지만 혼자 살아야 할 거 같아요. 그게 낫겠죠?

요즘 많이 외로워요. 이유를 생각하면 머리가 아프니까 아예 생각을 안 하려 해요. 그래서 친구들과 술자리가 잦죠. 술자리에선 서로 이야기하느라 외로울 틈이 없고, 또 가끔씩 터지는 사건도 나중에는 웃어넘기게 되더라고요. 하지만 그런 술자리에서도 친구들의 눈치가 보여요. 친구들이 웃고 떠들거나 슬픈 표정을 지을 때 어떻게 해야 할지 모르겠어요. 같이 섞이고 싶은데 언제 웃어야 할지 언제 슬픈 표정을 지어야 할지 잘 모르겠다고요. 한번은 친구에게 "넌 왠지 가식적이야"라는 말을 들었는데 꼭 도둑질하다 들킨 느낌이었어요.

(필자는 남자친구에 대해 이야기해 달라고 했다.) 남자친구는 한 세 번 정도 사귄 거 같아요. 그런데 귀찮더라고요. 전 스킨십을 싫어하거든요. 그냥 서로 육체든 정신이든 터치하지 말고 쿨하게 만났으면 좋겠어요.

(그건 애인이 아니라 친구라는 지적에) 그러니까 저한테는 애인 같은 게 안 맞

는 거 같아요. 그래서 요즘은 동성친구들만 만나는데, 얼마 전에는 사귀자는 제안도 받았어요. 전 한번도 레즈라고 생각해본 적이 없었는데 막상 제안을 받으니까 저 자신도 헷갈리더라고요. 제가 좀 보이시해 보이나 봐요. 전 이렇게나 여성스러운데 하하. 만약 제가 레즈라고 해도 예스라고 답하지는 않았을 거예요. 제게 집착하는 사람은 다 싫어요. 남자든 여자든. 웃기죠? 그러면서 "외로워요. 어떡하죠?" 뭐 이런 질문을 하잖아요.

사실 전 사람들하고 말을 많이 안 하는 편이에요. 거의 듣는 편이죠. 친구들을 만나도 이야기를 들어주며 가끔 웃어주는 정도지 말은 잘 안 해요. 그러니까 오늘 선생님은 나같이 예쁜 여자가 이렇게 말도 많이 해주니까 영광인 줄 아셔야 해요.

　그런데 요즘은 외롭지만 친구들이 절 반갑게 맞아줘서 고맙기도 해요. 예전 같으면 날 인간으로도 안 봤을 텐데. 내가 예전에 좀 놀았거든요. 고등학교도 겨우 졸업할 정도로…… 하하.

　그런데 불안한 게 있어요. 요즘 들어 친구들을 다 끊어버리고 싶을 때가 한번씩 있어요. 그럴 때면 가슴이 아파요. 친구들하고 잘 지내다가도 그냥 싫어질 때가 가끔 있어요. 부질없다는 생각이 들거나. 보통 그럴 땐 제가 먼저 끊어요.

(내담자의 말 중 남자친구와의 관계, 사람을 먼저 끊어내는 행동, 동성의 제안에 혼란을 느끼는 점 등을 통해 내담자는 이성은 물론 동성과의 관계에도 어떤 문제가 있어 보였고, 그것이 어릴 적 일과 관계가 있을 것으로 판단되어 조심스레 어릴 때 남자에 대한 사건사고가 있는지 물어보았다.

　중학생 때 엄마가 아빠와 이혼한 후 어떤 아저씨를 집으로 데려와 그 사람과 함께 살았는데, 엄마가 집에 없으면 그 사람이 가끔 성추행을 했다고 했다. 그리고 그 사실을 엄마에게 어렵게 이야기했더니 자신을 보호해주기는커녕 거짓말한다고 혼냈다고 고백했다. 이후 엄마와의 사이가 나빠졌고, 지금도 서로 좋은 관계는 아니지만 엄마를 이해하려고 노력한다고 덧붙였다. 남동생이 두 명인데 남자라서 그런 일이 없었고, 지금 생각해보면 아마 그때 동생들이 그 아저씨를 잘 따르니까 엄마가 그 아저씨를 좋게 생각한

혼자 살더라도 행복해야지요. 그러기 위해선 엄마에게서 사과를 이끌어내야 하는데 좀 더 인내심을 갖고 설득해 나갔으면 합니다!

상담을 하며 가슴이 먹먹해질 때가 있는데 바로 당신 같은 사람을 만날 때입니다. 아픈 사연만 없었다면 누구보다도 밝고 건강하게 살아갈 것 같은 질문자를 만나면 정말 하늘이 밉기까지 해요. 저는 보통 당신 같은 질문자를 만나면 정신과치료나 상담심리치료를 권한답니다. 물론 받아들이고 말고는 당신의 자유겠지만 말이에요. 한 가지 더 이야기한다면, 심리학은 마음의 상처를 방치하고 사는 사람에게 가장 필요한 학문이자 치료제라고 믿기 때문에 체계적으로 심리학을 공부하면 좋을 것 같아요.
(필자는 무슨 내용이든 이런 질문자의 이야기를 최대한 경청하려 한다. 들어주는 것만으로도 질문자의 스트레스가 많이 줄어들기 때문이다.)

은둔자가 거울카드로 나왔네요. 혼자 사는 것도 나쁘지 않을 거란 생각이 드는군요. 은둔자는 말 그대로 은둔을 뜻하니까요. 비록 당신이 세상 가장 외진 곳에서 홀로 은둔한다 해도 행복했으면 좋겠네요.

어릴 때의 상처가 깊지만, 외롭지 않기 위해 친구들과 술자리도 자주 갖고 남자친구도 사귀어보려고 하고 엄마의 배신도 이해하려고 노력하는 게 참 예쁘고 고맙게 느껴집니다, 하지만 그런 노력과 달리 상처받은 마음은 너무나 깊고 어두운 곳으로 숨어버린 것 같군요. 마음으로 다가가지 못했기에 친구들의 분위기에 적응하지 못했고, 남자친구의 스킨십도 허락이 안 됐고, 엄마도 아직 용서가 되지 않았던 거 같아요. 몸의 상처는 약을 바르면 낫겠지만 마음의 상처는 상처를 준 사람의 진정한 사과가 치료제일 테죠. 그래서 아저씨와 엄마의 진심어린 사과가 필요해 보이지만, 아저씨는 이미 없고 엄마는 기억이나 하는지 아님 모르는 척하는지 먼저 사과할 기미조차 보이지 않는 게 참으로 안타깝네요.

　　　　　　　　　　　　　　　　　　　　타로카드 심리학

상담을 하다 보면 누구나 저마다의 이유로 크고 작은 상처를 안고 있다는 것을 알게 됩니다. 사람 때문에 마음의 상처를 크게 입은 경우는 보통 대인 기피증이 보입니다. 그 중에는 당신처럼 자신의 의지로 다시 한번 일어서 보려고 노력하는 사람들도 종종 있지만, 사람에 대한 불신을 회복한다는 것은 생각보다 그리 쉽지 않습니다.

흔들리는 성정체성 역시 남자에 대한 불신의 결과로 보이는군요. 사람으로 인한 상처는 사람으로 치유될 수밖에 없기에 의지할 친구를 간절히 원하다가도, 서로 좀 가까워졌나 싶으면 어느 순간 불신에 대한 두려움이 찾아들곤 하지요. 거듭 상처받기 싫은 마음에 당신처럼 상대에게 먼저 이별을 고하는 경우가 많습니다. 이런 이유로 그들의 외로움은 반복되는 것이지요.

당신의 대인관계를 생각하면 쇼펜하우어의 고슴도치 딜레마가 생각납니다. 어느 추운 겨울 두 마리의 고슴도치가 체온을 빼앗기지 않으려 서로 몸을 가까이하지만, 서로를 찌르는 가시 때문에 결국 어정쩡한 거리만 유지한 채 추운 겨울을 날 수밖에 없었답니다. 상처를 위로받기 위해 의지할 친구를 찾지만 결국 그 친구에게 다가갈수록 더욱 상처받는 자신을 느끼고 결국은 친구를 버린다는 슬픈 이야기입니다.

심리상담치료로 모든 마음의 상처가 완벽하게 치유된다고 장담할 순 없겠지요. 또한 당신의 상처를 조금이라도 더 빨리 치유해주기 위해 당신에게 다가가는 주변 사람의 지나친 열의도 조심스러울 겁니다. 그러니 당신 스스로 의지를 갖고 헤쳐 나와야 합니다. 저 역시 그런 이유로 당신의 이야기를 친구처럼 편안하게 들어주고 싶답니다.

당신의 이야기를 들어보면, 당신은 스스로 자신의 고통을 극복하려고 노력하는 것처럼 느껴집니다. 하지만 "외롭긴 하지만 혼자 살아야 할 거 같아요. 그게 낫겠죠?"라는 질문에서 아직 혼자 있는 게 편하다는 느낌을 받습니다. 그런데 안타깝게도 그 편안함은 문제에 대한 회피로 보입니다. 당신 혼자 살아가는 게 더 편한 삶이 될지 아니면 더 외로운 삶이 될지는 그 누구도 알 수 없습니다. 다만, 세월이 흐르더라도 가장 원초적이고 일차적인 관계인 엄마로부터 직접적인 사과를 받았으면 좋겠고, 또 그 일로 당신의 불신이 누그러져 용서와 화해로 이어지고 비록 혼자 산다 해도 세상을 예쁘게 바라볼 수 있게 되기를 바랍니다. 바라건대, 엄마로부터 사과를 끌어내는 데 좀 더 인내심을 갖고 설득해 나갔으면 합니다. 덧붙여, 세상 모든 은둔자들의 은둔이 고행을 위한 것이 아니라면 조용히 자신을 사랑하는 힘을 기르는 계기나 시간이 되었으면 합니다.

■ 상담에 적용한 은둔자 카드의 조언

거울로서의 은둔자 카드	모든 것을 초월한 나의 의젓한 모습이 상대에게 감동을 줄 수도 있다.
은둔자 카드의 방어기제_ 회피	나는 상처받은 일에 이성적으로 대처하기보다 무의식적으로 회피하는 건 아닌지 생각해봐야 한다.
은둔자 카드의 점성학_ 처녀자리	내가 상대에게 완벽함과 결백함을 지나치게 요구하기 때문에 서로 소통이 어렵지는 않은지, 타인과 대화하는 방식이 너무 비판적이진 않은지 생각해봐야 한다.

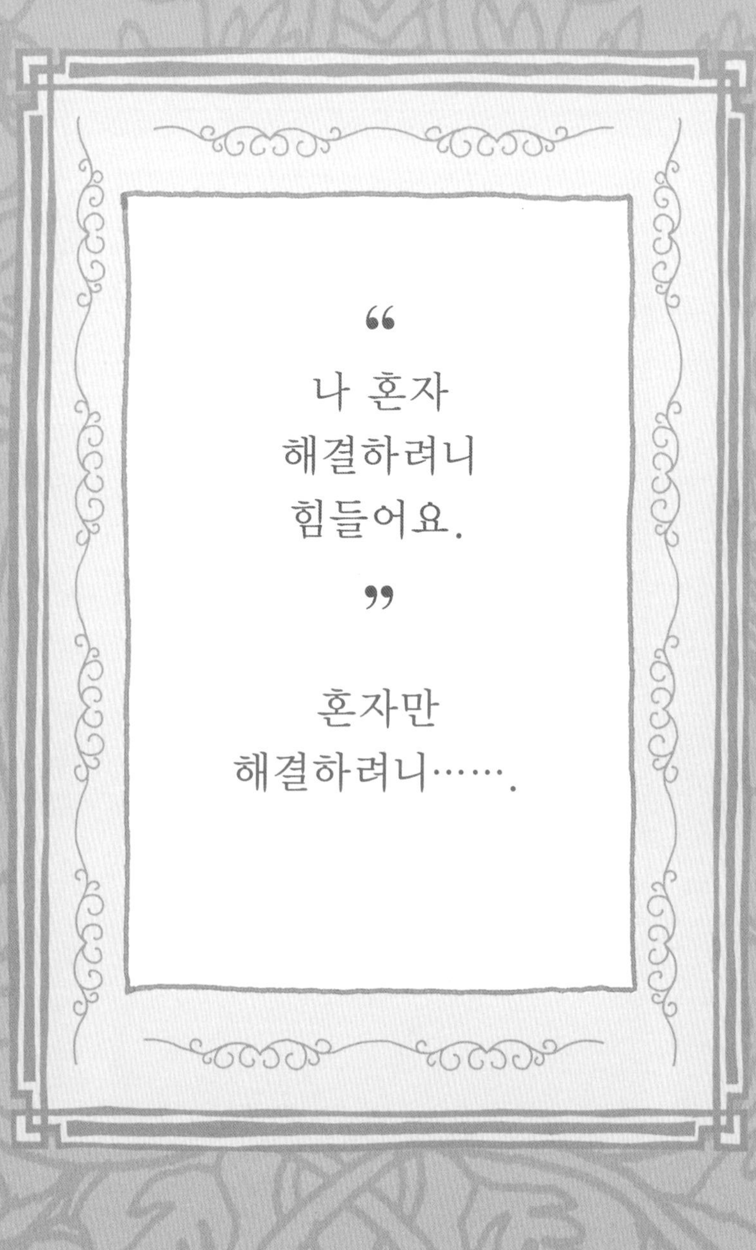

"
나 혼자
해결하려니
힘들어요.
"

혼자만
해결하려니…….

10_ 운명의 수레바퀴

여행을 떠난 바보가 열 번째로 만난 건 운명의 수레바퀴였다.

운명의 수레바퀴는 네 극점이 있었다.

가장 좋을 때와 가장 나쁠 때가 양극단에 위치했고,

점점 좋아질 때와 점점 나빠질 때가 그 사이에 있었다.

수레바퀴가 말하길, 사람은 그 누구도 운명을 피할 순 없다고 했다.

그 운명은 애초부터 좋고 나쁜 게 없는데 현재 좋음과 현재 나쁨이 있을 뿐이며,

가장 좋을 때는 가장 나쁠 때를 향해 가고,

가장 나쁠 때는 가장 좋을 때를 향해 간다고 했다.

그래서 인생은 수레바퀴처럼 돌고, 그래서 운명은 수레바퀴처럼 윤회하고,

그러니 인생도 운명도 돌고 돌 뿐이라고 했다.

기쁨은 슬픔을 지나 만나게 되고, 슬픔은 또 기쁨을 지나 만나게 되며,

기쁨도 슬픔도, 사람도 자연도, 삶도 죽음도 그저 돌고 돌 뿐이라고 했다.

바보가 수레바퀴에게 다가가 물었다.

“산다는 건 뭐죠?”

그러자 수레바퀴는 빙글빙글 돌면서 대답했다.

“끊임없이 움직이는 거죠.”

바보가 다시 물었다.

“잠시 그 바퀴를 멈추고 쉬면 안 되나요??”

그러자 수레바퀴가 계속 빙글빙글 돌면서 대답했다.

“멈추는 건, 영원히 죽는 거니까요.”

거울로서의
운명의 수레바퀴 카드

:

거울카드 10번은 운명의 수레바퀴다. 10은 10진법에서 사용하는 마지막 수로 보통 9와 같이 완성의 의미를 지니는데, 수비학적으로 따지면 1+0으로 새로운 차원의 1이다. 따라서 10은 완성과 함께 새로운 시작의 의미를 함께 지닌다고 보아 '터닝포인트'를 대표 키워드로 꼽는다.

10이 완성과 시작의 의미를 모두 지닌다면, 11은 1+1로 앞의 1은 새로운 차원이고 뒤의 1은 시작의 의미다. 따라서 11은 완성의 의미보다 시작의 의미가 좀 더 강조된 것으로 볼 수 있다.

보통 수의 개념을 이해할 때는 다음과 같이 접근하는 것이 타로카드 의미 해석에 도움이 된다. 예를 들어, 2는 1과 3의 의미를 동시에 지니고 있고, 3은 2와 4의 의미를 동시에 지니고 있으며, 4는 3과 5의 의미를 동시에 지니고 있다고 보는 것이다. 달리 말하면 현재를 중심으로 과거와 미래가 연결되는 것이다.

타로의 순서적 의미는 단절되는 것이 아니라 끊임없이 순환반복하고 반복된다. 이는 인과적이고 유기체적인 인간 삶을 비유한 것으로 현재는 과거의 결과이고, 현재는 미래의 원인이다. 따라서 오늘의 나는 어디서 갑자기 나타난 게 아니라 어제의 나와 내일의 내가 하나로 연결된 모습으로 이해했으면 한다. 이렇듯 세상만물을 하나의 인과적인 유기체적 존재로 보는 이유는 타로의 무의식이 이 유기체적 존재방식을 기초로 하기 때문이다.

터닝포인트는 반환점을 말한다. 예를 들어, 마라톤은 42.195㎞의 장거리를 달리는데, 그 반환점은 전체길이의 반인 21.0975㎞ 지점을 말한다. 타로 해석에서는 보통 전환점이라는 단어를 혼용하기도 하지만, 굳이 따지자면 전환점이

가던 방향을 조금 바꾸는 차원이라면 반환점은 완전한 역방향을 뜻한다. 예를 들어, 돈을 숭배했다면 돈을 추악하게 보는 것이며, 도전을 좋아했다면 안정을 추구하는 것이다. 따라서 터닝포인트 하면 인생에서 큰 깨달음을 얻는 시점이나 계기를 의미한다.

터닝포인트는 또한 전보다 한 단계 업그레이드되는 것을 말한다. 보통 개인-사회-국가 순서로 개념이 확대되는 것 또는 악한 행동에서 선한 행동으로, 물질적 욕망에서 정신적 욕망으로 차원이 높아지는 과정 등을 의미한다. 하지만 점을 보기 위한 타로 해석에서는 이를 좀 더 넓게 해석하기 때문에 전환점이든 반환점이든 상관없이 주로 인생의 큰 변화 혹은 큰 계기를 의미한다.

'인생은 돌고 돈다'는 말이 있는데, 이는 인생의 희비와 유불리(有不利)는 끊임없이 변하니 좋다고 자만하지 말고 나쁘다고 절망하지 말라, 겸손하게 살아야 한다는 뜻이다.

또한 '역사는 반복된다'는 말도 있는데, 이 역시 인생이 돌고 도는 것처럼 사람의 욕망이나 자연법칙도 예나 지금이나 큰 차이가 없기 때문에 그것들이 만들어내는 삶이나 사건 역시 주기적이거나 상황마다 동일한 패턴을 갖는다는 뜻이다.

『논어』를 보면 공자의 '일이관지(一以貫之)'라는 표현이 있는데, 이는 하나의 이치로 세상을 꿰뚫는다는 뜻이기도 하고, 처음부터 끝까지 변함이 없다는 뜻이기도 하다. 다시 말해서 세상의 이치는 정해져 있고 변화는 그 이치에 따른 것이라는 뜻이다. 여기에는 변화하는 것과 변화하지 않는 것이 존재하는데, 타로카드에서는 그 상징으로 수레바퀴를 그린 것이다. 즉, 바퀴가 도는 것은 변화지만, 과거에서 미래로 방향성을 갖고 도는 것은 불변이고 반복이다.

변화와 반복이라는 두 가지 원리를 가장 잘 보여주는 수레바퀴는 제한된 변화, 즉 순환이라는 한 단어로 정리할 수 있다. 수레바퀴는 운명의 여신 포르투

나 혹은 모이라이와 관련이 있는데, 이들은 사람의 수명을 관장한다. 수명은 곧 운명이다. 그래서 10번 운명의 수레바퀴는 운명을 예측한다는 뜻에서 역학자와 관련짓는다. 수레바퀴가 도는 것처럼 역사는 반복된다는 관점으로 접근하면 인간의 삶은 어떤 원리나 주기성을 띠기에 운명 예측이 가능하다는 뜻도된다.

만약 운명의 수레바퀴가 거울카드로 나왔다면, 나는 지금 변화의 시점에 서있는 건 아닌지, 적극적으로 변화를 모색해야 하는 건 아닌지, 변화를 두려워하는 건 아닌지, 변화의 시점을 놓치고 있는 건 아닌지 생각해봐야 한다. 또한물질적인 사고에서 정신적인 사고로의 전환이 필요한 건 아닌지, 나는 변화한다고 하지만 제자리만 돌고 있지는 않는지도 생각해봐야 한다.

거울카드로 운명의 수레바퀴가 나왔다면 운명을 뒤바꿀 행운이 찾아오거나 정신적인 큰 깨달음을 얻는다는 예고일 수도 있다. 또한 수레바퀴가 굴러가듯 이사나 이동을 할 수도 있다.

운명의 수레바퀴 카드의 방어기제
예견

10번 운명의 수레바퀴 카드는 여러 방어기제 중에서 예견과 관련지어 생각해볼 수 있다. 예견은 미래에 다가올 위험이나 불안 혹은 문제상황이나 갈등상황에 대해 현실적인 해결책을 세우는 성숙한 방어기제다.

예견의 방어기제를 쓰는 사람은 보통 합리적이고 신중하고 조심스러우며, 일처리에서 완벽주의적 성향이 있다. 하지만 단점도 있는데, 미래를 지나치게 걱정해서 세운 대비책이 오히려 부담으로 작용하거나 심신을 지치게 할 수 있다.

　　　　　　　　　　　　　　　　　　　타로카드 심리학

예를 들어보자. 2010년 북한은 기습적으로 연평도에 포격을 가했다. 이때 누군가가 국지전을 예상하고 비상식량과 물품들을 사느라 큰돈을 썼다면 어떨까? 실제로 국지전이 일어나지 않았으므로 다행이었지만, 저 사람은 큰 허탈감을 느끼는 것은 물론 저 물건들을 사느라 경제적인 부담까지 느낄 것이다.

또 다른 예로 한일 축구경기를 앞둔 상태에서 한국 공격수가 다리를 다쳐 경기를 뛸 수 없게 되었다면 어떨까? 여러 자료를 통해 한국이 질 수밖에 없다고 예견한 누군가는 경기 결과가 나오는 당일까지 매우 큰 스트레스를 받게 될 것이다. 반대로 일본 공격수가 다쳐 한국이 이길 거라고 굳게 믿었는데 예상과 달리 한국이 졌다면, 앞의 경우보다 더 큰 스트레스를 받게 될 것이다.

이런 단점에도 불구하고 예견이 성숙한 방어기제로 분류되는 이유는 단점보다 분명히 장점이 크기 때문일 것이다. 성공적인 삶을 산다는 것은 남보다 기회를 포착하는 눈이 빠르며, 성공을 위해 그것에 미리 대비하고 불필요한 실수를 줄인다는 것을 의미한다.

예견의 장점을 가장 잘 표현한 말이 유비무환(有備無患)이다. 평소에 준비가 철저하면 나중에 근심이 없음을 뜻한다. 반대로 예견의 단점을 가장 잘 표현한 말은 기우(杞憂)다. 기우는 미래에 대해 지나치게 걱정한다는 뜻으로, 옛날 중국 기(杞)나라에 살던 사람이 늘 하늘이 무너질까 걱정하면서 잠자고 먹는 일까지 잊고 고민의 나날을 보냈다는 일화에서 유래했다.

남보다 예견이 빠를 수 있는 사람의 유형은 크게 두 가지가 있다. 첫 번째는 합리적이고 사고적인 사람으로 경험이나 정보를 소중하게 여기며 최대한 확률적 통계를 따르는 편이다. 이런 유형에게는 수사관, 프로파일러, 증권투자 전문가, 사주상담가(비합리적이라는 지적도 있지만 통계를 내세운다는 이유에서) 등의 직업이 어울린다. 두 번째는 비합리적이지만 직관이 남보다 뛰어난 사람으로 자신의 느낌이나 꿈 등을 소중하게 여긴다. 이런 유형에게 어울리는 직업은 무당, 심령술사, 예언가, 타로상담가 등이다.

생활 속에서 방어기제가 아닌 예측이나 예견을 자주 사용하거나 강하게 주장하는 사람이 있다. 이들은 보통 자기 확신이 강한 사람들로 자존심이 세거나 권위주의적 성향이 있다. 자존심이 센 사람들은 자신의 예측이 타인의 예측보다 부정확하다는 것을 인정하기 힘들기 때문에 예견이 맞고 틀리고를 떠나 자기 생각을 강하게 주장한다.

　또한 권위적인 사람은 세상을 자기 의도대로 끌고 가고 싶어하기 때문에 타인의 미래마저 자신이 지배하고 싶은 심리가 작용한다. 그런 이유로 타인의 미래에 대해 예견이란 이름으로 자신의 생각이나 판단이 언제나 옳다는 것을 증명하려 하거나, 세상을 보는 능력이 남보다 뛰어나다는 것을 증명하고 싶어한다. 따라서 자기 확신이 약한 수동적인 사람이 자기 확신이 강한 사람을 만나면 예견에 대한 의존성이 생기게 된다.

　그 예로 어떤 알아맞히기 게임에서 자기 확신이 강한 사람이 예견한 것 10개 중에서 3개만 맞고 7개가 틀렸다고 할 때, 이 사람이 틀린 것 7개가 틀린 것이 아니라는 논리를 펴거나 틀리게 된 책임이 자신에게 있지 않다는 논리를 펴면 자기 확신이 약한 사람은 그것을 수용하게 되는 것이다.

　다음으로, 자기 확신이 강한 사람이 알아맞힌 것 3개를 놓고 이 문제가 그 어떤 문제보다 어려운 문제였다며 자신의 우월한 능력을 주장할 경우에 자기 확신이 약한 사람은 그를 전적으로 신뢰하게 된다. 그래서 이런 일이 자주 반복되면 결국 자기 확신이 약한 사람은 자기 확신이 강한 사람을 맹신하게 된다. 특히 사주나 타로상담을 좋아하는 사람 중에서 의존적인 사람들이 많은 이유가 여기에 있다.

만약 운명의 수레바퀴가 거울카드로 나왔다면, 나는 평소 내 예측이 잘 맞는다고 착각하거나 사람들에게 내 예측을 강조하지는 않는지, 내가 끊임없이 상대에게 미래에 대해 충고하는 이유가 나의 권위적인 성격 때문은 아닌지 생각해봐야 한다. 또한 나는 어려움이 닥칠 때마다 신통력이 있다는 사람들을 찾아다니지는 않는지, 어디엔가 내 미래를 모조리 알고 있는 사람이 꼭 존재할 것이라고 믿지는 않는지 생각해봐야 한다.

운명의 수레바퀴 카드의 점성학
목성

♃

목성은 태양계에서 다섯 번째 행성이자 태양 다음으로 큰 행성이다. 로마 신화에서는 유피테르(Jupiter)로 불리며, 그리스 신화의 제우스와 동일시된다. 점성학에서는 금성이 소길성이고 목성이 대길성인데, 목성이 대길성인 이유는 따뜻하고 축축해 생명이 살기 좋기 때문이며(점성학적 해석일 뿐 실제로 그렇다는 의미는 아니다), 화합이라는 의미도 내포하고 있기 때문이다.

목성의 천문 기호는 유피테르의 벼락 또는 독수리를 형상화한 것으로, 물질(십자)의 지평선 위로 떠오르는 마음(초승달)을 상징한다. 물질계에서 승화하는 마음이란 종교와 철학 그리고 도덕과 의식의 상승을 의미한다. 목성은 또한 확장이나 낙천 그리고 포부를 의미한다.

운명의 수레바퀴 카드가 목성에 대응되는 이유는 영적 진화와 선견지명의 능력 때문이다. 목성은 미래를 내다보는 능력 때문에 늘 낙천적이며 능력에 합당한 풍요를 누린다. 하지만 지나친 영적 확신과 자기 확신은 판타지나 신비주의에 몰입하거나 자기 과시나 호언장담 혹은 과대광고로 나타날 수 있다.

다음 그림에서 보듯 목성은 12별자리 중에서 물고기자리와 사수자리를 지배한다. 물고기자리는 환영이나 판타지와 관련이 있기 때문에 목성의 영적 능력과 연결되고, 사수자리의 천문 기호는 활과 화살을 형상화한 것인데 이 때문에 목적의식이 뚜렷하고 호기심이 많아 온갖 경험을 통한 풍부한 지식(종교, 철학, 운동)을 추구하는 목성의 기질과 연결된다.

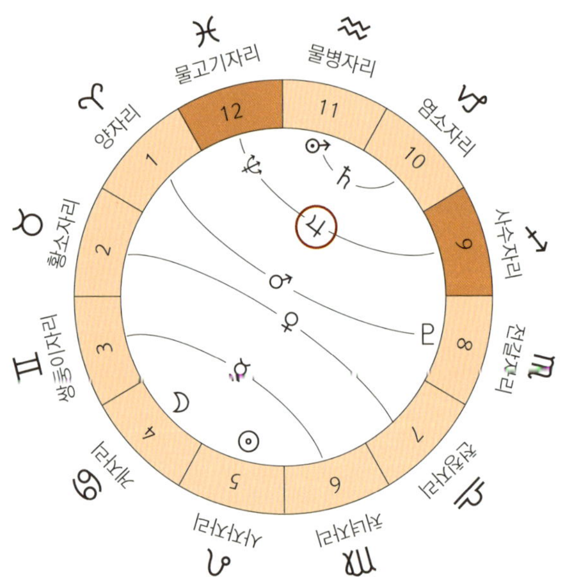

정리하면, 목성은 낙천적이며 확장적이고 포부가 크다. 또한 영적 능력이 있다.

타로카드 심리학

하지만 영적 능력을 지나치게 확신하는 것은 경계해야 한다.

거울카드로서 운명의 수레바퀴가 나왔다면 나는 너무도 낙천적이진 않은지, 지금이 확장의 기회인데 머뭇거리고 있지는 않는지, 나는 영적 능력을 터부시하거나 지나치게 과신하는 건 아닌지 생각해봐야 한다.

운명의 수레바퀴 카드
상담 활용

:

36세 여자
Q

굿을 해야 할까요?

남편이 교통사고로 사망했습니다. 현재 3살 난 딸과 함께 살고 있어요. 결혼하기 전에 시어머니를 오빠랑 가끔 찾아뵙곤 했는데, 어머니가 매우 다정하게 대해주셨지요. 그런데 어느 날인가 제 사주를 보고 오시더니 "결혼하면 서로 힘들다"라고 짧게 말씀하시며 사귀는 건 자유지만 결혼은 천천히 생각해보자고 하시더군요. 이후 오빠는 시어머니랑 자주 싸웠고 그런 분위기 때문에 저 역시 어머니와 자연스레 소원해졌지요. 가끔 시어머니에 대한 원망으로 오빠와 싸우기도 했답니다. 화해하고 싸우고 만나고 헤어지길 반복하면서 결혼을 조금씩 포기해가던 중 임신을 하게 되었어요. 전 지우겠다고 했지만 오빠는 절대 그럴 수 없다며 결혼을 밀어붙였어요. 아기를 가졌다는 사실에 시어머니도 더 이상은 말리지 않으시더군요.

신혼여행을 가서 제가 오빠에게 그 점쟁이가 뭐라고 말했길래 어머니께서 결혼을 반대했냐고 물었더니, 결혼을 하면 이혼을 하거나 오빠가 불구자가 된다고 했다더라고요. 당시는 화도 많이 났지만, 어차피 결혼했으니 물릴 수도 없고 그냥 가짜무당이 굿하고 부적 쓰라고 하는 말이겠지 생각했어요. 그래서 그날 오빠랑 "우린 절대 점이나 사주 같은 거 보지 말고 행복하게 오래오래 살자"고 다짐도 했지요.

그런데 결혼하고 21개월째에 오빠가 교통사고를 당해 세상을 떠났어요. 너무 황망했어요. 교통사고가 2013년 이맘때 났으니까 한 2년 정도 지났네요. 오빠가 죽고 나니 시댁에 갈 수가 없더라고요. 시어머니께서 결혼을 반대한 거도 생각나고, 나 때문에 그런 일이 일어난 건 아닌지 죄책감도 들고. 한번은 시어머니를 찾아가서 그 점집을 가르쳐 달랬더니 "아들 죽고 찾아가면 아들이 살아 돌아오니?"라며 화를 내셨어요. 그 이후엔 시댁에 발길을 뚝 끊었지요.

한달 전쯤인가 하도 사는 게 힘들어 술자리에서 친한 언니에게 하소연했더니, 아는 점쟁이가 있는데 한번 가보라고 하더군요. 그래서 처음으로 점집이라는 곳에 찾아갔더니 저더러 무당팔자라고 하더라고요. 남편복도 없다고 했어요. 남편이 죽었다고 했더니 네 팔자가 그런데 뭘 더 묻냐고 했어요. 신내림을 받는 건 천천히 생각해보라고 했고, 그것보다 남편이 억울한 귀신이 되어 이승을 떠나지 못하니 굿을 해서 좋은 대로 보내줘야 한다고 하더라고요. 제가 지금 혼자 살기도 힘들다고 했더니 반값으로 해준다고 5백만 준비하라고 하더라고요. 그것 때문에 요 며칠 잠을 설치고 있어요. 요즘 같은 불경기에 5백이 장난도 아니고…….

그것보다 오빠가 정말 나 때문에 그렇게 됐는지, 내가 정말 무당팔자인지 생각만 해도 머리가 아파요. 아니 가만히 있어도 자꾸 그 생각이 떠올라서 괴로워요. 예전 같으면 실컷 욕을 해주거나 콧방귀를 뀌고 말았을 텐데 남편이 그렇게 가버린 뒤로는 정말 정해진 운명이 있는 거 아닐까 하는 생각이 들어요. 정말 굿을 해야 할까요?

합리적인 판단으로 굿을 할지 말지 결정하고, 상식적인 굿값을 지불하면 좋을 것 같습니다.

너무 무섭고 놀라운 사연이네요. 드라마나 영화가 따로 없군요. 결과적으로 남편과의 인연이 사주대로 흘러간 마당에 무당의 말을 냉정하게 외면할 수 있는 사람이 과연 몇이나 될까요. 그것도 죽은 남편이 좋은 데로 간다고 하는데 여유가 있다면 누가 굿을 하지 않을까 싶네요. 이제 와서 왜 그런 점집을 기웃거렸냐고 따지는 것은 부질없는 일 같아요. 지난 일은 어차피 되돌릴 수 없으니 당면한 문제만 생각해봅시다.

문제는 크게 두 가지인데, 하나는 남편복 없는 무당팔자라는 것과 또 하나는 5백만원짜리 굿을 해야 남편이 좋은 데로 간다는 것이네요. 무당이 되고 말고는 지금 당장 결정할 일은 아니니 일단 재껴둡시다. 당장 시급한 문제는 '남편이 억울한 귀신이 되어 이승을 떠나지 못한다는데 5백만원을 들여 굿을 해줘야 하는 것일까?'잖아요. 또 '현재 생활하기도 힘든데 꼭 굿을 해야 하는가?'도 고민거리이고요. 이 문제에 대해 어떤 이는 우연의 일치에 불과한 미신 따위는 믿지 말고 자신의 의지대로 살라고 말할 수도 있을 겁니다.

하지만 '자라 보고 놀란 가슴 솥뚜껑 보고 놀란다'라는 속담처럼, 남편의 죽음을 예언한 예전 무당의 말대로 남편이 사망한 지금 이 무당의 말도 흘려듣기가 쉽지 않을 것으로 보이네요. 따라서 아무리 불경기라도 5백만원을 들여서라도 남편의 굿을 해주고 싶은 당신의 마음을 충분히 이해하고 공감이 갑니다. 특히 시어머니의 반대를 무릅쓴 결혼이기에, 자신 때문에 남편이 죽었다는 죄책감을 떨쳐내기 위해서라도 굿을 꼭 해주고 싶겠죠.

모든 것이 정해진 운명이라면, 현재 내가 걸어가고 있는 이 길 역시 정해진 운명이며, 앞으로 내가 하는 그 모든 행동 역시 운명일 겁니다. 진실로 무당의 말을 믿는다면 앞으로도 계속 무당을 믿어야 할 것입니다. 비록 무당 중에 돈을 노리는 사기꾼이 많다고 해도 굿을 해서 당신의 마음에 평화가 찾아온다면 굿을 하는 것을 무조건 나쁘다고 할 수는 없을 겁니다.

다만, 무당이 맞는지 틀리는지는 논외로 하고, 당신이 마음 편하자고 현재 사정도 좋지 않은데 5백만원이라는 거금을 들여 굿을 하는 게 정말 마음을 편안하게 해줄지 의문이 듭니다. 다시 말해서 빚을 또 다른 빚으로 막으면 빚에 대한 그 불편한 마음이 해소될까 의문이라는 겁니다. 불편을 없애자고 더 불편한 상황을 끌어들이는 게 정말 합리적일까요?

개인적으로는 굿을 하는 것을 굳이 반대하고 싶지는 않습니다. 자신의 삶은 온전히 자기 것이니까요. 다만 사기꾼 같은 무당을 만나지 않길 바라며, 합리적인 판단으로 굿을 할지 말지 여부를 결정하고 상식적인 굿값을 지불했으면 하는 게 저의 바람입니다. 노파심으로 한마디 더 하는 이유는 종종 무당의 말에 속아 굿이 한 번으로 끝나지 않고 계속 이어지는 것을 보았기 때문입니다. 무당이 가지가지 이유를 들어 굿을 하게 만드는 것이지요.

거울카드로서 운명의 수레바퀴는 '어려움이 닥칠 때마다 신통력 있다는 사람들을 찾아다니지는 않는가?'라고 스스로에게 질문하면서 미래에 대한 지나친 예견을 경계하라는 카드인 만큼, 무당의 말에 지나치게 불안해하지 않았으면 합니다. 다시 말해서 귀신의 유무보다는 무당의 요구가 정말 합리적인지를 더 경계해야 할 것으로 보입니다.

■ 상담에 적용한 운명의 수레바퀴 카드의 조언

거울로서의 운명의 수레바퀴 카드	정신적인 큰 깨달음을 얻을 수도 있다.
운명의 수레바퀴 카드의 방어기제_ 예견	나는 어려움이 닥칠 때마다 신통력이 있다는 사람들을 찾아다니지는 않는지 생각해봐야 한다.
운명의 수레바퀴 카드의 점성학_ 목성	나는 영적 능력을 터부시하거나 반대로 너무 과신하는 건 아닌지 생각해봐야 한다.

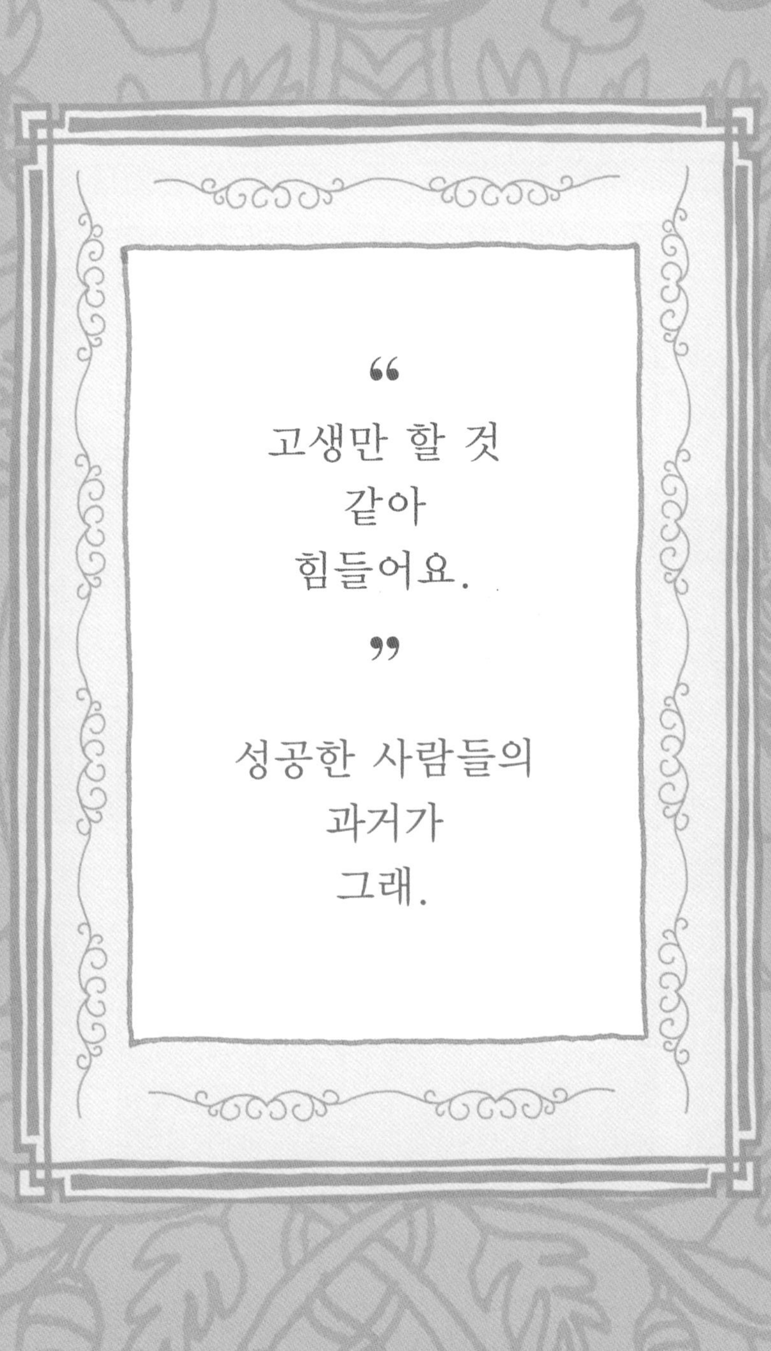

고생만 할 것
같아
힘들어요.

성공한 사람들의
과거가
그래.

11_ JUSTICE

11_ 정의

여행을 떠난 바보가 열한 번째로 만난 사람은 정의의 여신이었다.
그녀는 두 눈을 가린 채 한 손에는 검을, 다른 손에는 저울을 들고 있었는데,
그녀의 말에 따르면 저울은 균형을, 검은 결단을 의미한다고 했다.
눈을 가린 이유는 편견이나 선입관 없이 갈등상황을 해결하겠다는
의지를 드러내는 것이라고 했다.
또한 여신이 말하길, 사람들은 자기가 보고 싶은 것만 보고 듣고 싶은 것만 듣고
모든 것을 자기 유리한 대로 판단하므로 늘 타인과 이해타산을 따지게 되고,
그 때문에 이견이 발생하고 오해와 갈등이 빚어진다고 했다.
쌍둥이라도 서로의 마음까지 일치할 수는 없고,
인간은 남의 입장을 이해하기보다는 내 입장을 변명하느라 바쁘기에
어쩔 수 없이 그녀가 나서는 것이라고 했다.

바보가 정의의 여신에게 다가가 물었다.
"산다는 건 뭐죠?"

그러자 정의의 여신은 차갑고 정확하게 대답했다.
"끊임없이 상대와 나 사이에 선을 긋는 것이죠."

바보가 다시 물었다.
"선을 긋는 건 단절을 의미하는 것 아닌가요?"

그러자 정의의 여신이 고개를 살래살래 흔들면서 대답했다.
"선을 긋는 건 이견과 오해 그리고 갈등과의 단절이지요."

거울로서의
정의 카드

:

거울카드 11번은 정의다. 11은 1+1이며 한 자리 자연수로는 2가 된다. 라이더 웨이트 덱의 정의 카드에서는 2와 관련된 회화적 상징이나 의미를 여러 곳에서 찾아볼 수 있다. 우선 2번 여사제와 5번(5를 뒤집으면 2이다) 교황에는 두 개의 기둥이 나오는데, 11번 정의에도 두 개의 기둥이 등장한다. 또한 재판정은 승패가 갈리는 판단이 이루어지는 곳인데, 이 역시 2번 여사제 카드의 두 흑백 기둥을 연상하게 한다.

2번 여사제가 구별의 의미로 어떤 사물의 이면을 나타내거나 상대와 차별적인 것을 강조하려 한다면, 11번 정의는 다름을 나타내거나 강조하기보다는 그 다름이 서로에게 어떤 영향을 미칠 때 저울이라는 도구를 통해 그 영향의 합리성을 평가한다고 볼 수 있다. 다시 말해서 불합리한 점에 대해 날카로운 검으로 정확하게 선을 긋겠다는 것으로, 오해와 갈등의 당사자들이 해결하지 못하는 문제를 제3자인 정의의 여신이 나서 해결하겠다는 것이다. 이 정의의 여신은 법의 집행자인 사법기관을 의미한다고 볼 수 있다.

그런데 과연 정의란 무엇일까? 20세기 영미 철학계에서 사회철학과 윤리학을 되살린 거장으로 평가받는 존 롤즈(John Rawls, 1921~2002)는 자신의 저서 『정의론』에서 정의를 다음과 같이 묘사하고 있다.

"사람들은 행복을 추구하기 마련이며 누구나 그 행복을 추구하는 방법으로 자신이 좋아하는 것들을 추구한다. 이 과정에서 자의반 타의반으로 타인에게 피해를 주는 일이 생기기 때문에, 이 피해를 막기 위해 처음부터 자신이 좋아하는 것을 선택하기 이전에 타인들이 옳다고 믿는 것들 중에서 좋은 것을 선택하는 것이 합리적이라는 것이다. 따라서 모든 것 중에서 이 옳은 것을 한정하는 것이 법률이며, 이 법률을 사용하여 옳고 그름을 판단하여 우리 사회를 건강하게 유지하는 것이 바로 정의라는 것이다."

여기서 잠깐 생각해보자. 그럼 정의는 악당이나 악한 사람을 단죄하기 위해서 존재하는 것일까? 그렇다면 우리 중에 악당은 정해져 있는 걸까? 우리가 흔히 말하는 나쁜 사람은 뼛속부터 머리털까지 완전히 나쁜 걸까? 롤즈가 말하듯 좋음과 옳음이 있다고 할 때, 좋은 것 중에 옳은 것을 고르는 것과 옳은 것 중에 좋은 것을 고르는 것은 어떤 차이가 있을까? 얼핏 생각하면 그게 그것 같지만 개인과 집단이라는 관점에서 좋음은 사적인 성격을 띠고, 옳음은 공적인 성격을 띤다. 따라서 정의라는 개념은 개인보다 집단에게 더 요구된다고 본다면, 당연히 정의의 관점에서는 옳음이 우선시될 수밖에 없는 것이다.

예를 들어, 옷가게에 진열된 옷이 마음에 든다고 쇼윈도를 깨고 옷을 훔친 뒤 그것이 옳은지를 따지는 것과, 유리창을 깨고 옷을 훔치는 것은 옳지 못하다는 것을 인지하면서 쇼윈도의 옷을 갖고 싶어하는 것 중에서 어떤 것이 더 합리적인지는 쉽게 분간이 된다는 것이다. 따라서 정의는 악한 사람을 상정하여 그들을 단죄하기 위해서라기보다는, 우리 중에서 누구라도 옳음보다 좋음이라는 이기적 욕망에 치우치는 것을 막기 위해서 존재한다.

만약 당신의 거울카드가 11번 정의 카드라면, 나는 지금 내 문제에 대해 개인적 이해타산에 집착한 나머지 주변을 둘러보지 못하는 실수를 저지르고 있진 않는지 생각해봐야 한다. 또는 정의라는 신념으로 좋은 사람과 나쁜 사람을 이분법적으로 분리하여 없던 악마를 만들고 그들을 제거한다는 명분을 앞세워 다른 사람들의 마음에 분노와 악의를 불러내진 않는지 생각해봐야 한다.

한편 거울카드로서 정의 카드는 균형감뿐만 아니라 결단을 요구하고 있다. 흔히 저울질이라고 하면 어떤 결정을 앞두고 이해타산을 따지거나 눈치를 보거나 계산을 하는 것으로 생각하고 정의 카드와 관련된 사람을 우유부단하다고 판단할 수도 있다. 하지만 정의 카드는 균형감뿐만 아니라 단호한 결정을 할 수 있거나 해야 한다는 것을 나타낸다.

정의 카드의 방어기제

:

01 분리

11번 정의는 여러 방어기제 중 분리와 관련지어 생각해볼 수 있다. 분리는 미성숙한 방어기제로 감정기복이 심해 대인관계가 불안한 사람들에게서 흔히 나타난다. 이 방어기제를 쓰는 사람들의 특징은 세상을 좋은 것과 나쁜 것이라는 이분법적 관점으로 바라본다는 것이다. 예를 들어, 남자는 순수하고 여자는 음탕하다거나, 아빠는 좋은 사람이지만 엄마는 나쁜 사람이라고 인식하는 것이다. 또는 아들은 착한 일만 골라서 하지만, 딸은 나쁜 일만 골라서 한다고 믿는다. 나아가 자신이 존경하고 좋아하는 어떤 사람이 있다면, 그 사람만 훌륭하고 다른 사람들은 모두 부족하다고 믿는다.

이분법적인 인식은 사람 이외에도 적용되는데, 예를 들어 정치에서 A정당은 무조건 나쁘고 B정당은 무조건 좋다고 말하는 것이다. 또한 A전자회사에서 만드는 물건은 무조건 고장이 잘 나거나 문제가 있고, B전자회사에서 만드는 물건은 튼튼하며 무조건 좋다는 식이다.

문제는 이들의 이런 이분법적 인식이 일관적이지 않고 충동적이며 감정적이라는 것이다. 그래서 어떤 사람이나 상황에 대해 좋고 나쁨을 매우 빨리 판단하고 또 매우 빠르게 돌변한다. 예를 들어, 몇 번 본 사람과 금방 친해지고 좋아

타로카드 심리학

하고 열렬히 맹신하다가, 갑자기 사소한 일에 마음이 상해 상대를 비난하거나 증오한다. 심하면 절교를 선언하거나 보복을 생각한다. 이 때문에 타인과 자주 다투거나 대인관계를 안정적으로 유지하지 못한다. 직장을 자주 바꾸는 사람들 중에는 대인관계에 실패하는 사람이 많은데 이들도 그 중의 한 부류다.

이들은 자신의 인격마저도 완벽한 나와 쓸모 없는 나로 분리한다. 그리하여 완벽한 내가 다른 생각을 가진 타인을 만나게 되면 그를 맹목적으로 비난한다. 반대로 쓸모 없는 내가 완벽한 타인을 만나게 되면 이번에는 쓸모 없는 자기 자신을 학대한다. 그런 이유로 이들의 감정은 중간이 없는 양극단을 오가기 때문에 이들의 주변 사람들은 늘 불안하다.

강박장애가 있는 사람은 주로 분리, 취소, 반동형성을 방어기제로 사용하는데, 그들은 어떤 일에 지나치게 몰입하고 의미를 부과하는 경향이 있다. 이로 인해 생각과 행동의 경계가 허물어지고 그 일이 현실에서 실제로 일어날 것처럼 느끼기 때문에 감정의 동요가 크다.

정의의 여신이 들고 있는 저울은 균형과 타협을 도모하는 역할을 하지만, 검은 좋고 나쁨을 명확히 판단해야 하는 입장이다. 다시 말해서 방어기제로서의 분리는 검의 성질을 잘 보여주고 있다. 특히 강박장애가 있는 사람이 분리라는 방어기제와 관련이 깊은데, 정의 카드에서는 위법행위가 죄와 벌로 곧장 이어진다는 사실을 지나치게 의식한 결과라고 볼 수도 있다.

만약 정의가 거울카드로 나왔다면, 나는 어떤 문제에 지나치게 집착한 나머지 극단적인 결과를 예상하고 그것을 근거로 타인을 비난하거나 매도하지는 않는지 생각해봐야 한다. 또한 나는 상대와 대화할 때 주목받고 싶은 나머지 극단적인 캐릭터, 즉 진짜 좋은 사람과 진짜 나쁜 사람 혹은 진짜진짜 돈 많은 애인과 진짜진짜 돈 없는 애인을 이분법적으로 분리하지는 않는지 생각해봐

야 한다. 또한 거울카드로 정의 카드가 나오면 법적 소송(권리다툼·벌금·이혼
등)이나 관재수에 대비하거나 조심해야 한다.

02 합리화

또한 정의 카드는 신경증적 방어기제인 합리화와 관련지어 생각해볼 수도 있
다. 합리화란 불합리한 행동이나 상황, 사건을 합리적인 것처럼 정당화하는 것
이다. 이솝우화에 나오는 여우가 끝내 포도를 따 먹는 데 실패하자 "저 포도
는 맛이 실거야"라고 말한 것처럼 말이다. 재판정에서는 누구나 자신이 억울
하다고 말할 수밖에 없다. 재판까지 하게 된 것은 억울하다는 생각 때문인데,
그 바탕에는 자기만의 이해타산이 깔려 있기 때문이다.

정의 카드의 점성학
천칭자리

점성학적 관점에서 정의 카드는 천칭자리에 대응된다. 그리스 신화에 따르면,
정의의 여신은 보통 제우스와 율법의 여신 테미스 사이에서 태어난 아스트라
이아(디케와 동일시된다)로 알려져 있다. 황금시대라 불리는 태초에는 신과 인
간이 지상에서 함께 살았지만, 인간이 점점 악에 물들자 신들은 하늘로 올라
가버렸다. 마지막까지 인간에 대한 따뜻한 애정을 가졌던 아스트라이아 역시
인간들이 전쟁을 일삼자 실망한 나머지 하늘로 올라가버렸다. 그녀의 천칭이

　　　　　　　　　　　　　　　　타로카드 심리학

별자리가 된 건 정의와 공평을 위해 봉사한 그녀의 공적 때문이라고 한다.

오늘날 정의를 의미하는 Justice는 로마 신화에서 정의의 여신인 유스티치아(Justitia)에서 비롯되었다. 그리스에서는 디케(Dike)를 어원으로 하여 법(Dike)과 정의(Dikaion)라고 표현한다.

천칭자리는 12별자리 중에서 일곱 번째 순서로, 기간은 9월 23일~10월 22일 무렵이다. 천칭자리의 천문 기호는 천칭, 즉 수평저울을 형상화한 것이다. 수평저울은 공평, 공정, 조화를 상징하지만, 저울이 균형을 잃으면 일탈과 무책임 그리고 낭비를 의미한다. 특히 천칭자리의 지배성은 금성인데, 금성은 아름다움과 사랑스러움, 예술과 풍요를 상징한다. 그리고 점성학에서 천칭자리는 결혼을 주관한다. 그런 이유로 정의 카드는 애정과 재물에 관련되며, 세부적으로 애정은 이혼, 재물은 권리다툼과 관련하여 해석한다.

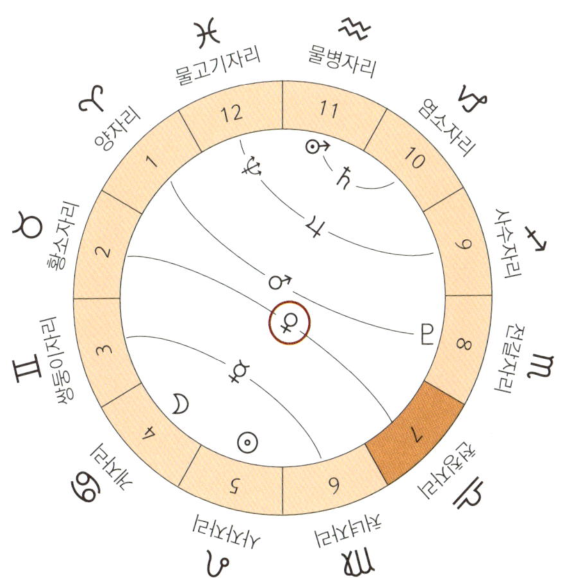

거울카드로 천칭자리가 나왔다면, 나는 타인에게 의무나 공평함을 강조하다가 오히려 그들을 그것으로부터 더 멀어지게 만들지는 않는지, 아름다움이나 물질에 심취한 나머지 균형감각을 잃지는 않았는지 생각해봐야 한다.

정의 카드
상담 활용

:

32세 남자
Q　　**친구가 너무 미워요. 친구 때문에 제 인생이 꼬였어요.**

2년 전 친구에게 천만원을 빌려줬어요. 그 친구는 중학교 때 단짝이었는데, 시골 같은 동네에 살다 서울로 전학을 갔어요. 저는 지방에서 다니던 대학을 자퇴하고 서울에서 컴퓨터 조립 일을 하고 있었는데, 우연히 인터넷 쇼핑몰을 하는 그 친구를 운명처럼 다시 만났어요. 그러니까 2년 전에 그 친구를 만나 최근까지 정말 친하게 지냈어요. 꼭 중학교 시절로 돌아간 것처럼요. 그런데 친구에게 돈을 빌려주고 난 뒤 우리는 서로 적이 돼버렸어요.

친구는 하는 일이 잘되는지 술도 잘 사주고 제 걱정도 늘 해주고 제 말도 잘 들어주어서 늘 고마워했어요. 문제는 제가 대학을 다시 가려고 등록금으로 천만원을 모아놓았다는 사실을 털어놓았는데, 친구가 일주일 뒤에 제게 돈 부탁을 해왔어요. 한달만 쓰고 준다면서 그 돈을 빌려갔는데 차일피일 미루다 석 달 만에 겨우 4백만원을 갚고 아직 6백만원이 남았어요.

제가 올해 사이버대학 봄학기 등록금을 250만원 정도 내야 하는데 친구가 돈을 주지 않아 등록을 못했어요. 너무 화가 나서 엊그제 문자로 막말을 좀 했어요. 친구가 아침에 "미안하다. 되도록 빨리 갚을게"라고 했길래 이왕 이렇게 된 거 그래 이해해주자고 격려의 답장을 보냈어요. 그런데 하루 종일 화가 나서 미칠 거 같은 거예요. 그래서 오후에 다시 "널 용서는 하지만 도무지 이해할 수가 없다"라고 다시 문자를 보냈어요.

사실 제 마음은 '널 이해하지도 용서도 할 수 없다' 딱 이건데, 이렇게 쓰면 너무 심한 거 같아서 자꾸 말을 돌리게 되네요. 제가 마음이 약한가 봐요. 친구가 너무 미워요. 친구 땜에 제 인생계획이 꼬였다는 생각이 들면 당장이라도 내용증명 보내서 법적으로 하고 싶어요. 그런데 예전에 술도 자주 얻어먹었고 동창생들 눈치도 보여서 함부로 할 수가 없네요. 그 친구만 생각하면 화가 나서 미칠 것 같아요. 어차피 봄학기 등록은 실패했으니 가을학기까지 기다려줘도 되는데, 아 지금도 그 친구 생각하면 혈압이 올라요. 왜 참아지지가 않을까요? 요즘은 제게 술을 사준 게 혹시 처음부터 돈을 위한 접근이 아닐까 하는 의심까지 들어요.

일단 빌려준 돈을 돌려받는 것이 궁극적 목적임을 잊지 마세요!

돈은 앉아서 빌려주고 서서 받는다는 말도 있고, 돈을 빌려줄 때는 못 받는다고 생각하고 빌려주라는 말도 있지요. 둘 다 돈에 얽힌 사람의 속성을 잘 말해주고 있다고 생각됩니다.

빌려간 돈을 갚지 못하는 원인에는 크게 두 가지가 있을 겁니다. 첫째는 화장실 갈 때 마음과 나올 때 마음이 다르듯, 돈을 빌려 갈 때는 절박한 마음이지만 그 절박함이 사라지면 처음의 고마움은 잊혀지고 슬쩍 이기적인 욕망이 생기기 때문입니다. 두 번째는 돈을 빌려간 뒤 일이 잘 풀리면 좋은데 그렇지 못한 경우입니다. 이때는 돈을 갚고 싶어도 없는 걸 어쩌겠습니까? 물론 빌려준 사람은 상대가 돈이 없다는 걸 알면서도 무조건 달라고 할 수밖에 없지요. 미루면 미룰수록 상대는 배째라 할 테니 말입니다.

당신이 화가 나는 건 당연합니다. 오로지 대학을 가려고 힘들게 돈을 모았는데, 결국 등록도 못하고 다음 학기를 기다려야 하니 말입니다. 게다가 본인 때문도 아니고 돈을 못 갚은 친구 때문이니 얼마나 짜증이 나겠습니까? 인생이 꼬인다고 말할 만하네요.

하지만 당신 말대로 이왕 이렇게 된 거 가만히 생각해봅시다. 비록 그 친구가 당신의 대학등록 계획은 망가뜨렸지만, 빌려간 돈의 일부는 갚았지 않습니까? 그러니 돈을 갚겠다는 의사가 처음부터 없었다고 볼 순 없겠죠. 또한 "미안하다. 되도록 빨리 갚을게"라고 보내온 문자 역시 돈을 갚을 의사가 있다는 것을 보여주고 있는 것 같고요. 그래서 당신도 이왕 이렇게 된 거

그래 이해해주자고 격려의 답장을 보낸 것일 테고요. 그러니 그 친구에게 기회를 주는 건 괜찮은 판단인 거 같습니다.

물론 당장이라도 내용증명을 보내서 법적으로 하고 싶다고 말한 건 혹시 처음부터 돈을 위한 접근이 아닐까 하는 의심 때문인 것 같아요. 아니면 당신의 인내심 부족일 수도 있겠지요. 배신감이 워낙 컸으니까요.

당신의 문제에 정의 카드를 거울카드로 사용하면, 단호한 결정이 필요하다고 해석할 수 있습니다. 일단 정해진 시간 안에 해결하도록 친구에게 최후통첩을 하세요. 그리고 약속을 받아내되, 그것이 지켜지지 않으면 법적으로 가야겠죠. 정의 카드는 소송이나 관재수를 상징하니까요. 물론 이미 했어야 할 일이긴 합니다.

하지만 그 전에 생각해야 할 게 있어요. 술을 사준 것에 대한 고마움이나 동창생들의 눈치는 논외로 하고, 배신감에 사로잡혀 극단적인 결과가 나올 거라고 단정하고 그것을 근거로 타인이나 미래를 너무 부정적으로 몰고 가진 않는지 생각해봐야 합니다. 또 상대에게 책임감을 강조하면서 상대의 의지마저 꺾는 건 아닌지도 생각해봐야 합니다. 결국은 소송을 하더라도 어르고 달래서 한푼이라도 더 받는 게 먼저 아닐까요?

■ 상담에 적용한 정의 카드의 조언

거울로서의 정의 카드	균형감을 갖춰야 할 뿐만 아니라 단호한 결정을 할 수 있거나 해야 한다고 말해준다.
정의 카드의 방어기제_ 분리·합리화	어떤 문제에 지나치게 집착한 나머지 극단적인 결과를 예상하고, 그 결과를 근거로 타인을 비난하지는 않는지 생각해봐야 한다. 소송(권리다툼·벌금·이혼 등)이나 관재수에 대비하거나 조심해야 한다.
정의 카드의 점성학_ 천칭자리	타인들에게 의무나 공평함을 강조함으로써 오히려 그들을 그것으로부터 더 멀어지게 하지는 않는지 생각해봐야 한다.

타로카드 심리학

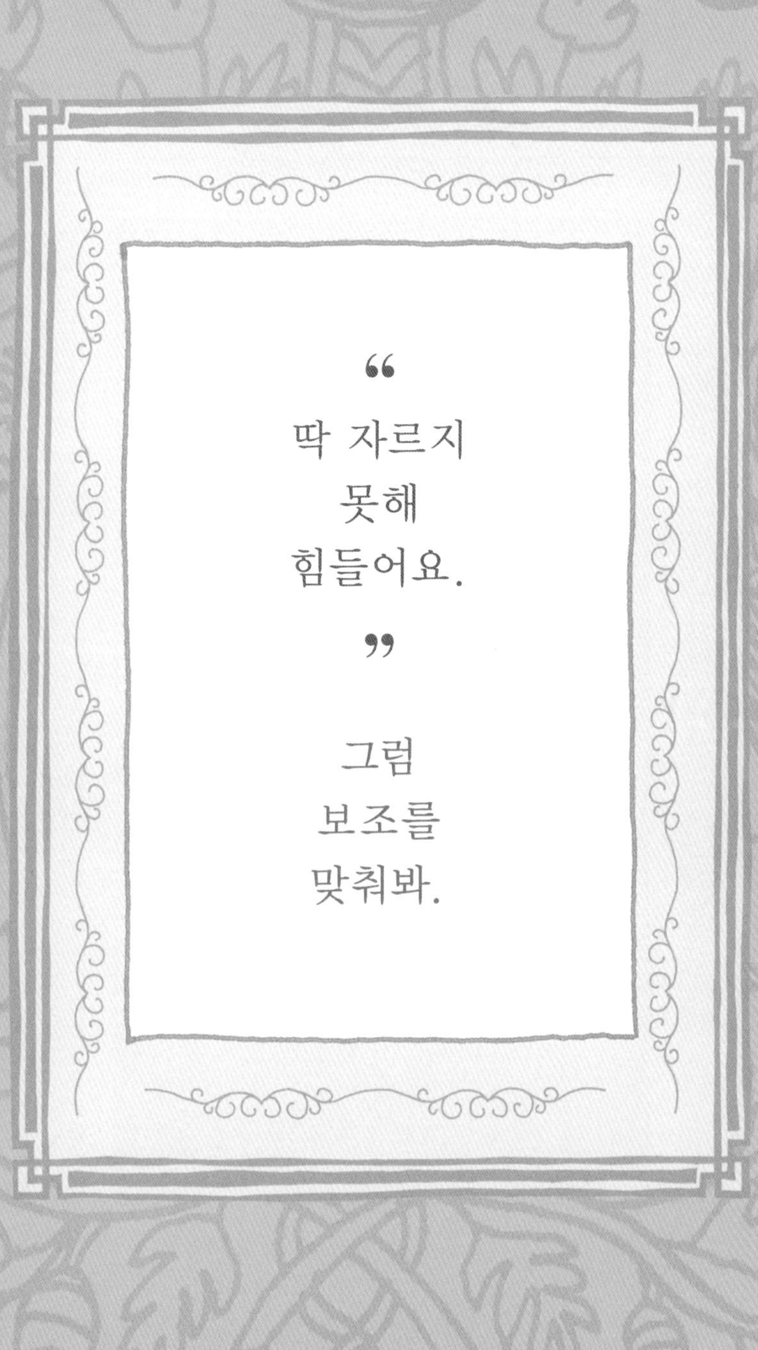
"
딱 자르지
못해
힘들어요.
"

그럼
보조를
맞춰봐.

12_ THE HANGED MAN

12_ 매달린 사람

여행을 떠난 바보가 열두 번째로 만난 사람은 매달린 사람이었다.

그는 나무에 한 발이 묶인 채 위태롭게 거꾸로 매달려 있었다.

그런데 언제 끝날지 모르는 고통을 그는 묵묵히 참고 즐기는 듯 보였다.

누구는 그가 사형수라고 했고, 또 누구는 남의 죄를 대신 뒤집어썼다고 했으며,

어떤 이는 순교자라고 했고, 또 누구는 그가 고행을 한다고 했으며,

다른 이는 그를 실직자라고 했다.

그는 하루에도 몇 번씩 토악질이 나올 때마다 차라리 죽고 싶고 또 죽고 싶지만,

세상을 거꾸로 보고 있으면 지금껏 보이지 않았던 것들이 보인다고 했다.

그럴 때마다 어떻게든 살고 싶고, 또 살고 싶어진다고 했다.

바보가 매달린 사람에게 다가가 물었다.

"산다는 건 뭐죠?"

그러자 매달린 사람은 한참이나 뜸을 들이다가 나지막이 대답했다.

"끊임없이 기다리는 거죠."

바보가 다시 물었다.

"무얼 기다린다는 건가요?"

그러자 매달린 사람이 이를 지그시 악물면서 대답했다.

"내 속에 그것들이 다 비거나 차오를 때까지……."

<h1 style="text-align:center">거울로서의
매달린 사람 카드</h1>

:

거울카드 12번은 매달린 사람이다. 12는 1+2로 한 자리 자연수로는 3이 된다. 매달린 사람에서 3에 대한 회화적 상징은 출산이다. 앞서 1이 아버지라면 2는 어머니, 3은 아이로서 하나의 결과물이라고 했는데, 매달린 사람은 출산시 머리부터 나오는 아이를 연상시킨다. 12가 3으로 거듭남은 죽음과 더불어 새로운 시작을 의미한다. 참고로 타로의 그림은 틈나는 대로 윤회를 강조하고 있다.

매달린 사람은 원래 사형수였지만, 라이더 웨이트 덱에서 처음으로 머리에 후광을 그려넣으면서 단순한 사형수가 아니라 성자로 취급되었다. 보통 예수로 보기도 하지만, 예수와 같은 방식으로 죽을 수 없어 거꾸로 매달려 죽기를 원한 베드로로 보기도 한다.

니체는 다음과 같이 말했다. "날 죽이지 못한 시련은 날 강하게 만들 뿐이다." 우리는 자의든 타의든 살아가면서 고통의 기간을 경험하게 된다. 그 기간은 길 수도 있고 짧을 수도 있다. 감당할 수 없을 정도로 고통스러워서 스스로 목숨을 버리는 경우가 아니면 그 고통은 그만큼 값진 깨달음을 분명히 돌려준다. 그리므로 젊어서 고생은 사서도 한다는 말은 고생과 고통만큼 값진 대가 아니 성장은 없다는 것을 강조하고 있다.

니체의 말을 생각하며 매달린 사람을 보면 6년을 고행하고 단식을 시작한 지 49일 만에 득도한 석가모니, 광야에서 40일간 단식을 하고 세 번의 유혹을 다 이겨낸 예수가 떠오른다. 또 절치부심(切齒腐心)과 와신상담(臥薪嘗膽)이란 고사성어도 떠오른다. 둘 다 상대에게 당한 치욕을 갚기 위해 스스로를 끊임없이 채찍질하고 마음을 다잡는 것을 말한다.

타로카드 심리학

만약 당신의 거울카드가 12번 매달린 사람이라면, 나는 지금 힘들고 앞이 보이지 않는 상황에서 무리하게 탈출하려 안간힘을 쓰고 있거나, 하늘을 원망하며 실의에 빠져 있지는 않는지 한번 생각해봐야 한다.

세상의 고통은 그 원인이 쉽게 드러나지 않을 때가 많고, 아무리 노력해도 그만큼의 성취가 이루어지지 않을 때가 많다. 그럴 땐 새로운 기회가 오거나 상황이 나아질 때까지 기다릴 수밖에 없다. 정신만 잃지 않는다면 고통은 자신을 다시 살 수 있게 증오를 비우게 하기도 하고, 사랑을 채워주기도 한다.

한편 거울카드로서 매달린 사람은 인내와 끈기 또는 희생을 요구한다. 인내와 끈기는 세상 모든 일이 우리가 원한다고 일사천리로 이루어지지 않는다는 것을 통해 겸손을 가르쳐주며, 희생은 대가를 바라지 않을 때 더욱 빛난다는 것을 우리에게 충고한다.

매달린 사람 카드의
방어기제

:

01 이상화

12번 매달린 사람은 여러 방어기제 중에서 먼저 이상화와 관련지어 생각해볼 수 있다. 이상화란 불가능을 모르는 사람으로서 영웅이나 순교자의 삶을 추구하는 경향을 보인다. 예를 들어, "그 사람은 도덕적으로 완벽하다"라거나 "우리 학교가 최고다"라는 식으로 뭔가를 극단적으로 치켜세우는 것이다.

하지만 그렇게 말하는 이유는 있는 그대로의 자신을 수용하지 못하고 자신이 더 완벽해져야 자존감을 유지할 수 있다는 잘못된 믿음에서 출발한다. 이는 어릴 때 부모를 완벽한 존재로 본 아이의 정서가 그대로 남아 있는 것으로, 가장 완전한 부모를 가장 안전한 보호처로 여긴 까닭이다. 그러므로 이들은 영웅이 아니면 순교를 택할 수밖에 없는 것이다. 라이더 웨이트 덱에서 매달린 사람은 머리에 후광(halo)이 그려져 있어 순교자로 간주되기도 한다.

02 억제

또한 12번 매달린 사람은 여러 방어기제 중에서 억제와 관련지을 수 있다. 억제는 건강한 사람들에게서 흔히 나타나는 성숙한 방어기제로, 갈등상황에서 욕구 분출을 적절히 다룰 수 없을 때 일단 참거나 지연시키는 것을 말한다.

　억제는 또 다른 방어기제인 억압과 조금 혼동될 수 있다. 억압이 용납하기 어려운 불편한 감정을 무의식 속으로 밀어넣는 것이라면, 억제는 그 원인을 이해하고 통제하는 것이다. 이해하기 쉽게 예를 든다면, 억압은 근친상간의 욕구 즉 자신의 어머니와 성관계를 맺는 생각이 드는 즉시 그 생각을 의식의 단계를 거치지 않고 무의식 저편으로 몰아내는 것이다. 하지만 억제는 만원 지하철에서 여성의 성적 부위를 만지고 싶은 충동을 의식적으로 참는 것을 말한다. 이처럼 억제가 욕구 분출을 의식적으로 참거나 지연시키는 것이라고 볼 때, 인내와 끈기는 억제의 행동방식이다.

앞서 1번 마법사 카드에서도 설명했지만, 강태공은 자신을 알아줄 위인을 만나기 위해 낚시를 하면서 무려 20여 년을 기다렸고, 지방 호족 출신으로 일본에도 막부의 초내 쇼군이 된 도쿠가와 이에야스는 도요토미 히데요시가 죽을 때까지 무려 7년이나 기다렸다. 또한 고사 와신상담의 주인공인 월나라 구천은 오나라 부차를 생포하여 자살하게 만들기까지 20년이라는 세월이 걸렸다.
　위의 에피소드들은 억제가 건강한 사람의 방어기제로서 스스로 자신의 불안한 감정을 충분히 의식하고 제어할 수 있게 해준다는 사실을 말해준다. 하지만 흥미롭게도 그 불안을 이겨낼 수 있었던 이유는 그 고통에 상응하는 개인적 목적이나 대가 때문이라는 해석도 있다.

　　　　　　　　　　　　　　　　　　　　타로카드 심리학

한편 보통 매달린 사람이 예수나 베드로로 해석된다는 점에서 그의 고통은 순교나 희생으로 간주될 수 있다. 즉, 어떤 목적이나 대가를 위해서가 아니라 스스로 고통 속으로 걸어 들어갔다는 것이다. 이것은 앞서의 예들과 달리 자신의 개인적 이익을 바라지 않았기에 또 다른 방식의 억제로 볼 수 있다.

만약 거울카드로 매달린 사람이 나왔다면, 나는 지금의 고통을 고통으로만 인식하는 것은 아닌지 생각해봐야 한다. 또한 지금의 기다림이 나의 개인적 이익을 위한 것인지, 희생을 위한 것인지, 나에게 근본적인 동기는 무엇인지 생각해봐야 한다. 또한 나는 늘 남들보다 참는 것에 익숙하고 또 그 참을성은 상대를 배려하기 때문이라고 생각했다면, 혹시 그 배려 속에 나도 모르는 상대에 대한 방관이나 방임 혹은 포기가 숨어 있지는 않는지 생각해봐야 한다.

한편 거울카드가 매달린 사람이라면, 자의든 타의든 지금의 일이 앞으로 정체될 수 있다는 것을 의미한다. 또한 당면한 문제에 대해 지금의 생각과 반대 관점에서 한번 바라보도록 주문하는 것일 수도 있다.

03 신체화

마지막으로 12번 매달린 사람은 여러 방어기제 중에서 신체화와 관련지어 생각해볼 수 있다. 신체화는 심리적 불안이나 스트레스를 억압하거나 억제하는 과정에서 정신에너지가 신체적 증상으로 표현되는 미성숙한 방어기제다.

신체화는 억압이든 억제든 심리적 수용능력이 한계에 도달하여 그 압력이 어디론가 빠져나갈 수밖에 없을 때, 그 스트레스가 마음에서 육체로 이동하는 것이다. 학교 가기 싫은 아이가 갑자기 열이 나거나, 김치를 싫어하는 아이에게 김치를 먹이려고 할 때마다 목이 붓는 것 등이 좋은 예이다.

프로이트는 신체화의 사례로 안나 오라는 여성에 대해 소개하였다. 그녀는 아버지를 간호하다 건강이 나빠졌는데, 환시와 환각 그리고 마비증세까지 경험한다. 사실 그녀는 병간호를 그만두고 싶었지만 그때마다 죄책감을 느꼈고, 그 죄책감이 신체화로 나타난 것이다.

카드 속 매달린 사람의 발목을 보고 있으면 그가 겪고 있는 고통이 고스란히 느껴진다. 발목 하나로 온몸의 엄청난 무게를 지탱하고 있기 때문이다. 이 남자는 오랫동안 자신의 욕망을 억압하고 억제하면서 살아가야 한다. 그 압력은 언제 끝날지 알 수 없다. 압력을 잘 통제하고 승화시키면 머리 뒤 빛나는 후광이 암시하듯 성자가 되겠지만, 가중되는 압력을 통제하는 데 실패하면 그 압력은 폭발하여 결국 온몸으로 전이될 것이다.

만약 거울카드로 매달린 사람이 나왔다면 이유 없이 몸에 이상한 증상은 없는지, 있다면 그것이 혹시 신체화는 아닌지 생각해보고, 나는 늘 너무 참고 억누르고 사는 건 아닌지도 생각해봐야 한다. 그리고 나는 너무 자주 죄책감을 느끼는 것은 아닌지 한번쯤 생각해봐야 한다. 또한 거울카드로 매달린 사람이 나왔다면 건강상 발목을 조심하라는 예고이기도 하다.

<h2 style="text-align:center">매달린 사람 카드의 점성학
해왕성</h2>

점성학적 관점에서 매달린 사람은 해왕성에 대응된다. 해왕성은 누가 처음으

타로카드 심리학

로 발견했는지를 두고 논란이 있었다. 1845년 영국의 수학자이자 천문학자인 존 애덤스(John Couch Adams)가 해왕성의 궤도를 계산해낸 것을 시작으로 1846년에는 프랑스 과학자인 위르뱅 르베리에(Urbain Leverrier)가 존 애덤스와는 별도의 계산에 따라 해왕성의 위치를 추정하였다. 그리고 같은 해 독일의 요한 갈레(Johann Galle)는 이들이 예측한 위치에서 8등급의 별을 발견해냈다. 진짜 발견자가 누구냐는 논란 끝에 지금은 세 사람이 모두 공동 발견자로 평가받고 있다.

참고로 1940년에 발견된 넵투늄(Neptunium)이라는 원소는 해왕성의 이름인 넵튠(Neptune)에서 유래한 것이다. 이것은 새롭게 발견된 행성의 이름을 원소의 이름으로 사용하는 관습을 따른 것이다.

해왕성은 바다의 신이라는 의미가 있다. 즉, 로마 신화의 넵투누스(Neptunus)로서 그리스 신화의 포세이돈에 해당한다. 천문 기호는 넵투누스의 삼지창을 형상화한 것이며, 이 삼지창은 물질(십자)을 초월하는 마음 또는 감수성(초승달 모양)을 의미한다.

해왕성은 거대한 얼음 행성으로 알려져 있으며, 초월, 감성, 이상, 꿈, 마취, 몽상, 도취, 연민, 혼돈, 은둔 등을 상징한다. 천왕성이 과학적 영감이라면, 해왕성은 예술적 영감에 가깝다. 해왕성이 지배하는 물고기자리 역시 감성, 낭만, 신비, 희생, 순결 복종 등을 상징하며 영매와 관련이 있다.

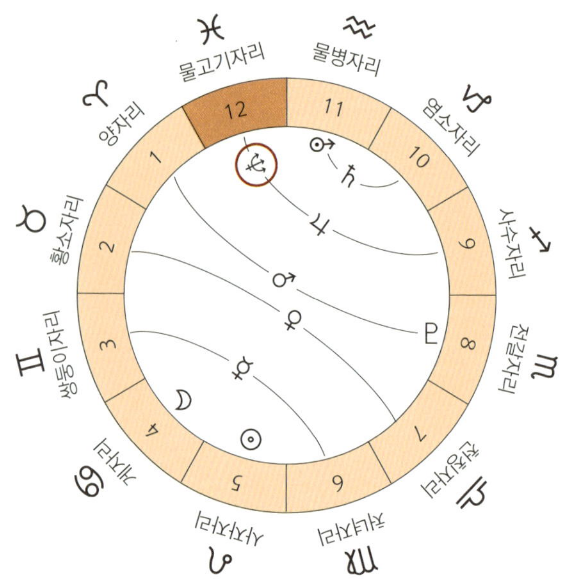

거울카드로 매달린 사람 카드가 나왔다면, 혹시 나는 물질이나 돈에 너무 집착한 나머지 따뜻한 감성을 잊어버리진 않았는지 생각해봐야 한다. 또한 혼자만의 망상에 사로잡혀 현실감각을 잃어버리지는 않았는지도 생각해봐야 한다. 한편 매달린 사람은 당면한 문제를 해결하기 위해 영감이나 직관을 좀 더 적극적으로 사용해도 좋다는 것을 의미한다.

매달린 사람 카드
상담 활용

:

53세 남자
Q / 두바이에 사업장을 새로 열었는데 아직 수입이 없어요. 제가 그곳에 가야 할까요?

저는 인도 사람으로 현재 한국에 모든 가족이 살고 있고 명동에 제 사무실이 있어요. 그간 인도와 한국을 오가며 의류무역업을 해서 돈을 많이 벌었어요. 지금도 먹고 사는 건 지장이 없어요. 하지만 아시다시피 한국의 경기도 예전 같지 않아 2년 반 전에 두바이에 모바일 사업장을 열었어요. 아직까지 이렇다 할 수입은 없고 돈이 조금씩 계속 투자되고 있는 상황입니다.

요즘은 내 운이 이제 내리막길에 다다른 건 아닌지 불안감을 느낍니다. 어차피 한국에서는 더 이상 성장 가능성이 없고 두바이 사업장이 정체에 빠져 있는 현실이라면, 제가 두바이로 가서 직접 사업장을 감독하는 게 맞는 것 같습니다. 두바이는 그래도 여기보다 성장 가능성이 높기 때문이죠.

그런데 가족이 전부 그곳으로 가려다 보니 아내나 아이들이 좀 걸려요. 아내는 한국의 기후환경이 자신의 건강에 도움이 된다고 믿고 있고, 아이들 역시 한국문화에 이미 익숙해져 두바이로 가길 거부합니다. 일전에 사업점검차 아이들을 두바이로 몇 번 데리고 갔는데 통 적응을 못합니다. 한국에 돌아갈 날만 손꼽아 기다리더라고요. 그렇다고 가족을 이국에 두고 또 다른 이국으로 가자니 제 불안함이 커요. 어떻게 하는 게 나을지 좀 답답합니다.

아직까지는 막다른 길이 아니라 정체기로 봤으면 합니다!

한국에서 돈을 많이 벌었다니 당신이 흘린 땀과 노력에 박수부터 쳐주고 싶네요. 세상에 영원한 건 없지요. 좋은 일과 나쁜 일이 끊임없이 반복됩니다. 한국의 경기가 지금보다 더 나빠지지 않는다거나, 당신의 자금사정이 지금보다 악화되지 않는다고 그 누구도 장담할 순 없을 겁니다. 성장이 멈추는 순간 사업은 이미 접을 때를 한참 놓친 것이라는 말이 있는데, 당신의 사업이 현재 주춤하고 있으니 그 불안감이 생각보다 클 듯합니다.

두바이에서 새로운 사업을 시작한 것은 잘한 일이라고 봅니다. 비록 지금 수입은 나지 않지만, 투자 없는 결실 없고 모험 없는 대박 역시 없겠죠. 나아가 누구나 미래를 안다면 안정된 사업은 더더구나 존재할 수 없을 겁니다. 그러니 이미 벌여놓은 사업은 믿고 가는 수밖에요. 당신이 두바이쪽 사업을 직접 지휘해야 하는데, 부인의 건강과 아이들의 적응이 문제군요.

거울카드로서 매달린 사람은 인내와 끈기 또는 희생을 요구합니다. 인내와 끈기는 세상 모든 일이 우리가 원한다고 해서 일사천리로 이루어지지는 않는다는 사실을 통해 겸손을 가르쳐주고, 희생은 대가를 바라지 않을 때 더욱 빛난다는 사실을 우리에게 충고해줍니다. 그러니 현재 상황을 내 의지로 모두 해결할 수 있다는 오만함을 경계해야 합니다. 제 생각에는 두바이에 가는 것을 서두르지 않았으면 합니다. 만약 간다고 하더라도 아내와 아이들이 그곳에 적응할 수 있는 계획부터 준비해야 할 것으로 보입니다.

또한 매달린 사람은 당면한 문제에 대해 현재 생각과 반대의 관점으로 바라볼 것을 주문합니다. 그러므로 당신이 그쪽으로 가지 않고 그쪽 관리자가 한국으로 자주 오도록 사업을 지휘하는 방법이나 한국에서 효율적으로 두바이 사업장을 관리할 수 있는 방법을 고민해봐야 합니다.

한편 매달린 사람은 당면한 문제를 해결하기 위해 영감이나 직관을 적극적으로 사용해도 좋다는 의미입니다. 그러니 이 문제에 대해 가족의 일회성 충고나 주변의 말도 안 되는 제안들도 가볍게 넘기지 말았으면 합니다.

한국 속담에 '넘어진 김에 쉬어 간다'는 말이 있습니다. 이는 자의든 타의든 정체기는 자신을 돌아볼 좋은 기회이고 필요한 공부를 할 수 있는 좋은 때라는 뜻이기도 합니다. 두바이 사업에 돈이 계속 투자되고 있는 상황이긴 하지만 아직은 막다른 길이 아니라 정체기로 봤으면 합니다. 아무튼 사업이 번창하길 빕니다.

■ 상담에 적용한 매달린 사람 카드의 조언

거울로서의 매달린 사람 카드	인내와 끈기 또는 희생이 필요하다. 인내와 끈기는 세상 모든 일이 우리가 원한나고 일사전리로 이루어지지 않는다는 사실을 통해 겸손을 가르쳐주고, 희생은 대가를 바라지 않을 때 더욱 빛난다는 것을 충고한다.
매달린 사람 카드의 방어기제_ 이상화·억제·신체화	① 이상화 : 아이와 함께 가야 완벽한 아버지와 사업가의 모습이라고 과도하게 믿고 있진 않는지 생각해봐야 한다. ② 억제·신체화 : 당면한 문제에 대해 지금의 생각과 반대 관점에서 바라보도록 주문하는 것일 수도 있다..
매달린 사람의 점성학_ 해왕성	당면한 문제를 해결하기 위해 영감이나 직관을 좀 더 적극적으로 사용해도 좋다는 것을 의미한다.

타로카드 심리학

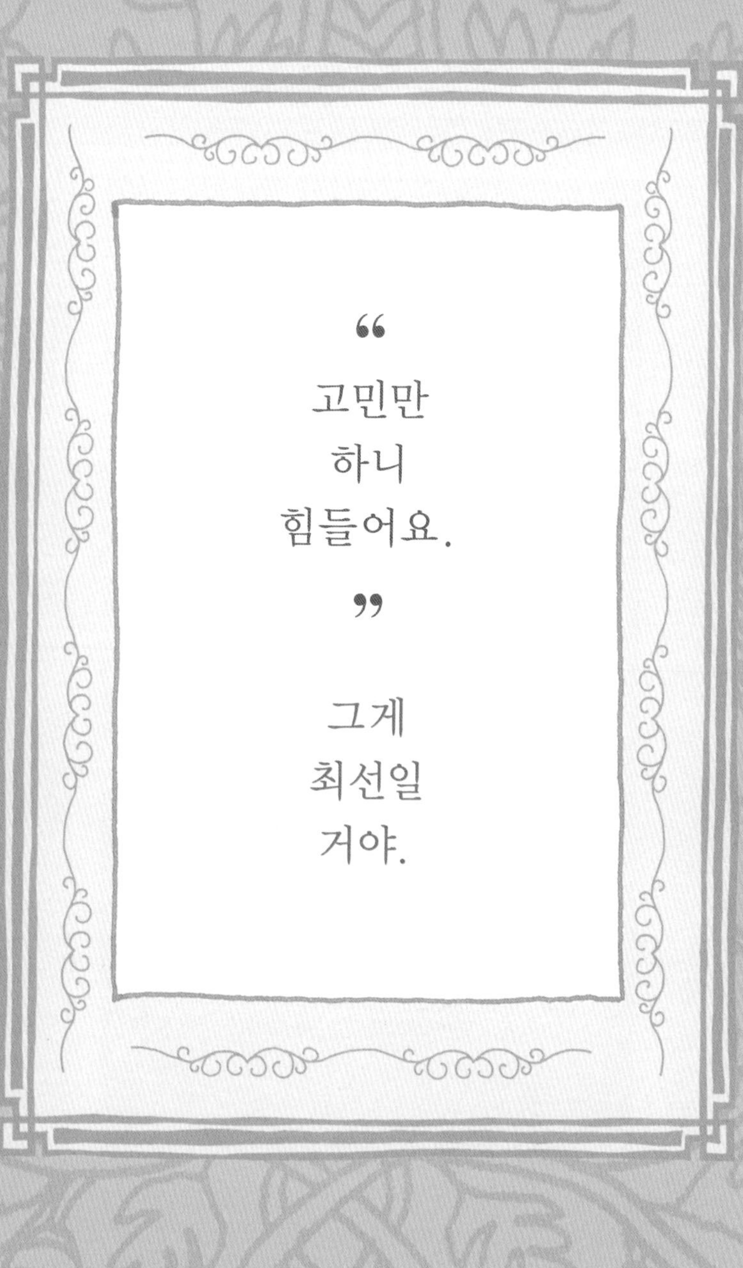
"
고민만
하니
힘들어요.
"

그게
최선일
거야.

13_ DEATH

13_ 죽음

여행을 떠난 바보가 열세 번째로 만난 것은 죽음이었다.

죽은 사람은 관 속에 누워 말이 없었다.

기쁨도 슬픔도 고통도 모두 끝난 듯했고, 고요하다 못해 편안해 보였다.

그가 어떻게 죽었든, 그가 무엇을 위해 살았든, 그가 마지막까지 무엇을

이루려 했든, 그런 건 이미 의미를 잃은 지 오래였다.

주위의 슬픔도, 주위의 평가도, 그가 여태까지 남긴 그 어떤 흔적도

그저 남겨진 사람들의 것이었다.

바보가 관 속의 주검을 보며 한 발 다가섰다.

그리고 혼잣말로 중얼거렸다.

"산다는 건 뭘까요……?"

기대도 하지 않았지만 역시나 죽은 사람은 말이 없었다.

바보는 다시 중얼거렸다.

"죽음을 만나는 것일 테죠."

그리고선 한참 동안 주검을 바라보다 바보가 다시 중얼거렸다.

"장미는 시들어 씨앗을 남기고 그 씨앗은 또 장미를 피우듯,

죽음은 또 다른 삶일까요?"

거울로서의
죽음 카드

:

거울카드 13번은 죽음이다. 13은 1+3으로 한 자리 자연수로는 4가 된다. 타로카드에서 4번 카드는 황제다. 과연 죽음은 숫자 4 그리고 황제와 어떤 관계가 있을까? 4는 사각형으로 완전한 질서나 통제를 나타내거나, 꼭짓점이 4개인 삼각뿔로서 물질을 나타낸다. 한편 황제는 최상위 통치자이지만 항상 암살 위험에 노출되어 있고, 자신의 자리를 지키기 위해 많은 사람의 목숨을 빼앗기도 한다. 또한 황제가 땅이나 물질의 주인이라면, 죽음은 그것들을 하루 아침에 전부 잃어버릴 수도 있다는 것을 의미한다. 따라서 황제에게 죽음은 그가 가진 막강한 권력의 기초이자 실권의 근거이므로 죽음은 황제와 밀접한 관계를 지닌다.

한편 4는 건설의 의미도 가지고 있는데, 4와 수비학적으로 대응되는 13이 파괴를 뜻하지만 동시에 파괴는 또 다른 건설을 의미하므로 4와 13은 매우 깊은 관계가 있다.

보통 타로에서 죽음은 새로운 시작이라는 인식이 강하다. 이는 타로가 윤회사상을 밑바딩에 깔고 있기 때문이다. 하지만 우리 중에서 누구도 죽어보지 않았기 때문에 죽음이 정말 새로운 시작인지는 알 길이 없다. 다만, 우리 자신은 부모로부터 왔고 부모는 그 부모로부터 왔기에 현재는 과거의 결과물이고, 과거는 두 번 다시 돌아갈 수 없다는 사실만은 분명하다.

이러한 윤회의 생명관은 동식물에서도 발견할 수 있다. 예를 들어, 장미가 시들어 씨앗을 남기고 그 씨앗은 또 다시 장미를 피운다는 사실에서도 죽음은 곧 새로운 시작임을 알 수 있다.

타로카드 심리학

죽음이 새로운 시작임을 알려주는 이야기로 살신성인(殺身成仁)의 에피소드를 하나 소개한다. 중국인 선교사 오봉(吳鳳)이 대만의 오지마을을 찾아가 선교를 하게 되었는데, 진심이 통했는지 그 지역 원주민들에게 사랑과 존경을 한 몸에 받게 되었다.

그런데 그 원주민들에게는 새해가 될 때마다 사람의 목을 제물로 바치는 악습이 있었다. 이를 안타깝게 여긴 오봉은 원주민을 달래고 얼러 두 해 동안 제사를 무력화시켰다. 하지만 3년째가 되던 해에는 더 이상 원주민의 원성을 막을 수 없어 제사를 지내는 것에 동의하고 말았다. 누가 됐든 또 한 명의 희생자가 생겨날 것을 우려한 오봉은 원주민에게 한 가지 당부를 했다. 모일 모시에 붉은 모자와 옷을 입은 사람이 내가 일러주는 길을 지나갈 것이니 그의 목을 베어 제사를 지내라는 것이었다. 그날이 되자 원주민은 오봉의 말을 따라 길 가던 사람의 목을 베었는데, 놀랍게도 그 사람은 바로 오봉이었다. 이 일을 계기로 크게 깨달은 원주민들은 그 동안의 악습을 버리고 오봉의 기일마다 붉은 옷을 입고 그를 기렸다고 한다.

이 이야기를 통해 우리는 비록 오봉은 죽었지만 그의 부르짖음이 살아 있을 때보다 더 커졌다는 것에서 죽음은 곧 새로운 시작임을 분명히 느낄 수 있다. 다시 말해서 오봉은 죽음을 통해 자신의 의지를 관철한 것이요, 또 자신의 신념이 살아서 지속되게 한 것이다.

또 다른 측면에서도 죽음은 곧 새로운 시작이라고 생각해볼 수 있는데, 바로 '저승이 있는가?'라는 의문에서 출발한다. 종교적 입장에서는 내세가 존재한다고 믿기 때문에 죽음은 죽음으로 끝나지 않는다. 어떤 형태로든 이승의 삶은 신의 섭리에 의해 평가받는다. 즉, 죽음은 죄를 묻고 벌을 내리니 두려움이 될 수도 있고, 또 선행에 대해 보상해주니 기쁨이 될 수도 있다. 따라서 죽음은 죽음 그 자체를 인식시키는 동시에 우리에게 어떻게 살 것이냐고 묻고 있다. 이로써 죽음은 단순히 죽음의 문제가 아니라 동시에 삶의 문제로 인식되는 것이다.

죽음은 생의 탈출구나 자유의 공간으로 비유되기도 한다. 리처드 바크의 소설『갈매기의 꿈』을 보면, 주인공인 갈매기 조나단은 단지 먹이사냥을 위해 비행을 하는 것이 아니라 진정한 자유를 얻기 위해 비행술을 익힌다. 조나단이 아주 높은 창공에서 노니는 스승 설리반에게 "왜 이곳에는 다른 갈매기들이 보이지 않나요?"라고 묻자, 설리반은 다음과 같이 대답한다. "우리는 지금 이 세상에서 배우는 것을 통해 다음 세계를 선택할 수 있단다. 지금 아무것도 배우지 않으면 다음 세계가 주어지더라도 별로 새로울 것이 없지 않겠니?"

조나단에게 배움이란 단지 노력만을 요구하는 게 아니라 죽음의 위험까지도 요구하는 것이다. 여기서 작가는 우리에게 죽음마저 받아들이는 노력을 보여주면서 죽음은 종말이 아니라 준비된 자들의 관문이라는 것을 깨닫게 해준다. 여기서 다시 한번 죽음은 우리에게 "어떻게 죽을 것이냐?"가 아니라 살아있는 동안 "어떻게 살 것이냐?"라고 역설적으로 반문하는 듯하다.

만약 당신의 거울카드가 13번 죽음이라면, 나는 지금 내가 가진 모든 것들이 영원할 거라고 믿고 있진 않는지 한번 생각해봐야 한다. 또한 나는 내가 결대 해결할 수 없다고 빙치한 분제를 해결하기 위해 목숨 걸고 덤벼본 적이 있는지, 또는 내가 추구하는 삶의 목적이나 목표가 과연 목숨을 걸 만한 것인지 다시금 생각해봐야 한다. 내가 하는 일이 죽음으로 끝나지 않고 저 세상까지 연결된다면 난 죽기 전까지 어떻게 살아야 할지 고민해봐야 하고, 나의 죽음이 남아 있는 이들에게 조그마한 의미(새로운 시작)라도 부여할 수 있는지 한번쯤 생각해봐야 한다.

한편 거울카드로서 죽음 카드는 주변에 상을 당하는 사람이 생기거나 치명

타로카드 심리학

적인 사고나 병에 걸리는 것을 암시한다. 또한 추진하던 일이나 사업을 그만두고 새로운 일을 시작할 수도 있다. 그 무엇보다 죽음 카드는 우리에게 인생 전체를 통째로 다시 생각할 것을 주문한다.

죽음 카드의 방어기제
승화

:

13번 죽음은 여러 방어기제 중에서 승화와 관련지어 생각해볼 수 있다. 승화는 건강한 사람들에게서 흔히 나타나는 성숙한 방어기제다. 어떤 목적이나 대상을 향한 해롭거나 충동적인 욕망을 예술, 문화, 종교, 과학, 일, 스포츠, 유머 등 사회적으로 가치 있는 분야로 옮겨 놓는 것이 승화다.

　여기서 자신의 불행과 고통을 예술작품으로 승화시킨 한 사람을 소개한다. 일명 땡땡이 화가로 잘 알려진 일본의 설치미술가 쿠사마 야요이는 의붓가정에서 태어나 어머니로부터 잦은 폭력과 학대를 당했고, 그로 인해 심한 정신분열증과 편집증으로 원형의 점들이 떠다니는 환시를 체험하게 되었다. 하지만 그녀는 자신에게 고통을 준 가족을 비난하는 데 에너지를 쏟기보다 미술작업에 몰두하면서 세계적인 예술가로서 명성을 얻었다. 현재 80대 후반의 나이에도 작업실과 그 근처 정신병원을 오가며 작업하고 있다.

우리는 종종 매스컴에서 자신을 괴롭힌 사람에게 복수하고 싶은 마음이 생길 때마다 불우한 이웃을 도우며 복수심을 누그러뜨리거나, 오히려 자신같이 상처받은 사람을 치유하는 전문가로 거듭나는 사람을 접하곤 한다. 이들의 경우 처음에는 복수심을 누르는 것이 목적이었지만 불우한 이웃에 대한 관심이라는 사회적 가치로 목적이 바뀌었고, 다시 치유전문가라는 직업으로 승화시킨 것이다. 앞서 소개한 중국인 선교사 오봉이 개인적 의지를 죽음이라는 수단을 통해 사회적 가치로 승화시킨 것 역시 마찬가지다.

거울카드로 죽음이 나오면, 나는 내게 고통을 준 사람에게 복수할 생각 때문에 오히려 나 자신을 더 괴롭히는 건 아닌지 생각해봐야 한다. 만약 누군가를 증오하거나 심한 배신감 혹은 수치심을 느낀다면, 그 배신감이나 상실감에 직접적으로 대처하기보다 사회적으로 가치 있는 일을 통해 스스로를 좀 더 긍정적으로 발전시키는 방법을 고민해봐야 한다.

죽음 카드의 점성학
전갈자리

:

♏

점성학적 판섬에서 죽음 카드는 전갈자리에 대응된다. 그리스 신화에 따르면, 바다의 신 포세이돈의 아들이자 힘센 사냥꾼인 오리온이 "이 세상에서 나보다 강한 자는 없다"고 거만하게 자랑하고 다녔고, 이 말을 듣고 화가 난 헤라가 그를 죽이려고 전갈을 풀어놓았다고 한다. 사실 오리온은 전갈에게 죽임을 당한 게 아니라 자신의 애인인 달의 여신 아르테미스가 쏜 화살에 맞아 죽었지만, 전갈은 공로를 인정받아 하늘의 별자리가 되었다고 한다.

또한 태양신 헬리오스의 아들 파에톤이 아버지 몰래 불의 전차를 몰다가

타로카드 심리학

전차를 통제하지 못해 지상 곳곳을 불태웠는데, 그 이유는 말이 전갈자리의 전갈을 보고 놀랐기 때문이라고 한다.

전갈자리는 12별자리 중에서 여덟 번째 순서로 기간은 10월 23일~11월 21일 무렵이다. 천문 기호는 전갈자리의 꼬리를 형상화한 것이다.
　　전갈자리는 현대점성학에서는 명왕성이 지배성이지만 고전점성학에서는 화성이 지배성이었는데, 화성의 공격적 본능을 남성의 성적 본능과 대응시켰기 때문에 전갈자리는 남근과 관련되었다.

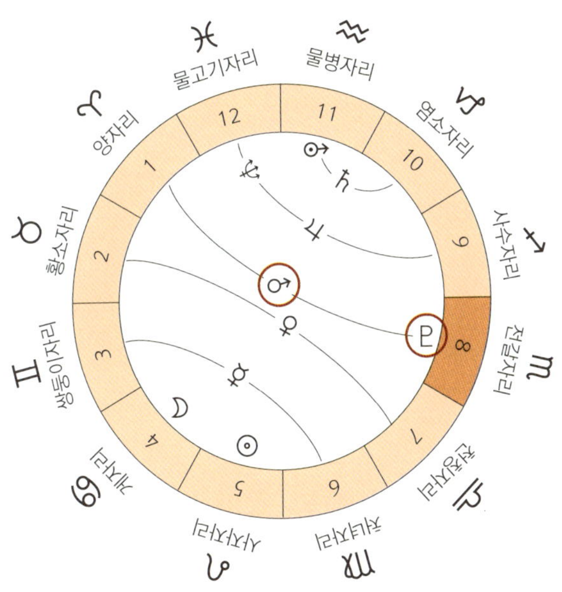

특히 전갈의 치명적인 독은 죽음과 사후세계 혹은 지하세계와 연관되어 긍정적으로는 재생의 의미를, 부정적으로는 파괴, 살해, 잔혹, 냉혹, 부조리의 의미

를 내포한다. 특히 지하세계는 조폭이나 검은 배후를 상징하고, 여기에 남근과 지하세계가 합쳐져 윤락가, 성폭행, 감금, 은폐, 항문, 비밀 등으로 의미가 확장되었다. 그리고 전갈의 기호 M자는 돈을 상징하기도 하는데, 돈과 지하세계가 합쳐져 생긴 의미로 고리대금업이나 검은 돈 등이 있다.

라이더 웨이트 덱의 죽음 카드에서는 해골이 왕을 쓰러뜨리고 교황을 무섭게 내려다보고 있고, 교황은 해골을 향해 빌고 있다. 해골은 악으로 지하세계를 대변하며, 그가 들고 있는 깃발은 검은 바탕에 백장미가 그려져 있는데 이역시 지하세계를 대변한다. 그 시절 교황이 판매한 면죄부는 검은 돈이었으며, 이는 전갈자리의 상징이기도 하다.

정리하면, 점성학 관점에서 죽음카드는 성, 파괴, 지하세력, 검은 돈 등을 상징하는데, 전갈자리의 기질이 너무 지나치면 죽음, 파괴, 냉혹, 폭로 등의 부정적 기질을 보일 수도 있다.

거울카드로서 전갈자리가 나왔다면, 나는 너무 파괴적이거나 냉혹하지 않은지 생각해봐야 한다. 또한 성적 쾌락만을 쫓거나 돈이나 성적관계를 이용해 타인을 이용하는 건 아닌지, 아니면 모든 문제를 검은 돈으로만 해결하려는 건 아닌지 생각해봐야 한다.

죽음 카드
상담 활용

:

26세 남자
Q / **매일 죽고 싶다는 생각을 합니다. 어떻게 해야 할까요?**

저는 올해 군대를 제대했습니다. 가을에 지방 K대학에 복학해야 하는 26살 남성입니다. 복학을 하면 2학년이 됩니다. 전 심리학을 전공하고 싶었지만

　　　　　　　　　　　　　　타로카드 심리학

성적이 좋지 않아 불가능했고, 일단 무슨 과든 대학은 들어가야 한다는 생각에 노어노문학과를 들어갔습니다. 러시아에 대해 아는 것은 공산주의나 푸틴밖에 모르는 상태에서 말입니다.

노어학은 러시아 문학을 배우는 거지만, 어문학과가 다 그렇듯 언어능력은 물론이고 러시아의 경제, 문화, 사회 등에 대해서도 많은 공부가 필요합니다. 정 공부가 안 되면 나중에 전과나 편입을 하면 된다고 제 자신을 안심시켜왔지만, 다른 학생들 역시 그쪽에 관심이 많아서 그런지 학업 성취도가 저와는 너무나 차이가 났습니다. 그러다 보니 저는 친구들과 수업에 관한 이야기조차 할 수 없을 정도로 힘들어졌고, 결국 자포자기하는 상황까지 오고 말았습니다. 한마디로 적성이 맞지 않아 1학년을 통째로 지옥에서 보냈습니다.

그런데 요즘 걱정이 많아 잠이 오지 않을 지경입니다. 미래가 너무 암담하게 느껴집니다. 복학을 해야 하는데, 일단 거액의 등록금을 마련하는 것부터 걱정입니다. 제대하고 한달도 지나지 않아 친구들이랑 술 먹고 취해서 집에 돌아오다가 도난 오토바이에 치여 다리가 골절되었는데, 운전자가 도망가버리는 바람에 치료비를 고스란히 부모님이 부담했어요. 제 등록금 하려고 마련해둔 돈이 치료비로 다 들어가버렸어요. 아버지가 하시는 하우스농사도 잘 안 되는 바람에 빚이 더 늘어가고 있는 상황에 말이에요. 설상가상으로 어머니마저 허리에 이상이 있어 일도 못하고 수술도 못해 거의 집에 드러누워 계시다시피 하는데 말입니다. 이런 상황에서 내게 대학이 무슨 소용이 있나 싶어서 정말 미칠 거 같습니다. 앞으로 3년이나 남았는데 등록금을 전부 알바로 해결할 수도 없고…….

제가 꼭 죄인 같아 부모님 얼굴 보기가 힘듭니다. 두 분은 고생하시는데 성적은 물론이고 이렇게 걱정만 끼치고, 정말 제가 기생충 같다는 생각만 듭니다. 고등학교 때부터 부모님은 장남이라고 제게 투자를 무지 했는데 성적은 늘 시원찮고, 그렇다고 원하는 학과에 들어가지도 못하고, 지금 다니는 학과도 미래가 없고, 또 부모님께는 미안해서 대학을 때려치운다고도 못하겠고……. 이런 제 자신이 너무 미워 한번은 자살까지 시도했다가 애꿎은 병원비만 날렸어요. 사는 것도 버거워하는 놈이 죽는 건 또 오죽하겠습니까? 두렵습니다. 어떻게든 복학은 하겠지만, 학교생활을 어떻게 해 나가야 할지 걱정이 태산입니다. 입에 붙지 않는 노어, 그럴 때마다 한심해할 교수님과 저를 불쌍하게 쳐다볼 낯선 학우들, 학교도 학교지만 과제할 시간을 쪼개서 어머니 대신 도와드려야 할 하우스농사. 생각하면 걸리는 게 한두 가지가 아닙니다.

동생도 이제 곧 대학에 가야 하는데 잠이 오지 않습니다. 엊그제는 자다가 화장실에 가려고 거실에 나왔더니 아버지가 혼자 한숨 쉬며 막걸리를 멸치 하나 놓고 드시고 계시는데 어찌나 가슴이 아프고 숨이 막히는지 돌아버리는 줄 알았습니다. 아버지 주무시는 거 보고 나도 밖에 나가서 소주 두 병 먹고 잤다가 아침에 또 아버지한테 엄마 병원에 모시고 못 갔다고 혼나고……

오늘도 공부고 일이고 아무것도 손에 잡히지 않아서 멍 때리는 걸로 하루를 보냈습니다. 남들은 삼포세대 칠포세대 하는데, 저는 그런 말도 부럽습니다. 나는 인생포기자 같습니다. 이 말을 하는 지금 이 순간도 자꾸 다 잊고 죽고 싶다는 마음뿐입니다. 전 어떻게 하면 좋을까요?

타로리더 A / **강한 자가 살아남는 게 아니라 살아남는 자가 강한 것입니다.**

온통 걱정거리네요. 하지만 그런 걱정들을 심각하게 인식하는 그 자체만으로도 다행이라는 생각이 듭니다. 그렇게 많은 걱정을 매일 하면서 이제 그만 죽고 싶다는 당신이 고백이 제게는 '정말 살고 싶다'는 말로 들리는군요. 당신처럼 주체 못할 걱정을 가진 사람들이 아마도 세상에 무수히 많을 겁니다. 그중 일부는 정말 죽을 수도 있겠지만, 그 힘든 기간을 이겨낸 사람 중에는 사는 게 너무나 행복할 정도로 성공한 사람들도 분명 있을 겁니다. 새삼스레 살면서 한번쯤 죽고 싶다는 생각 않고 사는 사람이 몇이나 될까 생각해봅니다.

눈이 게으르다 또는 어리석은 놈이 짐 많이 진다는 이야기가 있습니다. 눈이 게으르다는 말은 일을 시작하기도 전에 많은 짐을 보고 놀라 일을 시작

타로카드 심리학

하기조차 싫어한다는 뜻이고, 어리석은 놈이 짐 많이 진다는 말은 한방에 모든 일을 처리하려다 보니 허리가 부러진다는 이야기입니다. 이와 마찬가지로 당신 역시 당신의 고민이나 고통을 모조리 끄집어내놓고 한꺼번에 다 처리해야 된다고 생각하다 보니 자신의 무력함에 주저앉을 수밖에 없게 된 것 같아요.

안타깝게도 우리는 각자에게 당면한 문제들을 한꺼번에 처리하지 못합니다. 하나씩 하나씩 해결해 나가야 하지요. 그렇게 해결해 나가도 우리에게 중간 중간 피치 못할 일들이 또 생긴다는 겁니다. 당신이 다리골절이라는 교통사고를 당한 것처럼 말이에요.

지금껏 고생한 아버지의 마음은 당신이 다른 집 자식처럼 일단 대학은 어떻게라도 졸업했으면 하는 바람일 겁니다. 허리 아픈 엄마 역시 당신이 돈을 벌어서 자기 허리를 고쳐주는 것을 바라진 않을 거예요. 그런 마음이면 대학에 보내지도 않았을 겁니다. 일단 부모님께 폐를 끼쳤던 죄책감은 잊어버리세요. 아니 가슴 한곳에 오롯이 모아 놓으세요. 그것이 당신이 어떤 고통을 겪을 때 그것을 극복하는 하나의 강력한 동기요 방패요 구름판이 될 테니 말예요.

그리고 당장은 복학하고 힘들어도 아버지를 도우세요. 현재 당신에게 닥친 일들을 묵묵히 수행하세요. 물론 일처리를 100% 만족스럽게 하지는 못한다 하더라도 물러서지 않고 해내려는 것 자체가 사실 당신은 정말로 살고 싶어한다는 것을 온전히 보여주는 것이니까요.

그렇게 살다 보면 우연히 골절을 당한 것처럼 우연히 기회도 생기고 여유도 오는 날이 분명히 있습니다. 이런 말이 있지요. 강한 자가 살아남는 게 아니라 살아남는 자가 강한 거라고요. 이 말은 그 사람의 능력이나 환경이 문제를 해결하는 능력이겠지만, 그것보다 중요한 것은 그것을 해결하기 위해 노력하는 마음이라는 것이죠.

몇몇 속담을 늘어놓으며 당신의 고통을 모두 헤아린 듯 보이고 싶진 않습니다. 다만 당신보다 좀 더 산 사람으로서 오래 산다는 것 그 자체가 크나큰 힘이라고 느꼈고 믿기 때문에 이렇게 당부하게 되네요. 모든 것은 다 지나

갑니다. 어떤 고통도 영원히 나를 붙들고 있을 수 없습니다. 시간은 그 고통마저 빼앗아 갑니다. 여기서 푸시킨의 시 한 구절이 생각나는군요. "마음은 미래에 살고 지나간 것은 모두 아름다우리라."

　개인적으로 가끔 그런 생각을 합니다. '우리의 삶은 무대에 올려진 연극이다. 그러므로 고통이란 배역을 맡은 나는 그 역할을 정말 고통스럽게, 맛깔나게 연기하면 된다.' 어떤가요?

■ 상담에 적용한 죽음 카드의 조언

거울로서의 죽음 카드	우리에게 인생 전체를 통째로 다시 생각하도록 주문한다.
죽음 카드의 방어기제_ 승화	내게 고통을 준 사람에게 복수할 생각 때문에 오히려 나 자신을 더 괴롭히는 건 아닌지 생각해봐야 한다.
죽음 카드의 점성학_ 전갈자리	나는 너무 파괴적이거나 냉혹하지 않은지 생각해봐야 한다.

타로카드 심리학

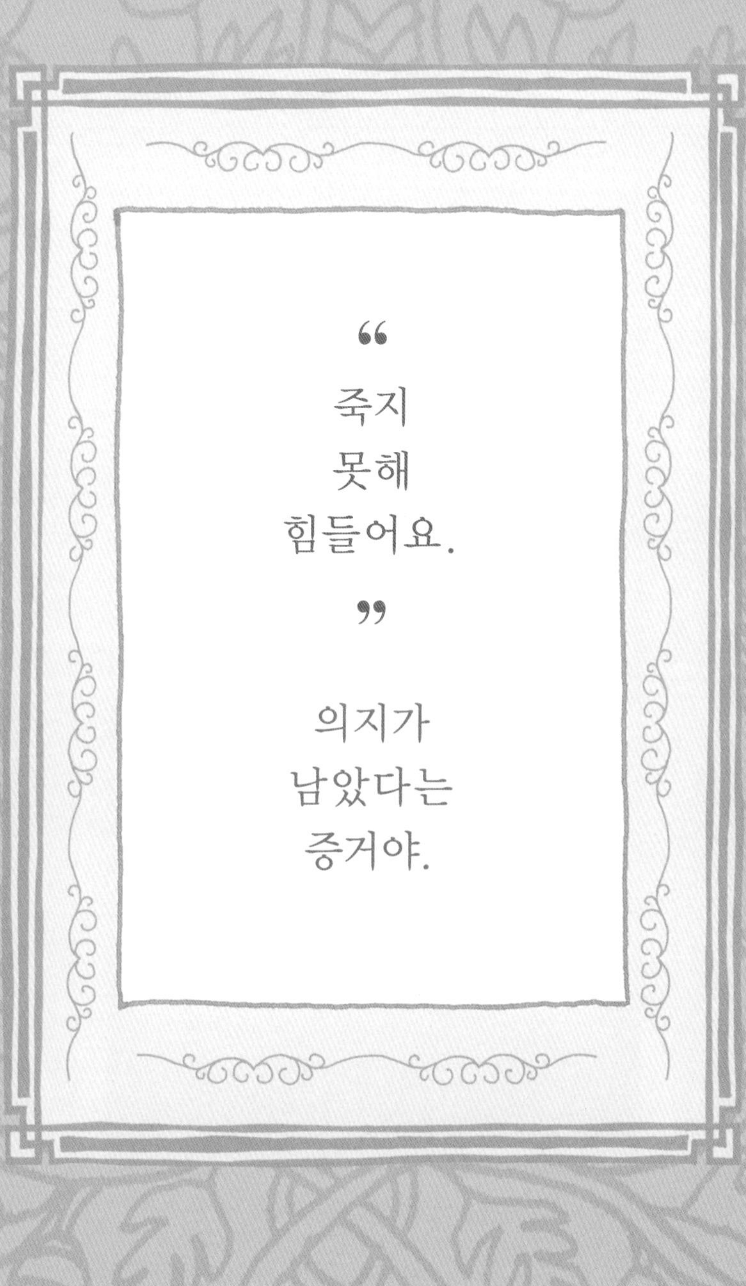
"
죽지
못해
힘들어요.
"

의지가
남았다는
증거야.

14_ TEMPERANCE

buffet

14_ 절제

여행을 떠난 바보가 열네 번째로 만난 것은 절제였다.

많은 이들이 절제를 지키려고 노력하고 있었는데 마치 긴 수행과정 같았다.

왕은 왕이라고 너무 강압하려 하지 않았고,

종교인은 종교인이라고 맹목적 신앙생활을 요구하지 않았다.

남자는 남자라고 여자에게 복종을 강요하지 않았고,

여자는 여자라고 남자에게 의존하려고만 하지 않았다.

힘있는 자는 힘 있다고 자신의 능력을 더 높이지 않았으며,

힘없는 자는 힘 없다고 자신의 능력을 한탄만 하지 않았다.

가진 자는 가졌다고 펑펑 쓰지 않았으며,

못 가진 자는 못 가졌다고 없는 척만 하지 않았다.

배운 자는 배웠다고 남을 무시하지 않았으며,

못 배운 자는 못 배웠다고 스스로를 비하하지도 않았다.

그들은 너무 뜨겁지도 차지도 않았으며, 너무 나아가거나 뒤처지지도 않았다.

바보가 그들에게 다가가 물었다.

"산다는 건 뭘까요…?"

그들은 서로 적당히 눈치를 보면서 말했다.

"글쎄요? 저마다 입장이 있겠죠."

바보는 그 대답에 잠시 의아해졌지만 진지하게 다시 물었다.

"글쎄요는 좀 우유부단한 대답이 아닌가요?"

그들은 이번엔 주저 없이 이구동성으로 단호하게 말했다.

"너무 살려고도 너무 죽으려고도 하지 않는 것이죠."

거울로서의
절제 카드

:

거울카드 14번은 절제다. 14는 1+4이니 한 자리 자연수로는 5가 된다. 타로카드에서 5번은 교황이다. 그럼 교황의 숫자 5와 절제는 어떤 관계가 있을까? 사각형에서 또 하나의 꼭짓점이 튀어나와 오각형이 된다. 오각형은 4의 질서를 깨뜨린 변화를 의미한다. 1부터 9까지 한 자리 자연수 중에서 5는 중간으로 터닝포인트 위치에 있기 때문에 변화할 수 있는 것이다.

황제가 교육과 중재를 통한 변화를 의미하듯, 14번 절제 역시 점진적 변화를 꾀한다. 그 증거는 바로 컵에서 컵으로 물을 따르는 타로 그림이다. 이는 농도를 맞추기 위해 포도주에 물을 붓는 모습인데, 원하는 농도를 맞추려면 물을 너무 급하게 부어도, 너무 천천히 부어도 안 된다. 이것이 곧 절제다.

절제는 교황의 미덕 중 하나로 알려져 있는데, 사실 모든 종교인은 수행과 정뿐만 아니라 종교생활에서도 일반인에게 모범이 되도록 지속적인 절제를 요구받는다. 이처럼 교황과 절제는 서로 밀접한 관계가 있다.

우리는 보통 절제를 중립과 동일한 개념으로 생각하거나 욕망을 자제하는 매우 정적인 행위 정도로 소해하기 쉽다. 하지만 절제는 매우 소극적으로 보이는 그 중립이라는 선을 지키기 위해 역설적이게도 부당한 것에 대한 수용 그리고 부당한 것을 거부하는 용기 있는 행동을 요구한다. 같은 방법으로 자신을 계속 속이는 사람을 조직의 단합을 위해 참고 평상심을 유지한다거나, 술을 끊기 위해 오랫동안 지속해온 친목모임을 과감히 그만두는 행동이 바로 절제다.

이처럼 절제란 중간만 지키고 있다고 되는 게 아니다. 그 쉬워 보이는 중립을 지키기 위해 때로는 용기 있게 앞으로 나아가기도 하고, 때로는 고통을 참으면서 뒤로 물러나기도 해야 하는 적극적인 행동인 것이다.

지나치면 모자람만 못하다는 말만큼 절제의 미덕을 잘 설명해주는 격언은 드물 것이다. 초나라의 어느 제사장이 제사 지내고 남은 술을 하인들에게 나눠주려다 술이 부족하자 뱀을 가장 먼저 그리는 사람에게 술을 몰아주자고 제안했다. 곧 뱀 그리기 시합이 벌어졌는데, 가장 빨리 뱀을 그린 어느 하인이 남들을 깔보는 마음에 뱀의 다리까지 그리고서는 자기는 벌써 끝냈다고 자랑했다. 하지만 술은 두 번째로 뱀을 그린 하인에게 돌아갔다. 이유는 사족(蛇足), 즉 뱀한테는 없는 다리를 쓸데없이 그렸기 때문이었다.

절제에 대한 이야기를 하나 더 소개한다. 조선왕조실록에는 정조가 41세 되던 해에 창경궁 춘당대에서 50발을 쏘아 49발을 맞혔다는 기록이 있다. 그에 따르면, 어느 날 영조가 왕릉 참배를 끝내고 춘당대에서 활쏘기 대회를 열었는데, 정조가 50발 중 49발을 과녁에 명중시켰다. 하지만 마지막 남은 한 발이 아쉽게 과녁 옆 소나무에 꽂혔고 그곳에 있던 신하들이 저마다 안타까워하자, 정조는 웃으며 "무엇이든 가득 차면 못 쓴다"고 말했다고 한다. 정조의 이러한 행동은 자만에 빠질 것을 경계하여 스스로에게 절제력을 발휘한 것이다.

만약 당신의 거울카드가 14번 절제라면, 나는 내 능력을 주위에 확인시켜야 직성이 풀리지는 않는지, 주위의 칭찬에 자신의 능력 그 이상을 보여주려고 무리하지는 않는지 생각해봐야 한다. 또한 난 지금 절제하고 있지만, 더 이상 참지 못할 정도가 되면 나도 내가 어떻게 될지 모른다며 절제를 위장한 분노를 키우고 있진 않는지도 한번쯤 생각해봐야 한다.

한편 거울카드로서 절제 카드는 당신에게 절제가 필요하다는 것을 충고하거나, 절제란 그저 아무것도 하지 않는 것이 아니라 부당한 것을 수용하거나 부당한 것에 대항하는 것임을 충고하고 있다.

절제 카드의
방어기제

:

01 억제

14번 절제는 여러 방어기제 중에서 가장 먼저 억압과 억제를 떠올리게 한다. 그도 그럴 것이 절제란 자신의 욕구를 참고 통제하는 것을 의미하기 때문이다. 하지만 억압은 욕구를 무조건 참는 행위(무의식으로 밀어넣는 것)로서 신경증적 방어기제지만, 억제는 의식적으로 그 욕구를 물리치려 노력하는 것으로 성숙한 방어기제다. 따라서 절제 카드에서 요구되는 절제는 억제와 가깝다고 해야 할 것이다. 예를 들어, 의사가 돼지고기를 먹지 말라고 했다면 무조건 삼겹살을 떠올리지 않으려고만 애쓰는 게 아니라, 돼지고기를 먹으면 건강에 해롭다고 생각하고 의식적으로 피하는 것이라고 할 수 있다.

02 수동공격

또한 14번 절제는 여러 방어기제 중에서 수동공격과 관련지어 생각해볼 수 있다. 수동공격은 자아의 기능이 약한 사람들에게서 흔히 나타나는 미성숙한 방어기제로, 자신에게 스트레스나 불안을 주는 대상을 향해 직접적인 공격이 강도를 낮추거나 간접적인 공격을 취하는 것을 말한다.

예를 들어, 직장상사의 지적에 웅얼거리며 대꾸하거나 아예 묵묵부답으로 일관하고, 자신을 꾸중한 상사가 심부름시키기 위해 건네주는 물건을 실수인 척 놓쳐서 깨뜨리거나 꾸물거리면서 비협조적인 행동을 하는 식이다. 윗사람의 꾸중에 스스로 자학적인 행동을 보이는 것도 수동공격의 하나다.

절제는 종종 부당한 것을 수용하도록 요구받는데, 처음엔 그럭저럭 참지만 자아의 기능이 약한 사람은 결국 감정을 드러내고 만다. 자아기능이 강한 사

타로카드 심리학

람은 속으로 삭이거나 상대와 논리적으로 따져서 자기 권리를 요구하거나 상황을 바로잡으려 하겠지만, 자아기능이 약한 사람은 그렇지 하지 못한다.

만약 절제가 거울카드로 나왔다면, 나는 고통이나 스트레스를 주는 사람에 대해 절제하는 것만이 답이라고 생각하진 않는지, 오히려 너무 절제해왔기에 고통이나 스트레스가 계속되는 게 아닌지, 차라리 그 사람과 제대로 잘잘못을 따지는 게 낫지 않은지 생각해봐야 한다.

<h2 style="text-align:center">절제 카드의 점성학
사수자리</h2>

점성학적 관점에서 절제 카드는 사수자리에 대응된다. 그리스 신화에 따르면, 사수자리는 활을 잘 쏘는 켄타우로스족의 반인반마인 케이론이다. 그는 불사의 육체와 총명한 두뇌, 풍부한 지식을 갖고 있어 수많은 영웅의 스승으로 불렸다. 사수자리는 자신의 옆에 있는 전갈자리를 향해 활시위를 겨누는 모습인데, 이는 오리온을 죽인 전갈이 난동을 부릴 것을 경계하라고 제우스가 임무를 내렸기 때문이다. 케이론은 켄타우로스족과 다투던 헤라클레스의 독화살에 맞아 어이없이 죽는다. 불사신인 케이론은 큰 고통 속에 신음하다 불사를 프로메테우스에게 양보하고 죽음을 택한다. 그러자 제우스는 신들의 스승인 케이론의 공적을 기려 그를 하늘로 올려 보냈다고 한다.

사수자리는 12별자리 중 아홉 번째 순서로 기간은 11월 22일~11월 21일 무렵이다. 사수자리 천문 기호는 켄타우로스의 화살을 형상화한 것이다. 사수자리는 목성이 지배성이다. 목성의 기호가 물질(십자)의 지평선 위로 떠오르는 마음(달)을 나타내듯 목성은 고고한 정신을 표방하며, 종교, 철학, 도덕의 상승과 확장을 상징한다. 지배성인 목성과 비슷한 속성을 가진 사수자리는 모든 신들의 스승인 케이론과 마찬가지로 종교, 철학, 지혜에 밝다. 특히 사수자리의 화살은 종교, 철학, 지혜 같은 의식의 확장 혹은 확장된 의식을 상징한다.

절제 카드는 절제된 행위를 통해 의식의 상승을 꾀하는 모습을 회화적으로 묘사하고 있다. 라이더 웨이트 덱에서 산으로 난 멀고 먼 길 끝에 왕관이 있는 것 역시 의식의 상승이나 확장을 나타낸다. 특히 사수자리나 사수자리의 지배성인 목성은 강한 종교성을 내포하고 있는데, 이 절제 카드의 합이 5(1+4)이며, 5번 카드가 바로 교황인 것은 이처럼 나름의 이유가 있다.

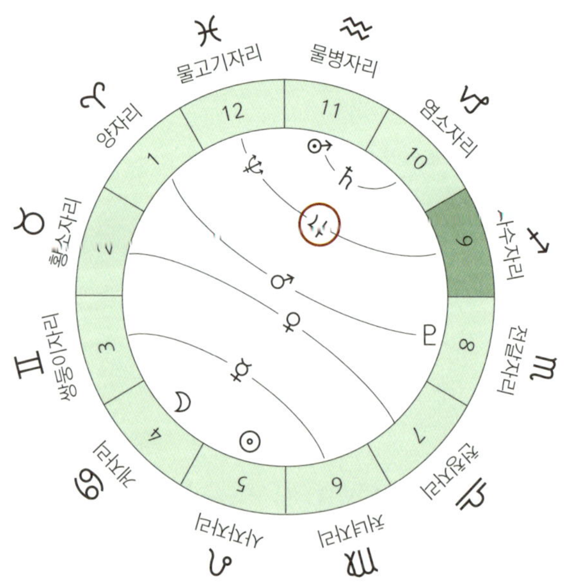

                                          타로카드 심리학

정리하면, 점성학 관점에서 절제 카드는 사수자리에 대응되기 때문에 종교적이고 도덕적이며, 지혜로운 의식의 상승 등과 관련이 있다.

거울카드로서 사수자리가 나왔다면, 나는 정신이나 정서 함양에 너무 태만하지 않은지 아니면 반대로 지나치게 몰입하지는 않는지 생각해봐야 한다. 또한 사수자리는 그 화살처럼 빠른 몰입으로 인해 중독성과 투기성을 지니는데, 의식의 상승이 투기로 쏠리고 있진 않는지 생각해봐야 한다.

절제 카드
상담 활용

:

30세 여자
Q

제가 타로와 사주 상담일을 해도 될까요?

저는 경기도의 어느 전문대 연기학과를 1년 다니다 중퇴했어요. 춤이나 노래에 소질이 있어서 어릴 때부터 뮤지컬에 관심이 많았거든요. 하지만 이제 그 꿈을 접기로 했답니다. 보다시피 이 나이에 이미 배우가 되지 못했다면 그만두는 게 현명하지 않겠어요?

제가 작곡에도 관심이 있어서 작곡가로 나가볼까도 생각했는데, 사람들이 제 노래를 받지 않으려 해서 그냥 포기했어요. 사람들이 제 음악에는 뭔가 모를 깊은 우울감이 있어서 부담스럽다고 하더라고요. 맞을 거예요. 사실 작곡을 하려다 내 감정에 너무 심취한 나머지 우울함에서 헤어나지 못하기도 하니까요. 죽고 싶다는 느낌이 들기도 하니까요. 당시는 심각성을 모르지만 시간이 지나 생각나면 그랬던 제 자신이 너무나 무섭게 느껴지기도 해요.

하지만 노래는 취미로라도 계속 하고 싶어요. 노래를 부를 때만큼은 온몸의 털끝 하나하나까지 살아 있다는 것을 느끼니까요. 노래는 제가 존재하는 이유예요. 그래서 지금은 예식장에서 축가를 부르는 알바를 해요. 예식장은 보통 기획사랑 계약해서 일을 하는 게 일반적인데, 저는 개인 자격으로 일하고 있어요. 거기 전무님이 제 노래를 한번 듣고 나서 너무나 마음에 든다며 제게 계약을 하자고 하셨어요. 하지만 일정한 직업도 없고 그것만으로는 생활비가 부족해서 평일에는 커피숍에서 바리스타로 일하고 있어요.

그런데 알바는 정식 직장이 아니니까 뮤지컬을 포기한 이상 새로운 직업이 필요하다는 생각을 하게 됐어요. 좀 더 정확히 말하면 새로운 직업이 아니라 안정적인 직업이 필요한 거죠. 엊그제는 제게 어떤 직업이 좋을지 알아보고 싶어서 타로샵에 가서 타로도 보고 사주도 봤는데, 상담해주시는 분이 제게 사주나 타로를 배워서 상담일을 하면 어떻겠냐고 묻더라고요. 그때는 "엥? 내가 상담을?" 하고 생각했는데, 요 며칠 이상한 꿈을 꾸고 난 후는 "정말 내게 상담일이 어울릴까?"라는 생각이 자꾸 들어요. 아니 해보고 싶기도 해요.

　제가 며칠 전 남동생의 간이 크게 부풀어오르는 꿈을 꿨는데, 글쎄 어제 지방에서 노동일을 하던 동생이 간검사를 했더니 간이 많이 부어서 큰 병원에 가보라고 해서 올라왔다는 거예요. 정말 너무 놀랐어요. 또 그보다 보름 정도 전에는 친구가 뇌가 부풀어오르고 쓰러지는 꿈을 꾸었는데, 그 꿈을 꾸고 일주일 후에 친구가 병원에 입원했다면서 전화를 했길래 무슨 일로 입원했냐고 물으니 종양이라고 하는 거 있죠. 그때도 놀라 자빠지는 줄 알았어요. 제가 예전에는 이런 꿈들을 꾼 적이 없는데, 요즘 종종 신기한 꿈을 꿔요. 선생님, 저 혹시 상담일을 해도 될까요? 궁금해요.

해도 됩니다. 하지만 서두르진 마세요!

(먼저 필자는 질문자에게 한 가지 확인하고 싶은 게 있었다. 혹시 우울감의 원인이 될 만한 아픈 기억이 있냐고 물었다. 질문자는 잠깐 회상에 잠기는 듯하더니 초등학교 4학년 때 아버지가 갑자기 교통사고로 돌아가셨다는 사실을 들려주었다. 그리고 2년 전 첫사랑을 아직도 못 잊고 있으며, 남자를 만나면 그 남자가 갑자기 떠나버릴지도 모른다는 불안감 때문에 지나치게 집착한다는 사실도 알려주었다.)

　　　　　　　　　　　　　　　　　　타로카드 심리학

질문에 대한 답부터 말씀드리면, 상담일은 당신에게 매우 잘 어울릴 것으로 판단됩니다. 그 이유로 당신의 감성이 매우 발달되어 있다는 점, 당신 내면에 해결되지 않은 무의식적인 고통이 있다는 점, 최근 드러난 당신의 영감이 예언적이라는 점을 들 수 있을 것 같습니다.

첫 번째로, 감성이 잘 발달되어 있다는 점은 노래나 작곡을 통해 우울감까지 치닫게 된다는 것에서 드러납니다. 상담에서 감성은 매우 중요한 요소로서 내담자를 가슴으로 온전히 받아들일 수 있는 배경이 된다고 봅니다. 제도권 상담에서는 내담자의 이야기를 가슴으로 수용하는 것을 가장 좋은 상담자세로 보는데, 타로나 사주상담도 마찬가지일 겁니다. 상담시 내담자의 말을 들어줄 때 끈기와 인내가 필요한데, 이 인내의 바탕은 상대를 온전히 이해하려는 따뜻한 마음이라 할 수 있습니다. 물론 당신 말처럼 우울감에 지나치게 빠지는 것은 또 다른 문제를 야기할 수도 있기 때문에 상담치료가 필요하거나, 그 우울의 원인이 충분히 규명되고 치유되어야 하겠지요.

두 번째는 당신의 해결되지 않은 무의식적 고통, 즉 지나친 우울감이나 남자에 대한 집착에 대해서입니다. 보통 정신적 육체적 고통을 안고 심리상담을 받는 사람들 중에는 치유된 다음에 자신과 같은 고통을 받는 사람들을 치유하고자 하는 의지가 생겨 뒤늦게 심리학을 공부하여 상담자의 길을 걷거나, 타로와 사주 같은 상담일을 시작하는 경우도 많습니다. 역지사지라는 말처럼 자신의 아픈 경험이 상대의 마음을 잘 이해할 수 있는 기제로 작용하기 때문일 테죠. 물론 좋은 상담을 위해서는 자신의 내면적 고통이 건강하게 치유된 후가 가장 좋겠지만, 다른 사람을 상담하는 과정에서 상담자 역시 동병상련처럼 고통이 치유되기도 합니다. 당신의 경우 어릴 적 아버지의 부재에 대한 아픔이나 고통을 스스로 억압하며 지나왔는데, 그 고통이 온전히 위로받거나 치유되지 못한 채 남아서 남자친구를 통해 보상받으려는 욕구가 숨겨져 있는 것으로도 생각합니다.

세 번째, 영감이나 직감은 제도권 심리상담이나 비제도권 타로 사주상담에 매우 유용하다고 판단됩니다. 세상에는 합리적으로 설명할 수 없는 일들이 종종 벌어지는데 당신의 꿈이 그런 예이겠지요. 제도권 심리상담에서는 이 꿈을 무의식 측면에서 다루고 있고, 또 꿈을 통해 내면을 이해하고 치유의 방법을 찾기도 합니다. 이에 반해 타로 상담은 좀 더 신비적인 영감이나 직관으로 질문자의 고통의 원인 혹은 미래 예측을 시도하기도 한답니다.

어쨌든 당신에게 상담일은 잘 맞는 듯합니다. 좋아하던 음악을 포기한 용기와 알바일을 하면서 미래 계획을 세우는 것에서 감성적인 성격에 비해 분별력이 있다고 보여요. 먼저 지나친 우울감이나 남자친구에 대한 집착과 관련해 심리상담을 받아보는 것이 필요해 보입니다.

다만 상담공부를 시작할 때는 제도권이든 비제도권이든 먼저 편견이나 선입견 혹은 제한을 갖지 말고 여러 정보를 수집하는 게 좋을 것 같군요. 심리학 서적이나 꿈에 대한 해석 혹은 사주나 타로에 대한 정보까지 말입니다. 서점이나 도서관 혹은 인터넷 검색을 이용하면 큰 도움이 될 것입니다.

거울 카드로서 절제는 스트레스에 대해 지나치게 절제하는 것을 경계하는 한편, 감정의 밸런스를 잘 유지하라고 충고하는 카드입니다. 그리고 그 일은 되도록 천천히 차분하게 이루어져야 한다는 의미가 있습니다.

■ 상담에 적용한 절제 카드의 조언

거울로서의 절제 카드	난 지금 절제하고 있지만, 더 이상 참지 못할 정도가 되면 나도 내가 어떻게 될지 모른다며 절제를 위장한 분노를 키우고 있진 않는지 생각해봐야 한다.
절제 카드의 방어기제_ 억제 · 수동공격	내게 고통이나 스트레스를 주는 사람에 대해 절제하는 것만이 답이라고 생각하진 않는지, 아니면 오히려 너무 절제해왔기에 고통이나 스트레스가 끝나지 않고 계속되는 건 아닌지 생각해봐야 한다.
절제 카드의 점성학_ 사수자리	나는 정신이나 정서함양에 너무 태만하지 않은지 아니면 반대로 지나치게 몰입하지는 않는지 생각해봐야 한다.

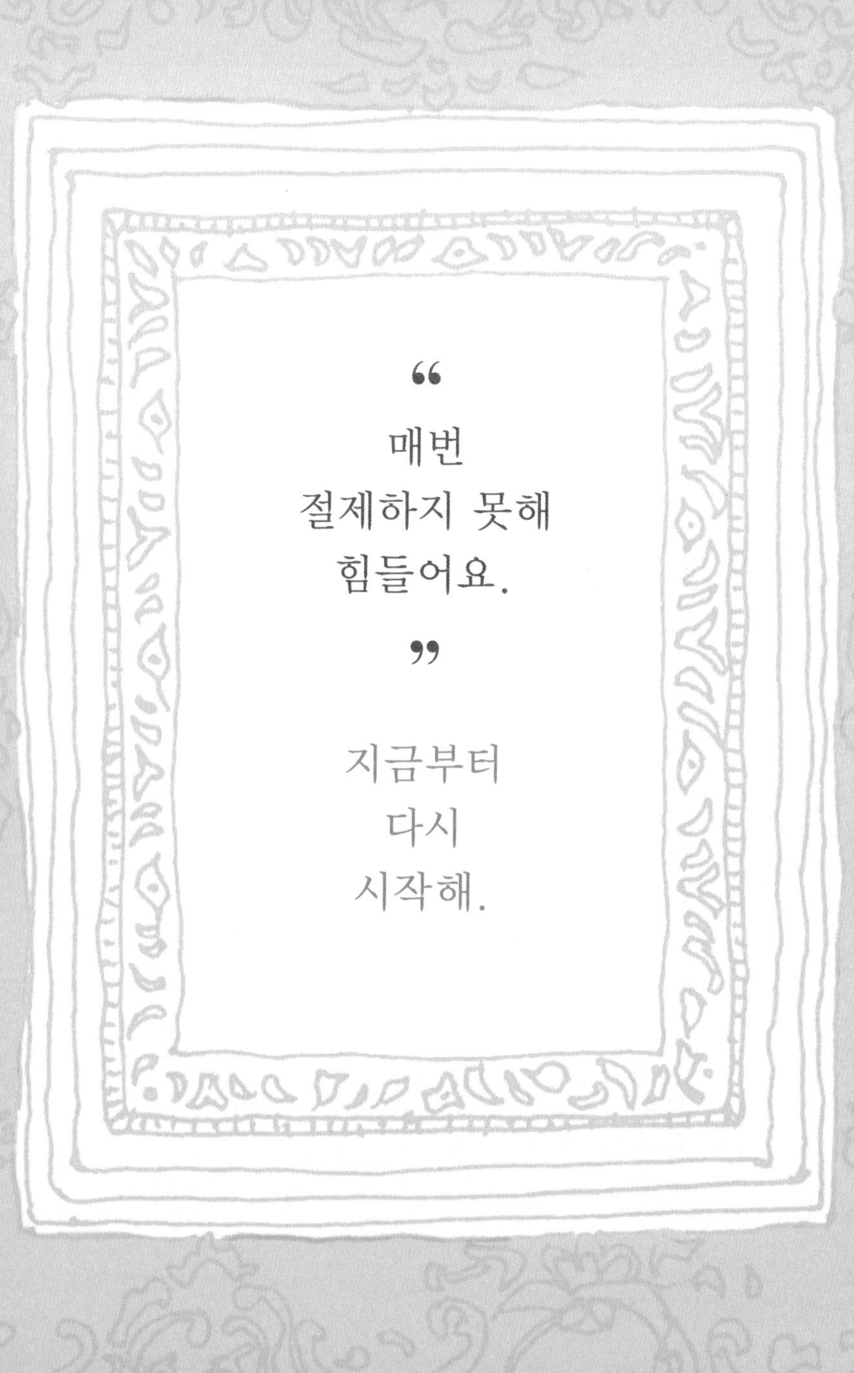
"
매번
절제하지 못해
힘들어요.
"

지금부터
다시
시작해.

15_ DEVIL

15_ 악마

여행을 떠난 바보가 열다섯 번째로 만난 것은 악마였다.
바보는 잔뜩 긴장했지만, 많은 사람들이 악마라고 부르는 존재는
오히려 모두 다 매력적으로 다가왔다.

악마는 여러 모습을 하고 있었다.
자신을 믿으면 영생을 얻기에 지금 죽어도 손해가 아니라고
친절하게 가르쳐주는 악마도 있었고,
도장만 찍으면 돈을 마음껏 빌려가도 좋다는 사려 깊은 악마도 있었고,
이제껏 자기는 가난하고 힘든 사람들만 데려다가 먹여주고 재워줬다면서
자기가 시키는 대로만 하면 평생 아무 문제도 없을 거라는 악마도 있었다.
때때로 악마는 상상 속에도 있었고, 공부 속에도, 술병 속에도,
트럼프 속에도, 철창 속에도 있었다.

바보가 악마라고 불리는 이들에게 다가가 물었다.
"산다는 건 뭘까요……?"

그들 중 누군가가 말했다.
"자기만의 지옥을 찾는 거지."

바보는 그 대답을 듣고 잠시 두려워졌다.
하지만 더 궁금해진 바보는 다시 한 번 물었다.
"영혼을 팔란 말인가요?"

그는 비밀을 털어놓듯 나지막이 말했다.
"싫은데 팔면 구속이지만, 좋아서 팔면 자유란다."

거울로서의
악마 카드

:

거울카드 15번은 악마다. 15는 1+5로 한 자리 자연수로는 6이 된다. 타로카드에서 6번은 연인이다. 과연 연인과 악마는 어떤 관계가 있는 걸까? 라이더 웨이트 덱을 보면 수비학적 동일성을 잘 보여주려는 듯 6번 연인 카드와 15번 악마 카드는 구성이 거의 일치한다. 단지 천사가 악마로, 자유로운 연인이 구속된 연인으로 그려져 있는 것이 다를 뿐이다.

6은 삼각형 두 개가 서로 엇갈려서 겹쳐진 육각형이다. 이 모양은 서로 다른 두 요소의 결합을 의미하는데, 사람이라면 사랑에 비유할 수 있고, 사물이라면 차와 기름이 서로 결합해 어떤 반응, 즉 작동을 일으키는 것을 의미한다. 따라서 6은 결합, 연합, 사랑, 작용, 작동 등의 의미로 널리 활용된다.

한편 육각형 별은 이스라엘 2대 왕인 다윗의 별로 불리며, 지혜를 의미한다. 삼각형 두 개가 겹쳐진 모양을 대우주와 소우주의 결합으로 보았고, 이를 다시 우주의 섭리에 이르는 비밀열쇠로 보아 지혜라는 의미를 부여한 것이다.

우리는 보통 선과 악을 이분법적으로 구분하는 것에 익숙하다. 선과 악, 좋은 것과 나쁜 것, 좋은 사람과 나쁜 사람 등과 같이 기준이 모호한 도덕적 잣대를 써서 보통의 경우에 나를 선에 놓고, 상대를 악에 놓는다. 대놓고 자기 위주인 게 좀 머쓱하면 나를 선과 악의 관찰자 시점으로 놓기도 한다. 그런데 과연 이렇게 선과 악은 이분법적인 것일까?

먼저 타로카드의 연인과 악마를 자세히 보면 카드의 그림은 사랑과 구속이라는 서로 상반된 분위기를 연출하고 있다. 이 회화적 묘사는 사랑의 또 다른 이름은 구속이라는 말을 자연스럽게 떠올리게 한다. 부모가 자식에게 잔소리를 하고 공부하라고 당부하는 것은 자식에 대한 사랑 때문일 테지만, 자식은 구속으로 받아들일 것이 분명하다. 남녀의 사랑도 마찬가지다. 사랑한다는 이유로 잔소리를 하고 화내고 의심하며 자유를 억압하고 결국 싸우기도 하는 것이 너무도 자연스런 일이다. 이렇게 사랑과 구속이 하나인 것처럼 어쩌면 선과 악도 하나가 아닐까?

원효대사가 당나라 유학길에 동굴에서 자다가 심한 갈증을 느껴 주변을 더듬어 물을 마셨는데, 그렇게 달콤한 물이 아침에 보니 해골물이어서 전날 먹은 음식까지 토해버렸다고 한다. 이 사건을 계기로 원효대사는 깨끗함과 더러움은 마음의 분별에 있는 것이어서 세상의 모든 것은 마음먹기에 달렸다는 것을 깨닫게 되고 유학길을 되돌린다. 그에 반해 기독교에서는 선과 악이 따로 존재하는 것이 아니라 선의 모자람이 바로 악이라고 규정하는 걸 보면, 선과 악은 서로 구별되지만 하나의 몸인 동전의 앞뒷면 같다.

심리학에서 악은 흔히 콤플렉스나 그림자와 동일시된다. 이 둘은 다소 차이가 있는데, 간단하게 정리하면 다음과 같다.

콤플렉스는 정신적 혹은 육체적 결함을 말한다. 그 결함을 스스로 극복하지 못할 경우에 그 분노를 외부세계로 돌리게 되는데, 이것이 악이다.

그림자는 자아의 어두운 측면으로, 우리 안에 있지만 우리는 잘 모르는 부분이다. 정신의학자 칼 융(Carl G. Jung, 1875~1961)에 따르면, 무의식의 그림자는 쉽게 다른 사람에게 투사된다. 그래서 상대에게서 내 안에 있는 어둡고 열등한 그림자를 발견하면 그 사람을 싫어하고 미워하게 된다. 예를 들어, 지역감정이 심한 사람이 평소에는 그것을 숨기다가 누군가가 지역감정을 드러내면 거기에 매우 강하게 반응하는 것인데, 그 이유는 숨기고 싶은 자신의 모습이 상대에게 노출되었다는 불안감 때문이다. 칼 융은 자신의 그림자를 수용하고 인정할 때 불안에서 벗어나 좀 더 건강한 삶을 살 수 있다고 설명했다.

이제까지의 설명을 통해서 사랑과 구속이 하나의 몸이듯 선과 악 또한 한 몸인 것을 이해할 수 있을 것이다. 우리는 살아가면서 많은 것들에 빠지고 중독된다. 사랑도 그 중 하나다. 하지만 상대를 진정 좋아한다면 구속도 하나의 사랑으로 받아들일 수 있어야 한다. 좋아하면 할수록 구속은 더 강해질 수밖에 없을 테니 말이다.

만약 당신의 거울카드가 15번 악마라면, 나는 주위의 사랑과 관심을 구속이나 참견으로 느끼진 않는지 생각해봐야 한다. 또한 나는 상대에게 나의 권리만 주장하고 책임은 회피하지는 않는지도 생각해봐야 한다. 한편 거울카드로서 악마 카드는 당신에게 위험한 유혹을 조심하라고 충고하거나, 현재 빠져 있는 쾌락적 욕망을 자제하고 이성적으로 사고하라고 당부하고 있다.

악마 카드의 방어기제
퇴행

:

15번 악마는 여러 방어기제 중에서 퇴행과 관련지어 생각해볼 수 있다. 퇴행은 자아의 기능이 약한 사람들에게서 흔히 나타나는 미성숙한 방어기제로, 갈등이나 불안 또는 스트레스를 해결하기 위해 유아기에 의존했던 방식으로 돌아가는 것을 밀한다. 퇴행현상은 아이나 어른을 가리지 않고 나타난다. 대소변을 잘 가리던 아이가 동생이 생기자 부모의 관심을 받기 위해 다시 옷에 똥오줌을 싼다거나, 연인들이 서로를 엄마나 아빠라고 부르거나 서로를 아기 다루듯 하는 것들이 퇴행의 예들이다.

퇴행현상의 원인은 무엇일까? 아이의 경우는 부모의 사랑을 동생에게 빼앗기면서 오는 불안(배신감)이 그 원인이며, 성인의 경우는 이별에 대한 불안심리가 작용한 것으로 볼 수 있다. 부모는 자식을 버리지 않을 테니까 말이다. 또한

　　　　　　　　　　　　　　　타로카드 심리학

연애는 모범적인 결혼생활로 이어져야 한다는 막중한 과제에 대한 불안을 거부할 수 없는 가족관계라고 믿고 싶은 무의식적 심리가 작용하기 때문이기도 하다. 퇴행의 또 다른 예로 치열한 전쟁터에서 병사가 머리를 쳐박고 엄마를 부르는 행동도 죽음의 불안이 원인이다.

프로이트에 따르면 예술가는 강박신경증자로 인류의 문명을 역으로 거슬러 자신만의 문화적 성취를 꾀하는 사람이다. 또한 프로이트는 그들의 예술 행위를 어린 시절로 돌아가는 퇴행과 동일시했는데, 어쩌면 그들에게는 문명이 커다란 불안으로 작용했다고 볼 수도 있을 것이다.

우리가 위대한 예술가로 평가하는 모차르트, 고흐, 그리고 앞서 소개한 쿠사마 야요이 등은 강박신경증을 앓았다고 알려져 있으며, 이외에도 신경증 때문에 자살한 예술가들이 매우 많다. 특히 예술가는 자신만의 독특한 세계를 구축하는 것이 궁극적 목적이다 보니 남들보다 훨씬 섬세하거나 예민한 감성을 가진 경우가 많고, 또 원래 그런 류의 사람이다 보니 예술에 더욱 심취하게 되었을 것이다. 그래서 예술가들은 남들보다 좀 더 쉽게 상처받고, 좀 더 지독한 신경증이나 정신증에 걸리기 쉽다.

또한 퇴행은 우울증이나 굴욕감 혹은 약물중독 등 여러 요인에 의해 촉발될 수 있으며, 그로 인해 신경증이나 정신증은 물론 성도착증까지 불러올 수 있다. 정신의학적으로 유아적 형태의 성으로 퇴행하는 것이 성도착증이다. 남성의 경우에는 엄격한 아버지 밑에서 성장하면서 자신의 존재에 대해 위협과 불안을 느끼는 거세불안과 아버지를 미워하는 죄책감이 원인이며, 여성의 경우에는 여자다움에 대한 강조와 어머니를 미워하는 죄책감이 원인이다.

악마 카드와 퇴행은 어떻게 연관되는가? 바로 신경증과 정신증이다. 바보 카드가 단순히 모자람이나 어리석음을 나타낸다면, 악마는 환청, 환시, 환영 등의 정신질환과 관련이 있으며 신기(무당, 무속)나 퇴마와도 관련이 있다.

이것 말고도 악마 카드는 구속, 쾌락, 유혹, 중독 등의 의미도 지니는데, 들의 공통점은 의존성이다. 다시 말해 원초적이며, 한번 빠지면 쉽게 헤어나오지 못하거나 구속이 장기화되면 체념상태가 되는 특징이 있다. 이는 곧 자아의 붕괴로 이어지는데, 중독성의 대표주자인 약물, 술, 도박, 섹스 역시 자아를 붕괴시키고 그것에 의존하게 만든다. 물론 이것에 비하면 예술, 일, 연구, 취미에 대한 중독은 보다 긍정적인 중독성이다.

정리하면 퇴행은 보호받고 싶고 사랑받고 싶은 마음이 가장 큰 원인이지 않을까? 그것이 충족되지 않을 때, 뭔가에 꽂히지 않으면 안 될 것 같아 서서히 중독되는지도 모른다. 그것이 일이든 술이든 도박이든……

만약 악마가 거울카드로 나왔다면, 나는 사랑받고 싶고 관심받고 싶지만 그것이 충분히 충족되지 못하기에 어떤 일에 지독하게 빠지는 것은 아닌지, 건강하게 사랑받고 관심받는 일은 무엇일지 생각해봐야 한다. 또한 나는 현실이나 미래에 대한 과도한 불안 때문에 부모의 안락한 품속만 그리워하지는 않는지, 당당하게 헤쳐나갈 용기는 없는지도 생각해봐야 한다.

악마 카드의 점성학
염소자리

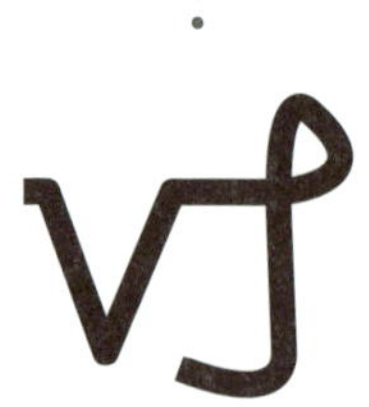

점성학적 관점에서 악마 카드는 염소자리에 대응된다. 그리스 신화에 따르면, 염소자리의 주인공은 가축의 신인 판이다. 판이 나일강 근처에서 열린 신들의 연회에 참여해 파티를 즐기던 중 갑자기 괴물 티폰이 나타나자 모두들 도망치기 시작했고, 판은 물고기로 변신하기 위해 강으로 뛰어들었는데 너무 급한 나머지 상반신은 염소, 하반신은 물고기가 되고 말았다. 그 모습이 너무 우스웠던 제우스가 그를 하늘로 올려보내 별자리가 되게 했다는 것이다. 그래서 염소자리의 천문 기호는 물고기의 지느러미를 가진 염소의 몸과 머리를 형상화한 그림이며, 물병자리 그리고 물고기자리와 함께 차갑고 어두운 물의 영역에 위치한다.

한편 염소자리를 제우스에게 젖을 먹여 기른 아말테이아로 보기도 한다.

염소자리는 12별자리 중에서 열 번째 순서로, 기간은 12월 21일~1월 20일 무렵이다. 초기 그리스인들은 죄와 어둠을 동일시했고 동지는 밤의 길이가 가장 길기 때문에 염소자리 기간을 30년 동안 청소를 하지 않았다는 아우게이아스의 외양간이라 불렀다. 흉성인 토성이 염소자리의 지배성이 되는 건 그 연장선에 있다.

목성이 성장과 발전의 새로운 국면을 예고한다면, 토성은 노화와 책임의 새로운 국면을 예고한다. 토성이 고대 5행성의 마지막에 위치해 종말을 의미한 것처럼, 염소자리는 밤의 길이가 가장 길었고 밤은 죄를 상징했기에 고행과 속죄를 의미했다. 이 고행과 속죄는 자기에 대한 책임과 통제 그리고 실천을 나타낸다. 따라서 지배성인 토성이 정신에 우선하는 물질이므로 염소자리 역시 물질에 관심은 많지만, 지출은 매우 절제한다.

한편 제우스를 기른 아말테이아는 훈육을 상징하며 권위에 대한 야심이 강한데, 염소의 뿔 역시 같은 의미가 있다.

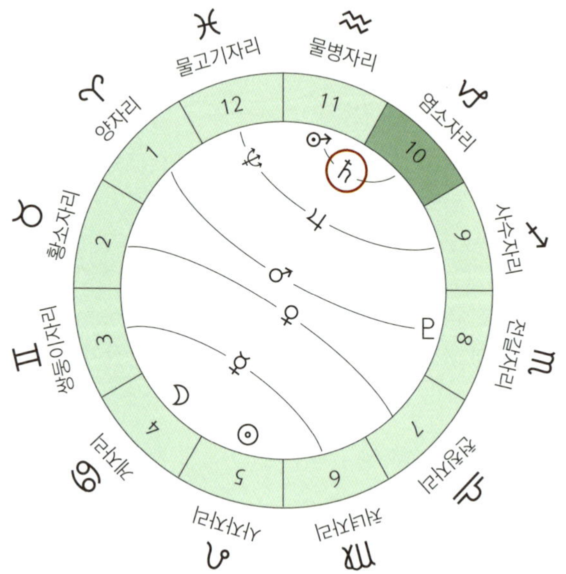

또한 염소자리는 이중성이 있다. 이는 평소에는 온순하지만 화가 나면 돌변하는 염소의 성질이기도 하고, 또 염소자리의 시작이 그 지배성인 토성(쇠퇴)과 목성(목성)의 중간에 자리하기 때문이다. 그러므로 강한 자에 약하고 약한 자에 강하다고 보기도 한다. 악마 카드는 악마에 구속된 인간을 묘사하고 있는데, 여기서 악마는 인간의 욕망인 물질과 쾌락을 나타낸다. 그리고 악마의 유혹은 늘 '달콤하게 시작해서 고통스럽게 끝난다'는 이중성을 내포한다.

정리하면, 점성학 관점에서 악마 카드는 염소자리와 대응되기 때문에 권위, 야심, 책임, 통제, 실천, 이중성 등과 관련된다.

만약 거울카드로 악마 카드가 나왔다면, 혹시 나는 내 잘못에 대해 충분히 반성하고 있는지, 또는 강한 자에게 약하고 약한 자에게 강하진 않는지, 아니면 돈에 욕심이 많아 남에게 자린고비로 보이진 않는지 생각해봐야 한다.

악마 카드
상담 활용

∶

주식하는 남편 때문에 사라지고 싶어요. 전 어쩌면 좋아요?

남편이 8년 전부터 주식을 하기 시작해 지금까지 날린 돈이 4억 7천만원가량 됩니다. 처음 주식을 하게 된 계기는 남편 친구 중 한 명이 우리가 하던 곱창가게에 한잔 하러 와서 주식으로 6개월 만에 1300만원을 벌었다는 말을 하고 간 뒤부터입니다. 시골서 6남매 중 셋째로 태어나 너무나 가난하게 살았던 남편은 고무장갑 공장을 다니다가 우유배달, 막노동, 정육점, 곱창가게 등 안 해본 일이 없을 정도로 성실하게 살았습니다. 그런데 주식을 시작하게 되면서 곱창가게랑 은행적금과 예금 등 그동안 애써 일궈온 재산을 거의 날려먹고 이제 하나 남은 1억 7천 정도 나가는 빌라까지 팔자고 하는 상황에 내몰리게 되었습니다.

얼마 전에는 저 모르게 자기 형제들한테도 돈을 꾸었나 본데, 대충만 따져도 3천만원이나 되더군요. 그 덕분에 시댁 식구들은 남편을 비난하는 대신 남편 관리 못했다고 저만 탓하고 있어요. 그 빚마저 제 몫이 되어 저는 파출부로 일하며 그 돈을 갚고 있어요. 엊그제는 큰 형님한테 제가 남편과 자주 다투니 남편이 맘 둘 곳이 없어서 주식에 더 몰입한다는 소리까지 들었어요. 그 생각만 하면 피가 거꾸로 솟는 건 말할 것도 없고 그냥 소리 소문 없이 사라져버리고 싶습니다. 주식 때문에 저와 남편이 자주 다투다 보니 하나밖에 없는 아들은 집 나간 지 오랩니다. 가끔 연락만 올 뿐 뭘 하고 사는지 요즘은 아예 들어오지도 않는답니다.

남편은 주식을 하면서도 일은 쭉 해왔는데, 최근 몇 달은 그동안 해왔던 오토바이 퀵서비스까지 내팽개치고 이제는 아예 집에 틀어박혀 주식 개장시간 1시간 전부터 폐장 30분 후까지 컴퓨터 모니터만 쳐다보고 있답니다. 저녁에는 밥을 먹는 둥 마는 둥 하면서 술만 찾고요. 어제는 무슨 생각을 했는지 현재 사는 빌라를 팔아서 남은 빚을 청산하고, 경기도 인근 시골에 사는 친구네로 들어가서 돼지와 오리 키우는 일을 도우면서 마음 편하게 살자고 하더군요. 아니면 그냥 시댁에 들어가서 살자고 합니다. 시댁은 경북의 아주 작은 시골이에요. 그 말을 내가 믿을 거라고 생각하는지 원. 그 돈으로 주식을 하려는 속셈을 제가 누구보다도 잘 아는데 말이에요. 컴퓨터가 있으면 어디서나 주식을 할 수 있는 세상이니 어딘들 못 가겠습니까? 아니 핸드폰만 터지면 뭐든 가능한 게 한국이잖아요.

전 어쩌면 좋나요? 어떻게 할까요? 요즘은 이혼 생각이 간절해요. 저도 요즘은 계속 술을 먹어요. 사는 꼬라지가 뭣 같아서 요즘은 친구나 이웃들 만나는 것도 싫고, 술이라도 먹지 않으면 죽을 것만 같아요. 그런 남편을 그래도 떠나지 않고 산 건, 결혼 전부터 남편이 신장투석으로 병원에 입원한 친정엄마가 돌아가실 때까지 6년 동안을 너무나 극진히 모셨기 때문이랍니다. 그 때문에 친정아버지는 돌아가실 때까지 항상 사위를 챙기셨지요. 전 어쩌면 좋을까요? 제가 파출부 일을 하는 집 사모님은 제게 그냥 이혼하고 집이라도 건지라도 하네요.

마지막 남은 적은 돈 때문에 남편을 버린다고 생각 마시고, 이 적은 돈이 남편을 살리는 큰 힘이 될 수 있다고 생각하세요.

(먼저 필자는 질문자에게 만약 남편에게 이혼을 요구하면 어떻게 나올 것 같냐고 물었다. 예전엔 의외로 남편이 먼저 이혼을 요구한 적도 있다고 했다. 주식을 워낙 반대하니 이혼이라도 해서 편하게 하고 싶은 것 같았다고 했다. 요즘은 이혼 이야기를 꺼내지 않지만, 만약 자신이 집 매매를 필사적으로 반대한다면 아마 주식을 하기 위해서라도 이혼을 감행할지도 모르겠다고 대답했다.)

무슨 상담이 됐든 상담을 받아야 할 사람은 당신이 아닌 바로 남편이라는 판단이 드는군요. 안타깝게도 상담 시기가 너무 늦었다는 생각이 들지만 말입니다. 우리는 주식에 대한 여러 경험담이나 충고들을 접합니다. "주식은 아예 시작도 하지 마라." "주식은 노름이다." "개미투자자는 주식해서 절대 성공 못한다." 남편이 주식을 하시니 당신도 반전문가일 테지만, 이 말들은 그만큼 주식으로 성공하기가 힘들다는 의미입니다. 실제로 주식시장

타로카드 심리학

에서 성공할 확률은 2%가 채 안 된다고 보는 게 일반적이지요. 간혹 운이 좋아 짧은 기간에 남편 친구분처럼 큰 수입을 올렸다 해도, 그건 주식을 그만두기 전까지 장부상의 이익일 뿐입니다. 노름판에서 일어나기 전까지는 아무리 많은 돈을 땄다 해도 마지막 몇 판에 모든 돈을 다 날려버릴 수도 있는 것과 똑같습니다. 그러니 주식판에서 1억원은 은행에 예금한 돈 백만원보다 못할 수도 있다는 거지요.

누가 보더라도 남편은 현재 불안정하고 신뢰를 얻기 힘든 상태입니다. 돈뿐만 아니라 정신까지 말입니다. 당신이 털어놓는 말을 되새겨보면, 시골을 가자고는 하지만 주식을 안 하겠단 말은 하지 않는군요. 그것 하나만으로도 남편은 현재는 물론이고 미래까지 최악의 상황임이 분명해 보입니다. 물론 시골에 가서 개과천선할 수도 있지만 그런 섣부른 희망에 인생을 맡기는 사람은 없을 겁니다. 남편은 중독이 분명하고 치료가 필요해 보입니다만, 노름이나 주식중독이 얼마나 빨리 혹은 온전히 치유될지는 의문이군요.
　무엇보다 걱정되는 건 남편보다 당신의 건강과 아드님의 방황입니다. 남편에 대한 불신으로 불안하고 불안정한 생활이 이어지면서 생긴 총체적 고통을 술 하나로 버틴다면 오래 가지 않아 사건이나 사고가 터질 수밖에 없을 거란 생각입니다.

진작에 포기한 남편을 붙잡고 있었던 건 과거에 한없이 고마웠던 남편인 거 같아요. 하지만 그 고마움을 남편에 대한 의리로 연결시키는 건 크게 잘못된 계산 같습니다. 남편은 당신의 따뜻한 믿음이나 보살핌보다 전문가의 치료가 절실히 필요한 상태로 보입니다. 물론 그런 치료는 지금 형편에서 무리일 수도 있을 테죠. 그러나 어쩌겠습니까? 최악의 상황은 면해야 하지 않겠습니까? 산 사람은 살아야 하지 않겠습니까? 물에 빠진 두 사람이 손을 맞잡고 함께 죽을 수는 없습니다. 비정하지만 일단 손을 놓고 각자 살 길을 도모해야 하지 않겠습니까? 일단 손을 놓고 두 팔을 허우적거리기라도 하면서 버텨야 누가 구해줄 시간이라도 벌 수 있지 않겠냐고요?
　당신의 거울카드인 악마는 당신이나 혹은 남편에게 이성적으로 사고할 것을 당부하고 있습니다. 물론 남편을 버리는 것이 이성적이라는 의미는 아닙니다. 연민이나 동정심으로는 현재 사건은 해결되지 않는다는 뜻입니다. 또한 어떤 문제가 해결되지 않을 때, 뭔가에 꽂히거나 미치지 않으면 안 될 것 같아 서서히 술이나 무기력에 중독될 수도 있다는 것을 명심하셔야 합니다.

어쩌면 남편의 주식중독은 가난한 어린 시절 부모에 대한 사랑이나 보살핌의 결핍이 원인일지도 모르겠네요. 그렇다면 무엇보다 형제들의 따뜻한 관심이 필요한 게 당연할 테지만, 이미 그 관심이 충족될 시기는 많이 지난 것으로 보입니다. 만약 시댁 식구들한테 남편에 대한 애정이 남아 있다면 그들을 설득해서 남편의 맘을 돌리는 것이 마지막 방법으로 보이지만, 남편은 이미 형제들에게 돈을 빌리면서 신용을 잃었고 당신마저 시댁 식구들한테 원망의 대상이 된 지금 그러한 노력은 보나마나 수포로 돌아갈 것 같군요. 어쩌면 남편은 더 이상 기댈 곳이 없다는 것을 깨우치는 게 가장 좋은 처방일지 모르겠네요. 본전 생각을 하는 것이 곧 빚이라는 걸 깨달아야 뭔가 다시 시작할 수 있지 않을까 하는 생각입니다.

　개인적으로 마지막 남은 적은 돈 때문에 남편을 버린다고 생각하지 마시고, 이 적은 돈이 남편을 다시 살리는 큰 힘이 될 수도 있다고 생각하셨으면 합니다.

■ 상담에 적용한 악마 카드의 조언

거울로서의 악마 카드	위험한 유혹을 조심하라고 충고하거나 현재 탐닉하는 쾌락적인 욕망을 자제하고 이성적으로 사고하라고 당부하고 있다.
악마 카드의 방어기제_ 퇴행	이제껏 어렵고 힘든 일도 혼자서 해결해왔기에 마음이 단단한 것 같지만 사실 나는 너무나 여리고 보호받고 싶어하는 건 아닌지, 어쩌면 내게 가장 필요한 건 친구나 가족의 사랑이 아닌지 생각해봐야 한다.
악마 카드의 점성학_ 염소자리	사실 나는 권위적이어서 남의 말에 귀 기울이지 않거나 남의 말을 무시하지는 않는지 생각해봐야 한다.

타로카드 심리학

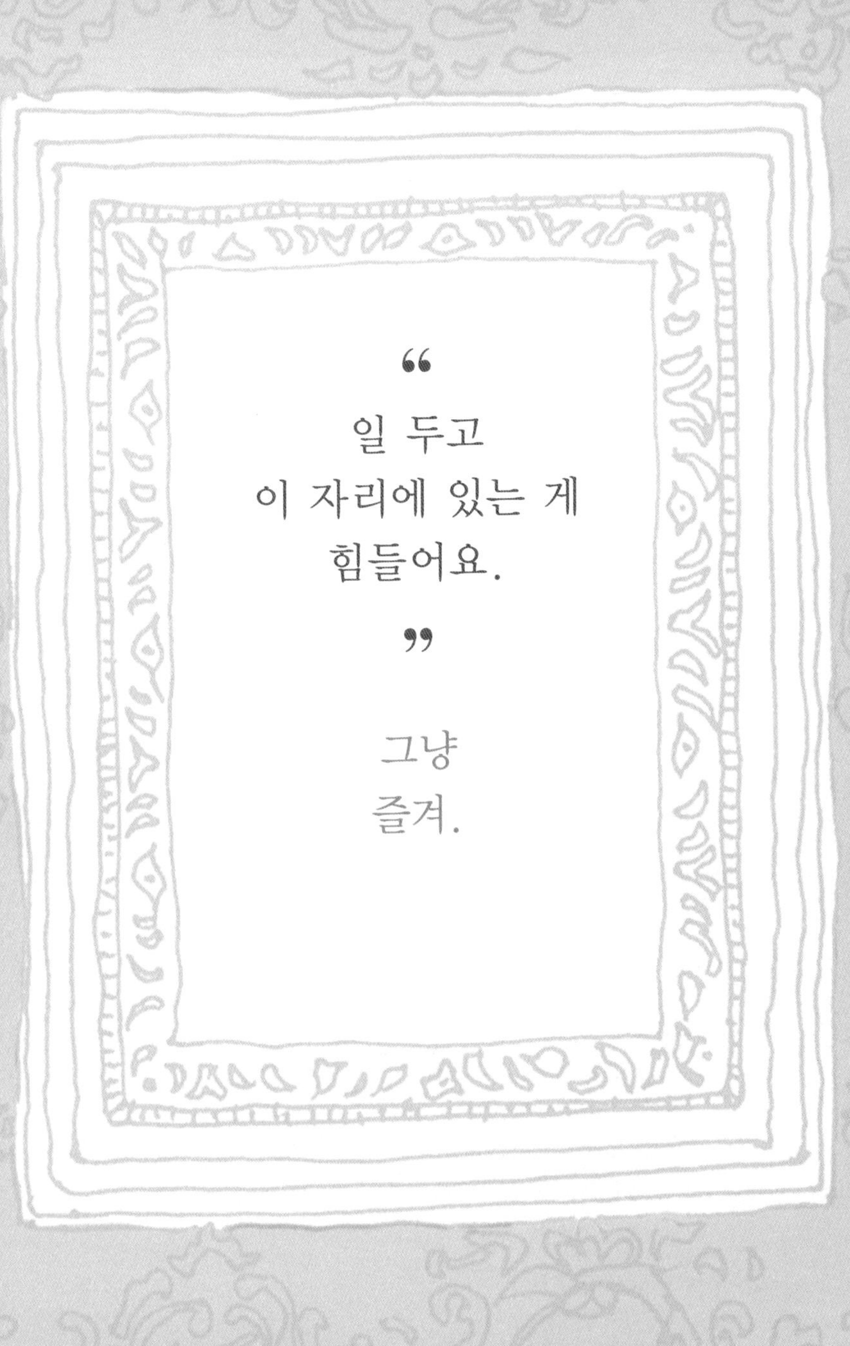

“

일 두고
이 자리에 있는 게
힘들어요.

”

그냥
즐겨.

16_ TOWER

16_ 탑

여행을 떠난 바보가 열여섯 번째로 만난 것은 탑이었다.
무너진 탑 때문에 많은 사람들이 죽었고 모두들 인재라고 했지만,
바보는 죽고 사는 게 정말 사람 때문인지 신 때문인지 헷갈렸다.
누구는 부실공사가 문제라고 했고,
누구는 비상경보가 울리지 않았다고 했고, 누구는 구조대가 늦게 왔다고 했다.
또 누구는 "죽은 사람만 재수 없지"라고 볼멘소리를 했다.
저마다 희생자가 많은 이유를 분석했지만 언제나 결론은 인재였다.
바보는 건물이 너무 높아서 큰 사고가 난 게 아닐까 생각했지만,
바보를 빼고는 그 누구도 건물이 높은 것을 문제 삼지 않았다.
오히려 더 높게 짓지 않아서 다행이라는 말만 들렸다.

바보가 무너진 탑 주변에 있는 사람들에게 다가가 물었다.
"산다는 건 뭘까요……?"

그들 중 누군가가 말했다.
"죽더라도 갈 때까지 가보는 거지 뭐."

바보는 잠시 어리둥절했지만 정말인지 궁금해 다시 한 번 물었다.
"정말 죽으면 어떡하려고요?"

그는 피식 웃으며 말했다.
"그건 운에 맡겨야지 뭐."

바보는 혼잣말로 중얼거렸다.
"인재라면서 운에 맡겨?"

<h1 style="text-align:center">거울로서의
탑 카드</h1>

:

거울카드 16번은 탑이다. 16는 1+6으로 한 자리 자연수로는 7이다. 타로카드에서 7번 카드는 전차다. 과연 탑 카드와 전차 카드는 어떤 관계가 있는 걸까? 수비학적 동일성을 잘 보여주려는 듯 라이더 웨이트 덱의 7번 전차 카드와 16번 탑 카드는 그리스 신화에서 공통되는 요소를 차용하고 있다.

전차 카드에는 전차를 모는 전사가 등장한다. 이 전사를 태양의 신인 아폴론이나 헬리오스로 보기도 하지만, 헬리오스의 아들 파에톤으로 보기도 한다. 불행하게도 파에톤은 아버지의 불의 전차를 몰다 대지를 온통 불태우게 되고, 더 이상의 피해를 막기 위해 제우스가 던진 번개에 맞아 강에 빠져 죽는다. 이 이야기에서 불의 전차와 번개는 균형을 잃은 것에 대한 대가를 나타낸다.

앞서 전차 카드에서도 간략하게 언급했지만, 7은 삼각형과 사각형의 합으로 볼 수 있다. 이는 상승과 질서의 균형적 발전을 의미한다고 볼 수도 있고, 삼각형이 가지고 있는 면이라는 정신과 삼각뿔이 가지고 있는 물질의 합이나 균형을 의미하기도 한다. 또한 7을 1부터 10까지의 중간수로 보기도 하는데, 이 역시 7이 가진 균형과 조화의 의미를 강조하고 있다고 보면 된다.

탑 카드는 보통 갑작스러운 사건 사고나 절망적 변화를 의미한다. 하지만 회화적으로 접근하면 인간의 끝없는 욕망을 경계하라는 메시지가 담겨 있다.

탑 하면 누구나 바벨탑을 먼저 떠올릴 것이다. 바벨은 신의 문이라는 뜻이지만, 성경에서는 뒤섞다 혹은 혼란시키다의 의미를 지니고 있다. 구약성서 창세기에 따르면, 신의 심판인 대홍수에서 살아남은 노아의 후손이 신의 명령대로 흩어져 살다가 바벨론의 평지에 탑을 쌓기 시작한다. 이에 신은 바벨탑을 자신에 대한 도전으로 생각하고 탑을 쌓던 사람들의 언어를 전부 갈라놓아 탑 쌓기를 그만두게 만들었다. 따라서 탑 카드의 근본적인 의미는 욕망의 좌절에서 오는 혼란스러움이라고 할 수 있다.

이제까지 카드 각각의 의미를 살펴보았다. 그럼 전차 카드의 균형과 탑 카드의 욕망의 좌절에서 오는 혼란스러움은 어떤 연관성이 있는가? 먼저 두 의미가 서로 긴밀하게 연관되어 있다고 할 때, 전차 카드의 균형은 자신의 욕망을 조절할 수 있는 통제력과 관련된 것으로 추측할 수 있다.

　여기서 주의할 점이 있다. 14번 절제 카드의 절제력과 구별되는 점으로 절제가 도덕적 모범이 되는 것을 강조한다면, 전차 카드는 자신의 오만함에 대한 한계를 인식하라는 의미로 볼 수 있다. 다시 말해서 전차 카드는 도덕성보다 능력을 좀 더 강조하고 있는 것이다. 따라서 욕망의 좌절에서 오는 혼란스러움을 탑 카드에 적용하면 자연스럽게 '희망이 크면 절망도 크다'는 말이 떠오르게 된다.

최초의 타로카드인 비스콘티 스포르자 덱이 탄생한 15~16세기에 여러 화가들이 바벨탑을 묘사했는데, 그 중에서 16세기 네덜란드 화가 브뤼헐(Pieter Bruegel the Elder, 1525~1569)이 그린 생생하고 거대한 바벨탑이 유명하다.

　그림 속 바벨탑은 벨기에의 안트베르펜이 배경인데, 당시 이 도시는 금융과 경제의 중심지로 교역이 활발했다. 언어와 관습이 다른 유럽 각국의 상인이 드나들었으며, 특히 가톨릭에 대항한 칼뱅파와 루터교, 재세례파 사이에는 불신이 싹텄다. 이로 인해 원주민들은 도시의 급격한 발전과 함께 불안과 불신 역시 크게 느꼈다. 이렇듯 탑 카드는 급격한 성장에서 비롯된 미처 준비되지 않은 불안이나 감당되지 않는 문화적 충격을 묘사하고 있다.

바벨탑(The Tower of Babel, 1563)

만약 당신의 거울카드가 16번 탑이라면, 지금 나의 불안은 크게 성공해야 한다는 강박관념에서 오는 것은 아닌지, 나는 지금 내가 바라는 지위나 사업 확장을 정서적으로 감당할 준비가 되어 있는지 생각해봐야 한다. 또한 지금 나를 괴롭히는 이유를 알 수 없는 스트레스가 갑작스런 성취나 문화적 인종적인 밀끄러움 때문은 아닌지도 한번쯤 생각해봐야 한다.

한편 거울카드로서 탑 카드는 당신에게 갑작스런 사건 사고나 절망적 변화 혹은 부도, 이별 혹은 실족을 조심하라고 충고하고 있다.

타로카드 심리학

탑 카드의 방어기제
허세

:

16번 탑은 여러 방어기제 중에서 허세와 관련지어 생각해볼 수 있다. 허세는 병리적 방어기제로 자아부정 방식의 하나다. 갈등이나 불안 또는 스트레스를 해결하기 위해 자신의 능력을 과도하게 포장하는 것이 허세다.

허세가 심한 사람은 자존감이 낮아 타인의 평가를 민감하게 의식하는 경향이 있는데, 이는 자신의 열등감을 우월한 자아상으로 포장하려는 행동에서 원인을 찾을 수 있다. 이들은 실속보다 남에게 보이는 것을 중요하게 여겨 종종 부자인 척, 유식한 척, 힘이 있는 척 행동한다.

허세에 대한 재미있는 연구를 소개한다. 네덜란드의 암스테르담 자유대학교(VU) 연구팀이 남성 100명을 대상으로 관심 있는 여자에게 말할 때와 그렇지 않은 여자에게 말할 때의 차이점을 알아보는 실험을 했다. 흥미롭게도 비교적 많은 남자들이 관심 있는 여자 앞에서는 값비싼 승용차나 저택 혹은 비싼 물건들에 대해 말했고, 그렇지 않은 여자 앞에서는 토스터나 수건 같은 저렴한 물건에 대해 이야기했다는 것이다. 즉, 남자들은 관심 있는 여자 앞에서 자신의 능력을 좀 더 과장하거나 포장하고 싶어하는 심리가 있다는 것이다. 이를 일명 포르쉐 효과(Porsche Effect)라고 하는데, 그저 스쳐 지나가는 모습이라도 한번 보면 잊을 수 없게 만든다는 명품 스포츠카 브랜드 포르쉐에서 유래한 말이다.

또 하나, 호주 퀸즈랜드대학 연구팀이 스케이트보드를 타는 20대 남성 96명을 대상으로 한 연구에 따르면, 이들은 덜 매력적인 여자보다 더 매력적인 여자 앞에서 좀 더 멋진 스케이트 기술을 구사하려 한다고 말했다고 한다.

미국의 사회학자 소스타인 베블런(Thorstein B. Veblen)이 밝혀낸, 오히려 값이 비쌀수록 잘 팔린다는 베블런 효과(Veblen Effect) 역시 상류층의 허세 소비심리와 행태를 잘 보여주는 예인데, 최근 세계 명품 소비국 조사에서 상위에 오른 한국 역시 예외는 아니다. 한때 지하철에서 영자신문이나 영어 원서를 들고 다니는 것을 허세로 여기던 시절도 있었는데 지금은 관심거리조차 안 된다.

허세는 소설에도 등장한다. 나관중의 장편 역사소설 『삼국지연의』에서 조자룡은 조조의 100만 대군을 뚫었다고 하고, 장비는 장판대교에서 3천명의 조조군을 물리쳤다는 것이다.

허세는 허풍과 비슷한 의미로 쓰이는데, 과연 허세를 부리는 사람들의 마음에는 어떤 심리가 깔려 있는 걸까? 앞에서도 설명했지만, 허세는 타인의 평가를 민감하게 의식해 자신의 낮은 존재감을 우월한 자아상으로 포장하려는 행동에서 비롯한다. 또한 이들은 실속보다 남에게 보이는 것을 중요하게 여긴다고 했는데, 이는 보여지는 것으로 모든 것이 평가되는 현재 자본주의의 속성을 그대로 반영하고 있어 씁쓸하기 짝이 없다.

TV에서 어느 방송인이 바쁜 현대인이 상대를 짧은 순간에 판단하는 것은 보이는 것이 전부라고 말한 것이 생각난다. 보이는 것은 그 사람의 생각이나 태도가 아니라 그가 두르고 있는 옷과 신발, 그가 타고 있는 차와 같은 것이다. 차라리 위의 소설 속 허세는 낮은 존재감에서 출발하는 것이 아니기에 귀엽게 보일 정도이다.

탑 카드는 번개에 맞아 불타는 탑과 바닥으로 떨어지는 두 남녀를 묘사하고 있는데, 이는 지나친 오만, 즉 허세로 인한 크나큰 손실을 보여준다. 높이 나는 새가 멀리도 보지만, 추락하는 것은 날개가 있다는 논리를 역설적으로 보여주

　　　　　　　　　　　　　　　　　　　　　타로카드 심리학

고 있는 것이다. 어쩌면 허세는 그 사람이 가진 트라우마나 낮은 자존감의 반영일 수도 있지만, 치열한 경쟁 속에서 살아가는 현대인들의 필연적인 생존방식은 아닐까?

만약 탑 카드가 거울카드로 나왔다면, 나는 타인의 평가를 지나치게 의식하고 있지는 않은지 생각해봐야 한다. 그리고 어쩌면 타인은 나의 꾸며진 외모나 환경보다 나의 진정한 내면에 더 관심을 가지는 건 아닌지, 결국은 모든 것이 다 드러나게 된다는 걸 진지하게 고민해봤는지도 생각해봐야 한다.

탑 카드의 점성학
화성

점성학점 관점에서 탑 카드는 화성에 대응된다. 화성은 흙먼지로 인해 붉은 행성으로 불린다. 바빌로니아인들은 화성을 전쟁의 왕 또는 위대한 영웅을 뜻하는 네르갈(Nergal)이라 불렀고, 이집트인은 화성을 죽음의 별이라고 불렀다. 그리스인은 화성을 전쟁의 신을 뜻하는 아레스(Ares)라고 불렀고, 로마인도 아레스를 그대로 번역하여 마르스(Mars)라고 불렀다. 영어로 3월을 뜻하는 마치(March)도 마르스에서 유래하였다.

화성의 천문 기호는 마르스의 방패와 창을 형상화한 것이며, 그 의미는 신령(원) 위의 힘(화살표)을 뜻한다. 또한 화살표가 원으로부터 밖을 향하는 것처럼 수용의 힘보다 발산의 힘, 혹은 남근을 연상시켜 성적인 힘을 나타낸다.

탑 카드를 화성과 관련짓는 이유는 번개에 맞아 파괴된 탑 때문이다. 금성의 기호(♀)가 물질을 상징하는 십자가 위의 원으로서 물질에 기반한 영(靈)이라면, 화성의 기호(♂)는 화살이라는 힘의 아래에 있는 원으로 물질의 제약을 벗어나려는 영(靈)이나 투쟁과 고통에 종속된 영(靈) 혹은 물질에 대한 파괴와 정복 등을 나타낸다.

화성은 현대점성학에서는 양자리의 지배성인데, 고전점성학에서는 양자리와 전갈자리의 지배성이었다. 양자리는 화성의 불같은 성질처럼 천진난만하고 고집불통이며 억지주장을 펴는 아이와 같은 기질을 갖고 있고, 전갈자리는 전갈의 치명적인 독이 말해주듯 파괴, 살해, 잔혹, 냉혹, 남근, 섹스 등과 같은 기질이 있는데, 둘 다 화성처럼 남성적이고 공격적인 성질을 지니고 있다.

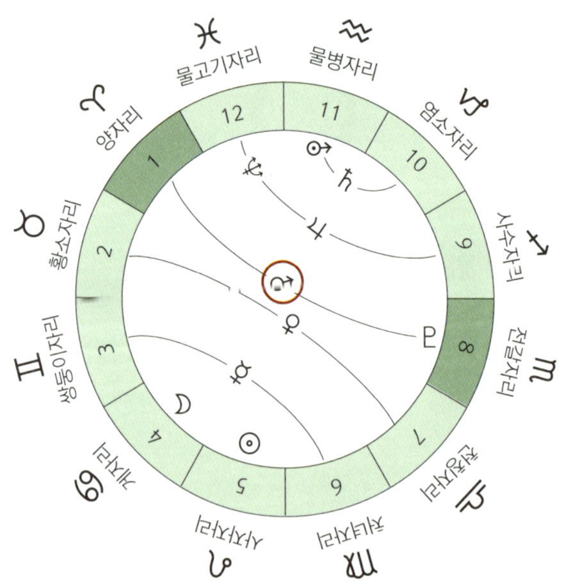

타로카드 심리학

정리하면, 화성은 밖으로 분출되는 힘으로 외향적, 공격적, 도전적, 모험적인 성질을 지니고 있는데, 지나치면 폭력적이고 성급하고 성에 집착할 수도 있다.

거울카드로서 탑 카드가 나왔다면 나는 모든 관심이나 힘이 외부로 쏠린 나머지 정작 내면의 힘이 허약한 건 아닌지 생각해봐야 한다. 또한 성에 너무 집착하거나 마초근성에 빠져 남자답게 행동하는 게 멋지다고 생각하거나 근육만 키우는 것에 관심을 갖는 건 아닌지 생각해봐야 한다.

탑 카드
상담 활용

:

아들이 학교생활에 잘 적응할 수 있을까요?

고등학교 1학년인 아들이 음악을 합니다. 아들이 다니는 학교는 부산의 한 종교재단 사립고등학교인데, 중학교와 고등학교가 같이 있고 선생님도 중고생을 함께 가르칩니다. 아들은 중학교 때 우연히 음대교수인 제 친구에게 음악적 재능이 있다는 평가를 듣고 음악을 시작했습니다. 바이올린을 켜는데 실력이 전국 탑클래스 안에 듭니다. 집에서도 학교에서도 그 녀석에게 기대가 큽니다.

그런데 요즘 문제가 하나 생겼습니다. 한달 전에 아들이 같은 학교 여학생을 사귄다는 사실을 학교에서 알게 되었고, 아들에게 헤어지라고 강압적으로 지시했다고 합니다. 그 일로 아들이 스트레스를 받고 학교생활이나 음악활동에 많은 어려움을 느끼고 있습니다.

며칠 전 제가 학교를 찾아가서 해당 선생님과 담임을 만나 면담을 하고 왔습니다. 저는 아들이 여자친구 사귀는 걸 나쁘게 생각하지 않으며, 오히려 선생님의 강압적 지시가 아들의 학교생활에 부정적 영향을 미친다는 사실을 학교 측에 알렸습니다. 그리고 지난 일이지만 순수하게 음악활동이 이루어져야 하는데 중학교 때부터 종교행사에 강압적으로 불려 다닌 것도 불만스러웠고 이해할 수 없었다는 말도 털어놓았습니다.

그런데 면담 이후, 아들의 상태가 좋아지기는커녕 선생님의 암묵적인 압박으로 여자친구와의 관계가 더욱 난처한 상황으로 몰리고 있다고 합니다. 음악부 친구들이나 선배들까지도 여자친구가 팀 활동에 방해된다며 아들에게 은근히 압박을 준다고 합니다.

제 생각은 선생님이 겉으로만 제 말에 고개를 끄덕이고 안으로는 그런 분위기를 만든 것이 아닌가 의심이 듭니다. 제가 어이가 없는 건, 애정이란 떼어놓으려 할수록 더 불붙는다는 걸 선생님이 모르는 거 같다는 사실입니다. 그냥 놔두면 자기들이 알아서 헤어지든 말든 할텐데 말입니다. 게다가 둘 다 공부도 상위권이라 자기관리능력이 충분히 있다고 저는 믿거든요.

어제 제가 다시 학교측에 아들을 음악부에서 빼내 개인교육으로 음악공부를 계속하겠다고 했더니 그건 말도 안 된다고 합니다. 다른 학생들에게 그 피해가 고스란히 돌아간다며 너무 쉽게 생각하지 말아달라고 당부 아닌 당부를 하더군요. 그러면서 사귀는 걸 반대는 안 하지만 그래도 학생에게 이성친구는 도움이 안 될 거라는 이상한 논리만 펼치더군요.

만약 음악부를 그만두면 눈에 보이지 않는 피해를 볼 게 당연한데 사실 저 역시 아들을 다른 학교로 옮기기가 쉽지 않네요. 아들이 섬세한 성격인데 이번 일로 너무 의기소침해 있어요. 그 섬세함 때문에 음악을 잘하는지도 모르겠지만. 한두 번 아들의 여자친구를 봤는데 둘이 사귀는 게 너무 예쁘더라고요. 아들 녀석이 여자친구와 사귄 뒤 바이올린 소리도 더 예뻐진 거 같기도 해요.

우리 아들은 저와 사이가 좋아서 제가 걱정할까봐 열심히 참고 노력해보겠다고 하는데 걱정이 됩니다. 학교측 입장도 이해가 안 가는 건 아니고요. 과연 우리 아들이 앞으로 학교생활을 잘 해나갈 수 있을까요?

때론 천천히 해결해가는 태도가 좀 더 근본적인 해결책이 될 수 있습니다.

요즈음 시내에서는 물론이고 자기가 다니는 학교에서도 손을 잡고 다니는 남녀 중고생들을 어렵지 않게 목격할 수 있습니다. 남녀 학생이 사귀는 것 자체는 학교의 규칙위반은 아닐 것으로 생각되기에 선생님의 강압적 지시는 매우 부당한 처사로 보입니다.

하지만 선생님의 입장을 이해하려는 관점에서 보면, 학생의 애정행위는 경우에 따라 다른 음악부 학생들과의 팀워크를 깰 소지가 있어 선생님에게는 매우 불안해 보일 수도 있을 것 같습니다. 특히 좋은 성적으로 명문대에 보내고 싶어하는 학교측의 요구에 부응해야 하는 선생님들의 어려움이 충분히 헤아려집니다.

그럼에도 불구하고, 아드님의 이성교제가 음악활동에 긍정적일지 부정적일지 모르는 상황에서 아직 일어나지도 않은 문제를 미리 예견하고 문제화하는 것은 불합리한 일임에 틀림없습니다. 다행스러운 건 보호자인 당신이 아드님을 따뜻하게 지지하고 있다는 것과 학교에서 자신들의 불합리함을 겉으로나마 인정한다는 것입니다. 모든 일을 법으로 밀어붙이는 것이 현명하다고 할 수 없듯, 학교 내에서의 문제 역시 학교규칙만 혹은 부모님의 입장만 내세워서는 산뜻하게 해결될 순 없다고 생각합니다. 학교와 학부모의 불만이나 입장 차이가 나는 것은 비일비재한 일이고, 해당 교사가 특별히 학생에게 개인적 악감정이 없다면 두 입장은 계속적인 면담과 조율을 통해 충분히 합의점을 찾을 수 있으리라 기대됩니다.

다만, 음악에 엄청난 재능을 보이는 아드님은 그만큼 감성이나 정서가 섬세할 것으로 판단되는 만큼 풋풋한 이성교제가 음악에 긍정적 영향을 주겠지만, 만약 그로 인한 아픔이 생길 경우 그만큼 큰 손실이 따를 수도 있다는 것을 당신 역시 주목하셨으면 합니다. 그러므로 선생님에 대한 항의는 항의대로 하되, 아드님의 이성교제에 신경 쓰시는 것 또한 아드님에 대한 진정한 사랑이라 생각됩니다.

거울카드로서 16번 탑 카드는 당신의 아드님에게 갑작스런 이별을 조심하

16_ 탑 카드

라고 충고하기도 하지만, 아버지인 당신에게도 질문을 던지고 있습니다. 아들에 대한 나의 예민한 불안이 아들을 크게 성공시켜야 한다는 강박관념에서 오는 것은 아닌지, 나는 아들의 갑작스러운 변화를 충분히 감당할 만한 준비가 되어 있는지 한번 생각해봐야 합니다. 또한 내가 선생님의 행위를 지나치게 폄하하는 것은 아닌지 혹은 아들의 재능에 쏠린 관심 때문에 아드님 내면의 힘을 허약하게 만드는 건 아닌지도 생각해봐야 합니다.

한방에 승부를 보려는 권투선수가 카운터펀치를 당하고 꼬꾸라지고, 빨리 달리는 자동차가 큰 사고를 부릅니다. 때로는 천천히 해결해가는 태도가 좀 더 근본적인 해결책이 될 수 있습니다. 그러니 교사에 대한 의심을 거두시고 자주 학교를 찾아 교사와 머리를 맞대길 바랍니다. 학교를 그만두는 것은 아드님에게 더 부정적일 수 있기 때문입니다.

■ 상담에 적용한 탑 카드의 조언

거울로서의 탑 카드	나의 불안이 크게 성공해야 한다는 강박관념에서 오는 것은 아닌지, 나는 지금 내가 바라는 지위나 사업적 확장을 정서적으로 감당할 만한 준비가 되어 있는지 한번 생각해봐야 한다.
탑 카드의 방어기제_ 허세	타인의 평가를 지나치게 의식하지는 않는지 생각해봐야 한다.
탑 카드의 점성학_ 화성	모든 관심이나 힘이 외부로 쏠린 나머지 정작 내면의 힘이 허약하지는 않은지 생각해봐야 한다.

타로카드 심리학

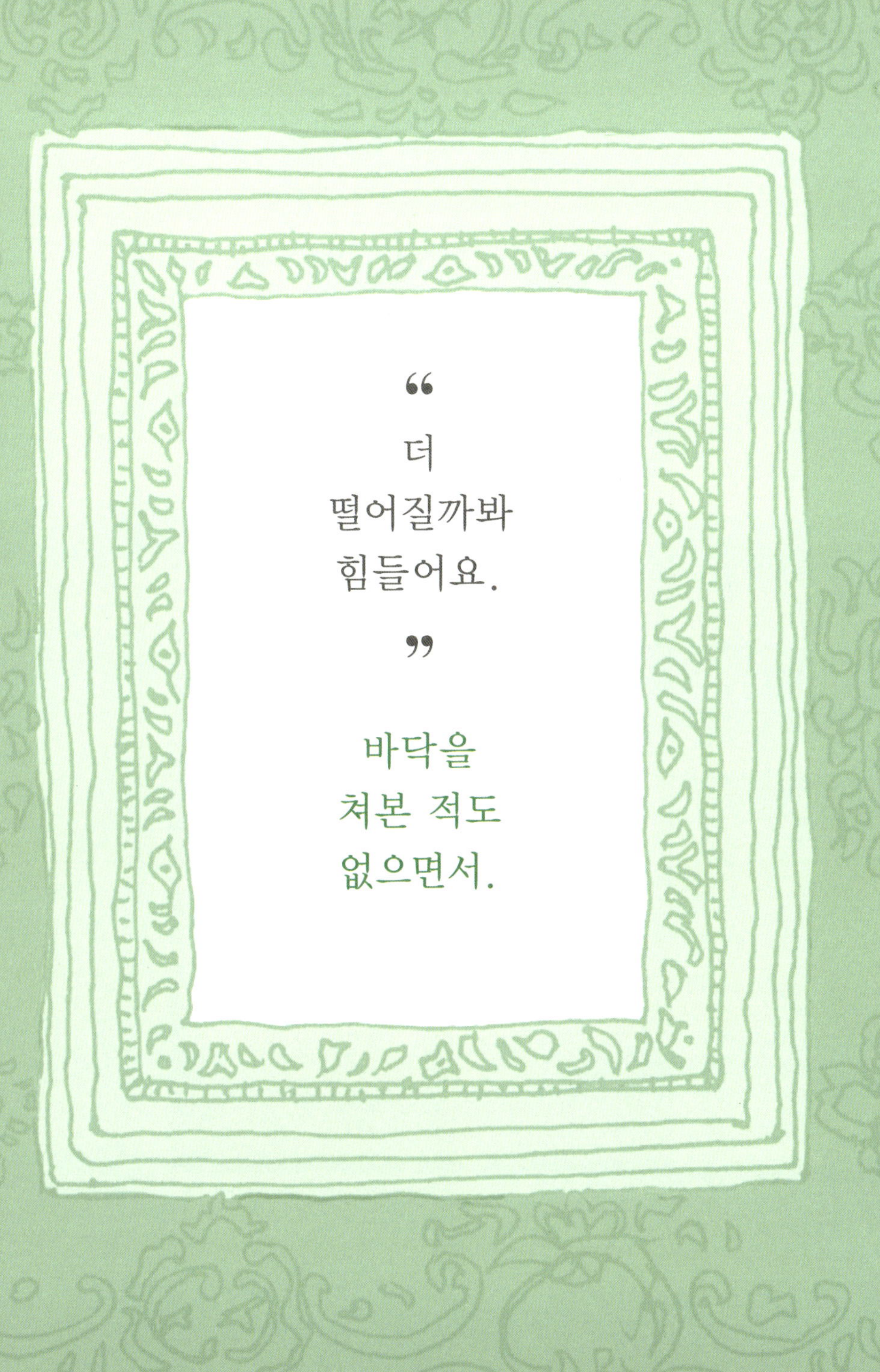

"
더
떨어질까봐
힘들어요.
"

바닥을
쳐본 적도
없으면서.

17_ THE STAR

17_ 별

여행을 떠난 바보가 열일곱 번째로 만난 것은 별이었다.
별은 누구나 가질 수 있는데, 그 모양이 저마다 다르다고 했다.
누군가는 별의 또 다른 이름이 '꿈'이라고도 했다.

별은 어떠한 고통 속에서도 삶을 지탱할 수 있게 하는 그 무엇이며,
스스로 포기하지 않는 한 그 빛은 꺼지지 않고 빛나는 것이며,
내가 발을 헛디디지 않고 곧바로 나아가게 해주며,
하나가 여물어서 따고 나면 또 다른 별이 생긴다고 사람들은 말했다.

별은 보이는 것을 아름답게 하고, 별은 들리는 것을 감미롭게 하며,
별은 느껴지는 맛을 향긋하게 하고, 별은 발걸음을 가볍게 한다고 했다.
하지만 사람들 모두 별은 천천히 천천히 아주 천천히 여문다고 했으며,
갑자기 여문 별은 갑자기 질 수도 있다고 알려주었다.

바보가 별을 품은 사람에게 다가가 물었다.
"산다는 건 뭘까요……?"

그들 중 누군가가 말했다.
"별을 바라보는 것이지요."

바보는 잘 이해되지 않아 다시 한 번 물었다.
"바라만 보면 별은 언제 따나요?"

그는 고개를 살짝 저으며 나지막이 말했다.
"이미 딴 별은 더 이상 별이 아니니까요."

거울로서의
별 카드

:

거울카드 17번은 별이다. 17은 1+7로 한 자리 자연수로는 8이 된다. 타로카드에서 8번은 힘 카드이다. 과연 힘 카드와 별 카드는 어떤 관계가 있는 걸까? 결론부터 말하면, 8번 힘 카드와 17번 별 카드는 서로 다른 방식의 두 힘을 보여준다.

수비학적 동일성을 따지면 8은 8개의 꼭짓점을 가진 정육면체로서 완전한 물질을 나타내거나, 4+4로 물질이 중복되는 것이니 물질적 또는 물리적 힘을 상징한다. 정리하면, 8번 힘 카드는 사자를 지혜롭게 다스리는 여성의 힘이다.

그에 비해 17번 별 카드는 알몸의 여인으로 얼핏 순수한 여성을 나타내는 듯 보이지만, 대지에 끊임없이 물을 길어 붓는 고단한 노동을 하고 있으니 이 역시 여성의 끈기 있는 힘을 보여준다. 특히 대지는 물질의 기초인데, 물을 부어 대지를 적시는 행동은 앞으로 전개될 대지의 풍요를 암시하고도 남는다.

하지만 회화적으로 접근하면 두 카드의 또 다른 의미를 발견할 수 있다.

첫째, 8이라는 숫자는 어머니의 젖가슴을 상징하거나 무한대의 에너지를 상징하는데 8번 힘 카드에는 여성의 머리 위에 무한대를 상징하는 띠가 등장하고, 17번 별 카드에는 여성의 풍요로운 젖가슴이 등장한다.

둘째, 힘 카드의 사자가 물질을 바탕으로 한 현실적인 힘이라면, 별 카드의 별은 꿈으로 미래적인 힘이다.

마지막으로, 힘 카드의 여성이 내면의 지혜로움을 보여준다면, 별 카드의 여성은 외면의 아름다움을 보여준다. 어쨌든 둘 다 여성의 고유한 힘 혹은 매력이라고 할 수 있다.

　　　　　　　　　　　　　　　　　　　　　　　타로카드 심리학

보통 별 카드는 희망이나 꿈 혹은 여성의 아름다움과 관련해 해석되고 활용된다. 한번 생각해보자. 가장 어렵고 힘들고 고통스러운 상황에서 여러분을 지켜줄 가장 강력한 힘은 무엇인가? 그것은 바로 희망이나 꿈일 것이다. 일반적으로 우리가 별=스타=꿈=희망이라는 등식에 익숙하듯, 별은 꿈의 또 다른 이름이다. 일례로 우리는 2002년 월드컵 때 '꿈☆은 이루어진다'라고 씌어진 플래카드를 들고 열심히 응원하지 않는가.

　필자는 별 카드를 보면 마음이 설렌다. 예전에 작은 지하방에서 살며 기나긴 고통 속에서 좌절할 때, 벽과 천장에 먹물로 '꿈'이란 글자를 가득 써놓은 적이 있기 때문이다. 그 당시 필자가 고통을 잊기 위해 심취했던 여러 소설 중에서 세르반테스의 소설『돈키호테』의 한 구절을 소개한다.

　　"이루어질 수 없는 꿈을 꾸고,

　　이루어질 수 없는 사랑을 하고,

　　싸워 이길 수 없는 싸움을 하고,

　　견딜 수 없는 고통을 견디며,

　　잡을 수 없는 저 하늘의 별을 따자."

만약 당신의 거울카드가 17번 별이라면, 나는 꿈을 포기했거나 잊고 사는 것은 아닌지, 지금 내가 살아가는 방식은 진정 내가 꿈꾸는 삶을 향해 가고 있는지 한번 생각해봐야 한다. 또한 꿈은 꼭 이루어야 진정 행복한 것인지, 꿈꾸는 것만으론 아무 의미가 없는지도 곰곰이 생각해봐야 한다. 그리고 당신은 이미 가족과 친구의 소중한 별이라는 것도 잊어서는 안 된다.

　한편 거울카드로서 별 카드는 당신에게 희망이 찾아온다든지 아름다운 이성을 만난다든지 아니면 당신의 목표가 현재는 현실화되지 못하더라도 언젠가는 꼭 이루어진다고 예고하는 것이다.

별 카드의
방어기제

:

01 이상화

17번 별은 여러 방어기제 중에서 먼저 이상화와 관련지어 생각해볼 수 있다. 이상화는 미성숙한 방어기제 중 하나다. 우리는 보통 유명한 배우나 모델 또는 스포츠선수를 스타(star)라고 부른다. 그것은 시쳇말로 그들처럼 되는 것이 하늘의 별을 따는 것만큼 힘들기 때문이다. 그래서 스타는 카드 속 아름다운 여인처럼 우리의 우상이기도 하지만 롤 모델로 신성시되기도 한다. 이렇게 우상화하거나 롤 모델로 삼는 것이 바로 이상화라는 방어기제와 연관된다.

방어기제로서 이상화는 어떤 대상이나 사람을 완전하게 보거나 모든 면을 좋게만 생각하고 의지하다가, 실망스러운 모습을 발견하게 되면서 결국은 그 대상이나 사람을 평가절하하고 관계를 끝내버리는 것을 의미한다.

우리는 어릴 때 우리를 보호해주는 부모님을 이상화하고 의지했던 것처럼, 성장해서도 어떤 대상이나 사람을 이상화하고 의지한다. 건강한 사람은 성장하게 되면 부모를 이상화하고 의지했던 믿음이 자기 자신으로 옮겨져 독립성이 강해지지만, 미성숙한 사람은 의존성이 유지되는 것이다. "그 정치인은 완벽한 도덕성을 갖췄다" 또는 "그 축구선수는 절대로 실수를 하지 않는다"와 같은 착각과 고집을 이상화의 예로 들 수 있다.

이상화를 방어기제로 쓰는 사람은 자기를 인정하지 못하고 어떤 대상이나 사람을 최고 위치에 올려놓고 그것과 완벽하게 같아지려고 노력하는 사람이다. 그러므로 이상화를 방어기제로 쓰는 사람은 명성, 힘, 매력 등을 끊임없이 확인받고자 하는 욕구가 강하다.

   타로카드 심리학

만약 별이 거울카드로 나왔다면, 나는 있는 그대로의 나를 인정하지 못하고 좀 더 완벽하기 위해 지나치게 노력하거나, 누군가를 완벽하게 믿다가도 그 사람의 작은 실수에 금방 실망하고 돌아서지는 않는지 생각해봐야 한다.

02 공상

또한 17번 별은 여러 방어기제 중에서 공상과 관련지어 생각해볼 수도 있다. 위험이나 불안 혹은 문제상황이나 갈등상황에서 자기만의 세계를 만들고 그곳으로 피하는 것, 즉 불가능한 일을 가능한 것처럼 상상하는 것을 말한다.

예를 들어, 마음에 안 드는 상사를 상상만으로 구타하거나, 내일까지 어음을 막지 못해 부도가 날 형편에 놓인 사장이 복권에 당첨되는 상상을 하는 것이다. 별 카드를 공상과 관련짓는 것은 이 카드가 스타(star)를 나타내고 스타는 곧 꿈을 의미하기 때문이다. 나아가 꿈은 비현실적이거나 현실적 고통에 대한 막연한 염원이나 도피를 의미하기 때문이다.

만약 별이 거울카드로 나왔다면, 나는 현실에서 고통스런 상황에 직면했을 때 고통을 극복하기 위해 노력하기보다는 공상을 이용해 도망치기를 반복하지 않는지 생각해봐야 한다.

별 카드의 점성학
물병자리

점성학적 관점에서 별 카드는 물병자리에 대응된다. 그리스 신화에 따르면, 젊

음의 여신 헤베가 신들을 위해 술을 따르는 일을 했는데, 어느 날 발목을 다쳐 시종 일을 할 수 없게 되었다. 그래서 제우스가 트로이의 양떼를 지키던 미소년 가니메데를 납치하여 시종 일을 맡겼다. 이후 제우스의 총애를 받던 가니메데는 하늘로 올라가 별자리가 되었다고 한다. 가니메데의 물병에서 흘러나온 물은 에리다누스강으로 흘러가게 되는데, 나중에 대홍수를 일으켰다고 전해지기도 한다.

물병자리 부근에는 고래자리, 돌고래자리, 물고기자리, 남쪽물고기자리, 에리다누스자리(이승과 저승 사이를 흐르는 강) 등과 같이 바다나 강과 관련된 별자리들이 많이 모여 있어서 고대인들은 이 부근을 하늘의 바다로 간주했다.

물병자리는 12별자리 중에서 열한 번째 순서로 기간은 1월 21일~2월 18일 무렵이다. 물병자리의 천문 기호는 물결을 형상화한 것이다. 사자자리는 자신의 지배성인 태양을 따라 에너지의 중심을 향해 가지만, 사자자리 건너편에 있는 물병자리는 중심에서 멀어지는데 이는 권력지향에서 보편지향으로 나아감을 의미한다. 또한 물병자리는 바람이 물결을 일으키는 원리처럼 힘이 분산되어 전체로 퍼져 나감을 의미한다. 그런 이유로 물병자리는 자유, 민주, 보편, 분배 등과 같이 우리가 높은 가치로 여기는 이상사회를 나타낸다.

별 카드에 등장하는 아름다운 별과 대지에 물을 붓는 알몸의 여인에서도 이와 같은 상징성을 찾을 수 있다. 즉, 알몸은 순수와 아름다움, 물을 붓는 행위는 분배, 별은 우리가 추구하는 이상사회를 상징한다.

물병자리는 고전점성학에서는 토성이 지배성이지만, 현대점성학에서는 천왕성이 지배성이다. 천왕성의 고전기호(♅)는 천왕성을 발견한 허셜의 첫 글자에서 유래한 것으로 통찰을 얻는 안테나 또는 해방을 위해 인간영혼을 파괴하는 원자폭탄에 비유되기도 했다. 하지만 천왕성의 현대기호(♅)는 태양과 화성을 합쳐놓은 것으로 태양이 화성에 의해 파괴되는 것을 나타낸다. 따라서

타로카드 심리학

천왕성은 자유와 일탈을 대표적 의미로 활용하고 있다. 특히 천왕성은 수평 자전축 때문에 기이함을 상징하기도 한다.

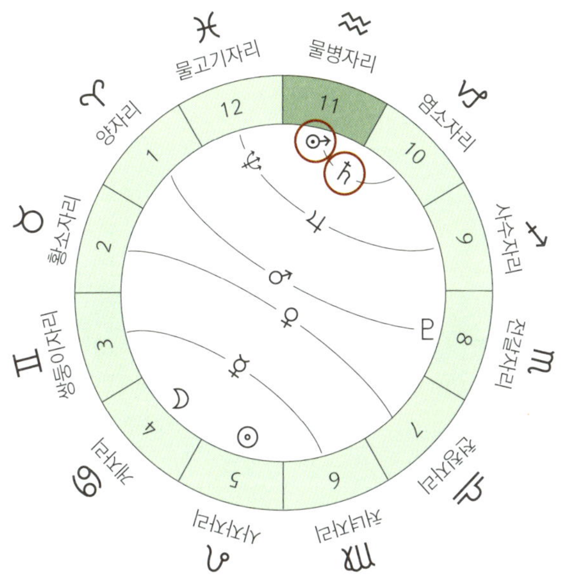

거울카드로서 만약 물병자리가 나왔다면 나는 나만의 욕심에 갇혀 자유를 잃어버린 것은 아닌지, 분배 혹은 공평하게 나눠 가짐에 인색하지는 않은지 생 각해봐야 한다. 또한 더불어 사는 삶이 얼마나 아름다운지 모르는 것은 아닌 지 생각해봐야 한다.

:

38세 남자
Q / 제 오랜 꿈이자 마지막 꿈이고 제 삶의 유일한 기쁨인데……, 선생님 제 꿈을 실현할 수 있을까요?

저는 고2 딸을 하나 둔 기능직 공무원입니다. 고등학교를 졸업하자마자 아이가 생겨 결혼을 했고, 그 바람에 젊은 시절을 재미있게 보내지 못했습니다. 하지만 나름대로 가장으로 열심히 살았기에 40대 중반의 동료들을 전부 제 밑에 두고 일하고 있으며, 자격증도 남들보다 많고 기술도 특급으로 인정받고 있습니다.

저는 일찍 결혼을 해서 그런지 늘 어디론가 멀리 떠나고 싶은 욕망이 가슴 한곳에 딱 버티고 있답니다. 예전에 사주를 한번 봤는데 역마살이 강하다고 하더군요. 전 가정에 충실하면서도 가끔 여행을 떠나고 싶을 때는 휴가를 쓰지 않고 모아서 한번씩 외국을 갔다 오곤 합니다. 특히 동남아를 자주 가는데, 이번 달도 캄보디아에 5일 정도 다녀오려고 계획 중입니다. 동남아에 자주 가는데, 그 이유는 그곳이 뭔지 모르게 저와 정서적으로 맞는 것 같아요. 그리고 그곳에서 가이드를 하고 싶어요. 물론 제 꿈은 그곳에 한국사람들을 대상으로 하는 여행사를 차리는 겁니다.

직장동료들은 제가 외국을 자주 다녀온다고 하니 돈이 좀 있구나 하는 눈빛으로 보지만 사실 여행은 돈이 아니에요. 마음이거든요. 이번에 가는 캄보디아도 왕복요금이 채 10만원도 안 돼요. 한 5일 머문다 해도 최소 60만원에서 최대 백만원이면 충분해요. 저렴한 비용으로 여행을 할 수 있다는 건 그만큼 제가 여행을 좋아하고 그곳을 좋아한다는 뜻이겠죠. 공무원 생활이 그리 탄력적이지 않은 것을 잘 아시겠지만, 제가 1년에 두세 번 시간을 쪼개 그곳을 찾는 것은 느낌을 잊지 않기 위해서입니다. 내년에는 직장을 그만두고 필리핀에 정착해서 가이드 생활을 해보고 싶거든요. 필리핀에 가려고 하는 건 그곳에 교민도 많고, 도시도 주변 나라보다 발달했고, 영어도 웬만하면 잘 통하고, 주변 나라들을 왔다갔다 하면서 가이딩하기 좋을 거 같아서예요. 이번에 가는 캄보디아는 앙크로와트가 전부지만.

다행인지 불행인지 딸도 대학은 안 가겠다 하고 미용을 배우겠다 하니 저랑 와이프는 별로 제약이 없어요. 와이프 역시 미용사를 하는데 필리핀에는 한국 사람이 많으니 그곳에서 미용실을 차리면 우리 가족은 별 지장 없이 살 수 있을 것 같아요. 딸은 같이 가든 한국에 남든 그건 본인 자유고요.
　내년부터 여행비자를 갱신하면서 일단 자리를 잡고 이후 취업비자로 확실히 굳힌 뒤 내후년 정도에 이민을 갈 계획인데, 저 정말 제대로 정착할 수 있을까요? 제 오랜 꿈이자 마지막 꿈이고 제 삶의 유일한 기쁨인데……. 선생님 제 꿈을 실현할 수 있을까요?

타로리더
A

떠나세요. 자신 있게!

꿈을 쫓는다는 것은 누구에게나 불안한 일일 겁니다. 꿈은 가까이 있지 않고, 또 꿈은 쉽게 이루어지지 않으니까요. 그러니 꿈이라고 하겠죠. 당신이 꿈을 이루고 말고는 둘째로 치고, 우선 꿈이 있다는 사실 그 자체만으로도 얼마나 다행스럽습니까? 자신의 꿈이 없이 방황하는 삶을 사는 사람들도 숱하게 많으니 말입니다. 아이가 생겨 어쩔 수 없이 결혼했지만 그 결혼을 유지하기 위해 십수 년 동안 자신의 꿈을 묻어둔 채 성실한 가정생활을 해온 것은 물론이고, 공무원으로 일하면서도 나이에 비해 유능한 전문가로 인정받는 것이 정말 대단해 보입니다. 그래서인지 당신이 꾸는 꿈은 참으로 값져 보입니다. 누구나 꿈을 꿀 수 있지만 진정한 꿈은 자신의 성실한 노력으로 이루어진다고 믿기 때문입니다.

한국사회에서 공무원이라는 직업은 신뢰와 안정 그 자체라고 생각합니다. 그런 직업을 팽개친다면 누구든 말리지 않을까 싶네요. 하지만 새로운 도전을 위해서 그 동안 쌓아올린 자신의 성을 버리고 길을 나서는 사람 중에 고민이나 불안함이 없는 사람이 몇이나 되겠습니까? 다행히 평생의 반려자인 아내가 지지하는 상황이니 아내의 믿음을 이끌어낸 당신의 성실함에 또 한 번 박수를 보냅니다. 그러니 당신이 원하는 걸 위해서 나아가라고 말하고 싶습니다. 꿈은 절대 불완전해 보이지 않습니다. 그것을 바라보는 당신의 믿음이 불안해 보일 뿐입니다. 그것은 꿈을 성공과 실패의 망원경으로 바라보기 때문입니다.

　꿈은 실패와 성공으로 평가될 수 없는 것이라 생각합니다. 언제 어느 상황에 놓이게 되든 꿈은 그 사람을 살게 하는 근원적 동기이자 동력의 원천이라고 믿기 때문입니다. 제가 너무 순진하거나 너무 감성적인 건 아니냐고요? 그럴지도 모르죠. 보통 꿈은 현실의 대척점이라고 생각하는 경우가 일반적인 거 같습니다만, 가만히 생각해보면 꿈은 미래의 통로라는 생각이 듭니다. 우리가 행복하게 살기 위해선 가슴 설레는 이유가 끊임없이 주어져야 하는데 그 이유를 주는 것이 바로 꿈이라 생각하기 때문입니다.

　거울카드로 17번 별 카드가 나오면 꿈은 꼭 이루어야 진정 행복한 것인지, 꿈을 꾸는 것만으론 아무 의미가 없는지 한번 생각해봐야 하며, 별은 남자에게는 매우 매력적인 상대나 장소를 나타냅니다. 또한 현재 내 삶의 방식에 가장 큰 의미를 지니는 것이 자유라는 것에 주목할 필요가 있다고 충고하고 있습니다. 떠나세요. 자신감 있게!

■ 상담에 적용한 별 카드의 조언

거울로서의 별 카드	나는 꿈을 포기했거나 잊고 사는 것은 아닌지, 지금 내가 살아가는 방식은 진정 내가 꿈꾸는 삶을 향하고 있는지 생각해봐야 한다. 또한 꿈은 꼭 이루어야 진정 행복한 것인지, 꿈을 꾸는 것만으론 아무 의미가 없는 것인지도 생각해봐야 한다.
별 카드의 방어기제 _ 이상화 · 공상	① 이상화 : 꿈이 크면 실현하기 힘들까봐 큰 목표를 세우고 노력하는 대신 그냥 소소한 행복에 만족하려고 하지는 않는지 생각해봐야 한다. ② 공상 : 지금 당장 실행해야 할 일인데, 혹시 공상만으로 현실의 욕구를 채우기 위해 실행을 계속 미루고 있지는 않는지 생각해봐야 한다.
별 카드의 점성학 _ 물병자리	나는 나만의 욕심(기득권을 버리는 것에 대한 불안감)에 갇혀 자유롭지 못한 것은 아닌지 생각해봐야 한다.

타로카드 심리학

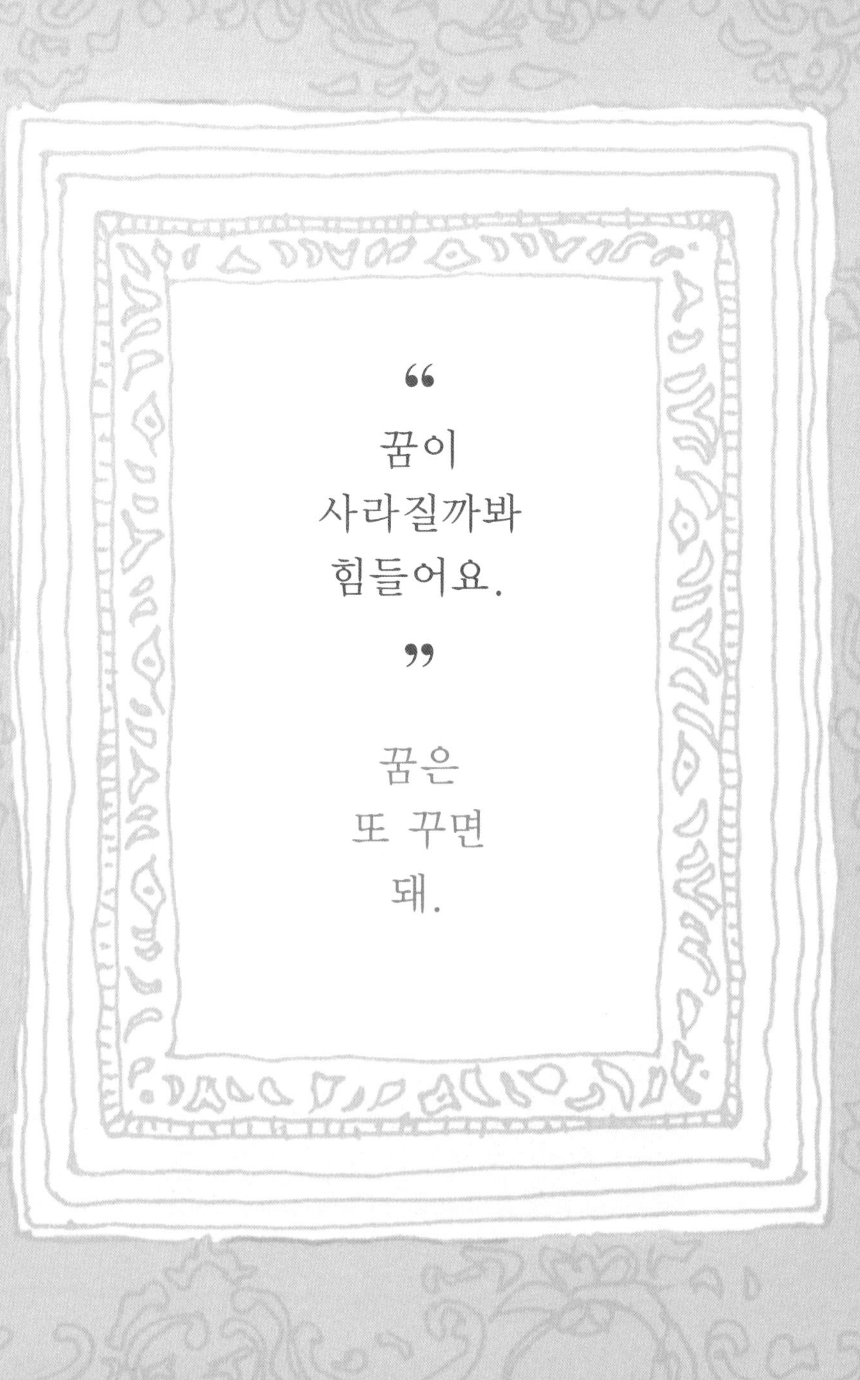
"
꿈이
사라질까봐
힘들어요.
"

꿈은
또 꾸면
돼.

18_ THE MOON

여행을 떠난 바보가 열여덟 번째로 만난 것은 달이었다.
원래 태양과 달은 한 몸이었는데, 어느 날인가 분리되어
태양은 낮을 지키고, 달은 밤을 지키게 되었다고 했다.
또 태양은 자신의 얼굴을 당당하게 내보였지만,
달은 음흉하여 태양의 가면을 쓰고 밤을 지킨다고 했다.
달은 변덕이 심해 15일을 주기로 바닷물을 높이기도 낮추기도 했고,
사람의 마음을 움직여 그리움에 젖게도 우울감에 빠지게도 했다.

사람들은 달이 뭔가를 숨기고 있다고 말했다.
누구는 달토끼를 숨겼다고 하고, 누구는 두꺼비를 숨겼다고 하고,
누구는 당나귀를 숨겼다고 하고, 누구는 집게발을 쳐든 게를 숨겼다고 했으며,
누구는 여인의 옆모습을 숨겼다 하고, 누구는 그림자를 향해 손 내미는 여인을
숨겼다고도 했으며, 누구는 엉큼한 성욕을 숨겼다고도 했다.

바보는 아까부터 뚫어져라 달을 바라보던 여인에게 다가가 물었다.
"산다는 건 뭘까요…?"

그러자 그녀가 입가를 가리며 대답했다.
"비밀이에요."

바보는 서운한 마음을 숨기고 그녀에게 귓속말로 애원했다.
"제게 살짝만 말해줄 수 없나요?"

그녀는 달을 가리키며 분명하게 말했다.
"알 수 없다고요."

:

거울카드 18번은 달이다. 18는 1+8로 한 자리 자연수로는 9가 된다. 타로카드에서 9번 카드는 은둔자다. 달 카드가 비밀스러움과 무의식 혹은 왜곡을 나타낸다면, 은둔자 카드는 정신적 깊이나 은둔을 나타낸다. 달 카드와 은둔자 카드는 어떤 관계가 있는 걸까?

9라는 수비학적 동일성을 잘 보여주려는 듯 이 두 카드는 일단 정신과 관계되며, 분위기는 어둡고 침침하다. 차이가 있다면 달 카드는 무의식과 관련된 정신, 은둔자는 의식과 관련된 정신으로 볼 수 있다. 특히 은둔자 카드의 주인공은 철학자 디오게네스로 일생을 작은 통 속에 들어가서 진리를 명상했다고 하는데, 달 카드의 달 속 얼굴이 작은 통 속에 들어간 디오게네스를 떠올리게 하기에 충분하다.

앞서 은둔자 카드에서도 설명했지만 은둔자 카드의 9가 원숙한 지혜나 깨달음 또는 승화를 의미한다면, 달 카드의 9는 은밀하고 비밀스러운 가려진 의식 그리고 경계와 왜곡을 강조하고 있다고 볼 수 있다. 그 이유로 그림 속 개와 늑대는 초자아(도덕)와 원초아(본능)를 나타내며, 이들 사이에 난 오솔길은 본능과 도덕에서 갈등하고 경계하며 살아가는 인간의 삶 또는 사랑을 묘사하고 있다. 또한 초승달에서 보름달로 바뀌는 달의 변화는 왜곡을 나타낸다.

달 카드는 보통 불륜이나 비밀 혹은 의심 등을 의미한다. 늑대의 본능과 달의 왜곡은 삐뚤어진 성적 본능에서 비롯되는 불륜을, 물 속에서 올라오는 가재는 무의식의 드러남으로 본능의 충족을 의미하므로 이 역시 불륜을, 미로처럼 길게 이어진 길은 경계와 비밀, 즉 의심을 잘 보여주고 있다.

　달 카드에는 심리학적 상징들도 많이 숨어 있다. 달은 프로이트가 말한 성적 에너지인 리비도를 나타내고, 특히 가재가 물에서 올라오는 모습은 무의식이 의식으로 올라오는 장면으로 우리의 의식이 무의식에 늘 영향을 주고 있음을 잘 보여주고 있다.

　영화나 드라마를 보면 달과 늑대가 늘 함께 등장하는데 그 이유는 늑대인간 전설 때문이다. 이 전설은 보통 동부 유럽 지역이나 프랑스 지방에 널리 전해져 온다. 전설에 따르면, 늑대인간이나 흡혈귀는 주술사에 의해 태어나며 이 둘은 동일시되곤 한다. 또한 늑대인간은 초승달이 뜰 무렵에 잉태되거나, 보름달이 뜬 금요일에 들에서 자면 늑대인간이 된다고 전해진다. 이런 전설들은 보통 신화를 근거로 재탄생된다. 로마 신화에 나오는 달의 여신 루나(Luna)는 광기나 미치광이를 뜻하는 'lunatic'의 어원인데, 그 이유는 달이 인간의 정서에 부정적 영향을 미친다고 보았기 때문이다.

　실제로 보름달이 뜬 날에 범죄 발생률이 높다는 조사결과가 있다. 달이 인체에 영향을 미친다는 근거는 밀물과 썰물을 만들어내는 달의 인력에 있다. 즉, 인체의 80% 이상이 물인데 달의 인력 때문에 바닷물의 높이가 높아지듯이, 달의 부정적 영향은 우리의 정서에 우울감, 저열감, 열등감 등과 같은 부정적 정서를 만들어내고 이는 다시 범죄로 이어진다는 논리다. 또한 전설 속 늑대인간은 보통 사람과 늑대의 모습을 주기적으로 오가는데, 이 역시 달의 주기가 반영된 결과로 볼 수 있다.

　만약 당신의 거울카드가 달 카드라면, 나의 행동이 도덕적으로 옳은지 생각해봐야 한다. 또한 지금 난 성적 욕망을 잘 통제하고 있는지 혹은 나의 이성관계가 어떤 파국을 불러올지에 대해서도 깊이 생각해봐야 한다.

　한편 거울카드로서 달 카드는 당신이 비도덕적인 사랑에 빠지거나 당신의 배우자나 애인이 뭔가를 숨기고 있을지 모른다는 경계심을 환기시킨다. 혹은 지금 안고 있는 문제가 쉽게 해결되지 않을 것임을 예고한다.

달 카드의
방어기제

:

01 투사

18번 달은 여러 방어기제 중에서 투사와 관련지을 수 있다. 투사는 자신이 느끼는 미움, 질투, 분노, 이기심 등을 자신의 것으로 인정하지 않고 다른 사람의 것처럼 생각하는 것을 말한다. 다른 여자와 바람을 피우고 싶은 남편이 혹시 아내가 다른 남자와 바람을 피울지 모른다며 의심하는 것도 투사의 예다. 또 지각한 신입사원에게 상사는 아무 말도 하지 않는데 동료나 선배가 대뜸 "네가 그렇게 지각하면 과장님이 얼마나 화가 나겠니?"라는 식으로 말하는 것도 한 예이다. 화가 난 것은 자신이면서 그 감정이 마치 상사의 것인 양 투사하는 경우다.

이 투사가 지나치면 편집증으로 발전하는데, 의처증과 의부증이 그 증상들이다. 18번 달 카드는 달이 가진 상징(성·비밀스러움·배신)과 늑대와 개 그리고 오솔길이 상징(본능·노력·비밀)이 더해져 의처증이나 의부증과 관련이 지어진다.

02 왜곡

또한 달은 왜곡이라는 자기애적 방어기제와 관련지을 수 있다. 왜곡은 자신이 내적 욕구에 맞춰 외부현실을 그대로 받아들이지 않고 왜곡하여 인식하는 것을 말한다. 만약 어떤 이가 자신은 IQ가 200이고 축지법과 공중부양이 가능

타로카드 심리학

하며 자신의 눈만 바라보아도 병이 낫는다고 스스로 믿고 또 행동한다면, 이는 왜곡이라는 방어기제를 사용하고 있는 것이다.

달이 왜곡이라는 방어기제와 관련 있는 것은 달의 변화 때문이다. 달은 보름을 주기로 커졌다 작아졌다 하는데, 달이 어둠의 상징이라는 것과 변화하는 성질이 더해져 부정적 변화라는 의미를 갖게 되고, 이것이 곧 왜곡이다.

만약 거울 카드로 달이 나왔다면, 내가 상대를 부도덕한 사람으로 내모는 것은 혹시 내 마음 속에 부도덕한 감정들이 가득 차 있기 때문은 아닌지 생각해봐야 한다. 또한 나는 다른 사람들에게 나의 능력을 과도하게 부풀리거나 남들이 인정하지 않는 능력이 있다고 믿는 건 아닌지 생각해봐야한다.

달 카드의 점성학
물고기자리

:

점성학적 관점에서 달 카드는 물고기자리에 대응된다. 그리스 신화에 따르면, 미의 여신 아프로디테와 그의 아들 에로스가 유프라테스 강가를 산책하고 있을 때 갑자기 괴물 티폰이 나타나 공격해왔다. 이들 모자는 놀라서 물고기로 변신해 강으로 뛰어들었는데, 서로를 놓치지 않으려고 발목을 끈으로 연결했다. 이후 제우스가 아프로디테의 모성애를 기려 하늘의 별자리로 만들어주었는데 바로 물고기자리라고 한다.

물고기자리는 12별자리 중에서 열두 번째 순서로 기간은 2월 19일~3월 20일 무렵이다. 물고기자리의 천문 기호는 꼬리를 묶고 서로 다른 방향으로 헤엄치는 물고기를 형상화한 것이다.

물고기와 기독교가 관련된 이야기를 하나 소개한다. 예수는 베드로에게 사람을 낚는 어부가 되게 하겠다면서 그를 바다로 데려간 뒤 그물을 내려 엄청난 물고기를 직접 잡아 보인다. 그런 뒤에 그물을 버리고 자신을 따르라 한다. 이렇게 해서 베드로는 예수의 첫 번째 제자가 되었다.

또한 예수는 오병이어, 즉 떡 다섯 개와 두 마리의 물고기로 오천 명의 허기진 사람을 배부르게 먹이는 기적을 보였다. 이후 예수는 어부나 물고기와 동일시되었고, 그 연장선에서 열두 제자들은 스스로를 '작은 물고기'라 칭했다. 물고기자리는 처녀자리(동정녀 마리아) 맞은 편에 있는데, 이것이 조각상 피에타에서 보듯 죽어가는 예수와 그를 안고 있는 마리아를 연상시키므로 '죽어가는 하나님'으로 불리기도 한다.

물고기자리는 아프로디테의 모성과 물고기의 구원 그리고 12별자리 중 마지막 별자리로 희생(죽어가는 하나님) 등이 합쳐져 신비 혹은 희생의 의미를 지닌다. 여기에 물고기자리 기호를 달과 물에 비친 그림자로 보아 분리된 의식을 나타내는 환영, 환상, 낭만, 감성 등의 의미가 더해졌다. 특히 점성학에서 물고기자리에 달이 떠 있으면 영매 기질이 있다고 본다. 달 카드를 물고기자리와 관련짓는 이유는 카드의 그림에 물과 달이 등장하기 때문이다.

물고기자리의 지배성은 고전점성학에서는 목성이고, 현대점성학에서는 해왕성이다. 해왕성의 기호(♆)는 물질(십자가)을 벗어난 분리된 의식으로 꿈, 마취, 몽상, 혼돈, 은둔 등을 의미한다. 이를 반영하듯 달 카드는 개와 늑대의 본능과 도덕이라는 서로 다른 두 의식의 층을 보여준다.

타로카드 심리학

또한 해왕성은 토성을 벗어난 정신으로 속죄와 정화를 의미하며, 물의 응집성으로 선동이나 군중 심리를 의미한다. 또한 천왕성이 과학적 영감이라면, 해왕성은 예술적 영감이라 할 수 있다.

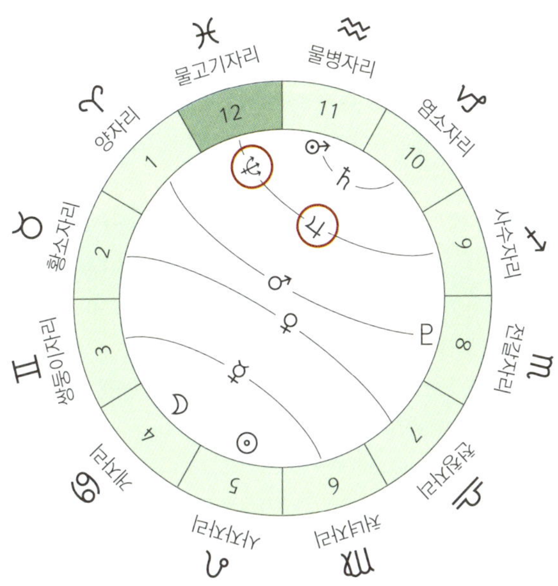

정리하면, 점성학 관점에서 달 카드는 신비나 희생 혹은 감성을 나타내는데, 그것들이 잘못 사용되면 사기나 타락 혹은 망상이 될 수도 있음을 경계해야 한다.

거울카드로서 달 카드가 나왔다면, 나는 희생할 준비가 되어 있는지 아니면 너무 과학만 맹신하거나 신비만 쫓는 건 아닌지 생각해봐야 한다. 또한 나는 너무 감성적이거나 감성에 메마른 건 아닌지, 나는 너무 감성적이거나 쾌락적인 건 아닌지 생각해봐야 한다.

달 카드
상담 활용

:

인형뽑기에 중독된 저, 어떻게 해야 그만둘 수 있죠?

길거리를 다니다 보면 인형뽑기란 게 있습니다. 단순한 인형뽑기에서 요즘 유행하는 드론뽑기까지 수없이 많은 물건을 뽑을 수 있는 게임입니다.

인형뽑기에 빠진 건 한 3년 전인 거 같습니다. 껌을 뽑는 것부터 시작해서 무거운 찰흙을 헤집고 나오는 무선탱크, 무선자동차처럼 점점 좋은 물건을 뽑는 것에 빠져들게 되더군요. 퇴근길에 참새가 방앗간 그냥 지나가지 못하듯 눈여겨본 뽑기기계에 다가가는 제 자신을 발견하곤 합니다.

뽑기에 쓰는 돈도 무시하지 못하겠더군요. 예전에는 한 번 뽑는데 2백원이었는데 요즘은 한 판에 오백원이 되었습니다. 자리에 앉아서 정신없이 하다 보면 7~8만원 정도를 그냥 써버리는 경우가 허다합니다.

제가 바라는 물건이 안 나오면 화가 나서 그걸 뽑을 때까지 하고, 돈이 떨어지면 현금서비스를 받아가면서까지 하게 되었습니다. 결국 못 뽑으면 화가 나서 잠이 오지도 않았습니다. 자다가도 내일은 오늘 못 뽑은 물건을 뽑아야지 하는 생각밖에 없었습니다.

반대로 뽑기기계에서 가장 값나가는 물건들을 뽑으면 로또를 맞은 듯 기분이 좋았습니다. 이런 기분 때문인지 밀라노 실거리를 지나다가도 뽑기기계가 있으면 거기에 눈이 갑니다. 마치 시간 날 때마다 애연가가 담배를 피듯이 이제 습관이 되었습니다. 그러한 뽑기 물건들은 대부분 중국산이라 며칠 지나면 쓸모없어지는 걸 알면서도 뽑기기계 옆에 서 있는 제 자신이 한심스럽기까지 합니다. 뽑는 것에 흥미가 있을 뿐 정작 쓸모 있는 물건은 별로 없습니다.

왜 제가 인형뽑기에 집착할까요? 이제 그만한다고 매번 다짐하지만 왜 통제가 잘 되지 않는지, 혹시 제 정신에 문제가 있는 걸까요?

　　　　　　　　　　　　　　　타로카드 심리학

뽑기중독 이면에 해결되지 않은 어떤 문제가 있는지 돌아보아야 합니다.

(이 질문은 15번 악마 카드에 잘 어울리는 내용이지만 거울카드로 18번 달 카드가 나왔기 때문에 필자는 달 카드의 관점으로 해석을 시도했다.)

남자라면 누구나 한번쯤 뽑기를 해봤을 겁니다. 저 역시도 가끔 뽑기기계 앞에 사람들이 모여 있으면 구경거리를 만난 듯 그곳으로 발길을 옮기니까요. 아마도 뽑기는 낚시의 손맛과 같을 거라는 생각이 드는군요.

이것은 스키너(B.F. Skinner)의 행동심리학인 강화와 보상 그리고 소거와 관련하여 설명할 수 있는데, 강화는 다양한 가격의 물건이며, 보상은 뽑은 물건입니다. 소거는 물건이 뽑히지 않으면 욕망이 사라지는 현상입니다. 만약 모든 물건의 가격이 같고(강화 약함), 할 때마다 물건이 뽑히면(연속적 보상) 뽑는 재미는 사라질(소거) 것입니다. 하지만 뽑는 물건이 투입한 돈과 같을 수도 있고, 몇 배 비쌀 수도 있고(강화 강함), 또 늘 뽑히는 것이 아니기 때문에(간헐적 보상) 뽑기중독은 낚시나 도박처럼 쉽게 소거되지 않는 특징을 지닙니다.

물론 일정한 시간이 지나면 뽑기에 대한 흥미는 다른 놀이로 대체되거나 바쁜 일 때문에 자연히 소거될 수도 있습니다. 하지만 당신의 경우에는 현재 뽑기가 계속 강화되는 과정이고, 그것에 대해 스스로 심각한 문제의식을 느끼고 있는 듯하네요.

얼핏 보면 당신의 뽑기 중독은 시간이 해결해줄 것으로 가볍게 생각할 수도 있지만, 강화물이 뽑기기계의 인형이나 드론이 아니라 현금이라면 어떨까요? 만약 당신의 뽑기중독이 기질과 관련된 것이라면 좀 더 심층적인 전문 상담이나 치료를 통해 바로잡아야 할 것입니다.

하지만 최근에 어떤 현실적 문제가 생겼고 뽑기가 그 문제를 회피하기 위한 탈출구였다면 그 현실적 문제를 빨리 해결해야 할 것입니다. 그 문제의 해결이 어쩌면 뽑기중독에 대한 근원적인 해결이 될 수도 있습니다.

이건 개인적인 생각입니다만, 어쩌면 당신은 뽑기기계 속에 진열된 다양한 물건들을 무의식적으로 쇼윈도 속에 박제된 당신의 모습으로 간주했는지도 모릅니다. 따라서 뽑는 행위는 쇼윈도(현실의 구속이나 현실의 문제)에 갇힌 자신을 자유롭게 해주고 싶은 절실함의 표현인지도 모르겠네요. 만약 당신이 다시 한번 뽑기기계 앞에 가게 된다면 한 가지 당부하고 싶어요. '내가 아무리 뽑아내도 저 진열장 안에는 새로운 물건들이 끊임없이 채워질 것이며, 저 기계는 우리 동네에 수십 개가 있을 것이고 전국에 수천 수만 개가 있을 것이다'라고 생각하세요.

거울카드로서 달 카드가 나왔다면 난 지금 욕망을 잘 통제하고 있는지 생각해봐야 합니다. 또한 지금 안고 있는 문제가 쉽게 해결되지 않을 것을 예고하는 것이기 때문에 문제를 좀 더 진지하게 받아들여야 합니다.

또한 달 카드가 본능과 도덕 사이에서 갈등하는 모습을 나타내는 것처럼 당신의 자아는 본능과 도덕 사이에서 안정을 찾지 못하고 있는 것 같군요. 예민하든지 심각하든지 아니면 자포자기하는 심정이든지요. 이 방황은 당신의 자존감을 높이기보다 자포자기의 덫으로 더욱 깊숙이 끌고 들어가는 듯해서 매우 조심스럽기까지 합니다.

어쨌든 당신의 예민한 감정이나 집착이 또 다른 사행성 게임인 도박이나 경륜, 경마 같은 것으로 커지지 않은 것은 그나마 다행이지만, 특히 도박을 경계해야 합니다.

■ 상담에 적용한 달 카드의 조언

거울로서의 달 카드	나의 행동이 도덕적으로 옳은지, 난 지금 성적욕망을 잘 통제하고 있는지 생각해봐야 한다. 또한 지금 문제가 쉽게 해결되지 않는다는 것을 예고하고 있다.
달 카드의 방어기제_ 투사·왜곡	① 투사 : 내게 과중한 업무가 떨어졌을 때, 내가 빠져 있는 일들을 통해 성취감을 느끼고 있진 않는지 생각해봐야 한다. ② 왜곡 : 내가 집착하고 탐닉하는 일들을 보면서 내게 초능력이나 신비한 능력을 있다고 믿고 싶은 건 아닌지 생각해봐야 한다.
달 카드의 점성학_ 물고기자리	나는 너무 감성적이거나 쾌락적인 건 아닌지 생각해봐야 한다.

타로카드 심리학

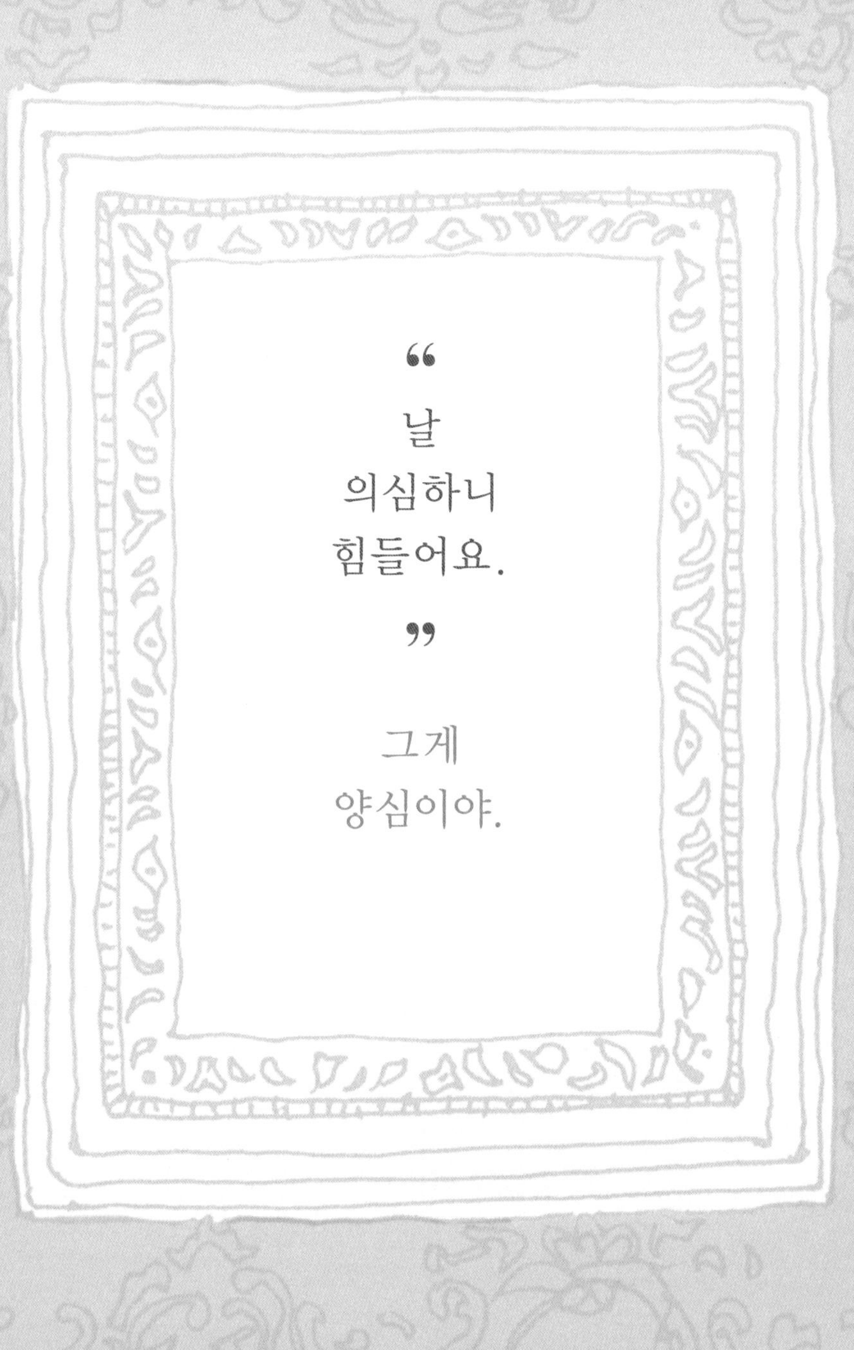

"
날
의심하니
힘들어요.
"

그게
양심이야.

19_ 태양

여행을 떠난 바보가 열아홉 번째로 만난 것은 태양이었다.
누구는 태양을 신이라고 불렀고, 누구는 태양을 아버지라고 불렀으며,
또 누구는 태양을 어머니라고 불렀다.
태양을 아이라고 부르는 사람도 있었지만, 그들 모두 다같이 태양을 숭배했다.

태양을 신이라 하는 것은 태양을 중심으로 모든 별들이 돌고 있기 때문이고,
태양을 아버지라 하는 것은 멀리서 세상에 온기를 불어넣기 때문이라고 했다.
태양을 어머니라 하는 것은 세상의 모든 생명을 키우고 먹여 살리기 때문이고,
태양을 아이라고 하는 것은 온 세상을 다 드러나게 하여
숨기지 않는 순수함 때문이라고 했다.

바보는 아까부터 뚫어져라 태양을 쳐다보던 아이에게 다가가 물었다.
"산다는 건 뭘까……?"

그러자 아이가 환하게 웃으며 대답했다.
"태양이 있으니까요."

바보는 놀리듯 태양을 가리키며 다시 물었다.
"그럼 밤엔 어떻게 살아?"

아이는 다시 태양을 향해 시선을 옮기며 야무지게 입을 열었다.
"내일은 또 내일의 태양이 뜬다고요."

거울로서의
태양 카드

:

거울카드 19번은 태양이다. 19는 1+9로 한 자리 자연수로는 10이 되고, 다시 10은 1+0이므로 1이 된다. 타로카드에서 10번은 운명의 수레바퀴이며, 1번은 마법사다. 마법사 카드와 운명의 수레바퀴 카드 그리고 태양 카드는 어떤 관계가 있는 걸까?

라이더 웨이트 덱에서 이 세 카드는 수비학적 동일성을 잘 보여주고 있다. 즉, 마법사 카드는 태양의 창조성을, 운명의 수레바퀴 카드는 태양의 영원성을, 그리고 태양 카드는 태양의 순수성을 보여준다.

먼저 마법사의 테이블에 놓인 4슈트(막대기·컵·검·동전)는 마법사의 창조성과 다재다능함을 나타내는데, 이는 태양이 지상의 모든 생물을 성장시키는 것을 비유한 것이다.

두 번째로 운명의 수레바퀴는 태양의 영원성 또는 불멸성을 나타낸다. 이집트 신화에서 태양신 라(Ra)는 보통 날개달린 원으로 형상화되는데, 7번 전차 카드의 전차에서도 이 모양을 찾아볼 수 있다. 마이너 카드 중 두 개의 컵 카드에 있는 헤르메스의 지팡이(날개달린 사자머리) 역시 라의 또 다른 묘사인데, 이집트 벽화나 고문서에서 라는 원이나 사자 대신 수레바퀴로 대체되기도 한다. 수레바퀴는 끊임없이 회전하지만 그 모양은 변하지 않는데, 이는 시간이 흘러도 변하지 않는 태양의 불멸성과 불변성을 나타낸다.

마지막으로 태양 카드는 태양에는 함께 아이가 등장하는데, 태양의 빛으로 모든 것이 드러나는 것처럼 아이 역시 숨기지 않고 그대로 드러내는 순수성을 나타낸다.

타로카드 심리학

한편 태양은 보통 신, 왕, 사자, 힘 등과 동일시되기도 한다. 그 중에서도 태양이 힘, 에너지, 열정을 나타내는 이유는 식지도 않고 꺼지지도 않는 성질 때문이다. 이는 곧 살아 있음을 뜻하고, 살아 있음은 희망이 필요하거나 희망이 있다는 메시지다. 이 대목에서 태양과 관련된 영화 한 편이 떠오른다.

‘내일은 또 내일의 태양이 뜬다.’ <바람과 함께 사라지다>의 여주인공 스칼렛 오하라의 마지막 대사다. 역사상 가장 성공한 영화로 기네스북에까지 오른 이 영화는 스칼렛이란 여성의 인생 역정을 그리고 있다. 대농장 타라를 소유한 오하라 가문의 장녀 스칼렛은 짝사랑하던 애슐리에게 약혼녀 멜라니가 있다는 사실을 알고 멜라니의 오빠 찰스와 결혼한다. 하지만 찰스는 전쟁터에서 죽고, 동생의 약혼자 프랭크를 가로채 재혼하지만 프랭크마저 죽는다. 스칼렛은 자신을 처음부터 짝사랑하던 레트와 결혼하지만 그와 불화를 겪다 딸은 죽고 임신한 아이까지 유산한다. 이후 스칼렛의 마음은 다시 한번 애슐리를 향하지만, 그의 마음이 멜라니에게 있음을 확인하고 뒤늦게 자신이 진정으로 사랑한 사람은 레트였다는 사실을 깨닫게 된다. 이미 그녀를 떠나버린 레트를 찾기 위해 스칼렛이 자위하듯 던진 말이 바로 ‘내일은 또 내일의 태양이 뜬다’라는 대사다. 따라서 내일의 태양은 곧 희망인 것이다.

이 영화에서 흥미로운 점은 ‘바람과 함께 사라지다’라는 영화 제목과 ‘내일은 또 내일의 태양이 뜬다’는 대사가 상반된 의미를 지니고 있다는 것이다. 이는 바람처럼 다 사라져도, 푸시킨의 시처럼 삶이 비록 나를 속일지라도, 그래도 태양만큼은 배신하지 않는다는 사실, 희망만큼은 나를 배신하지 않는다는 사실을 역설적으로 보여주고 있다.

어릴 적 필자는 해를 좋아해서 눈이 멍해지도록 바라보곤 했다. 언젠가 TV에서 인도의 수행자가 하루 종일 눈이 멀도록 태양을 바라보는 고행을 하는 장면을 인상 깊게 본 적이 있는데, 어릴 때 내 모습이 오버랩되는 것도 잠시 곧 그 사람의 눈이 더 걱정되는 것이다. 그 이유가 내가 순수함을 잃어버렸기 때문인지 아니면 자외선이 무서운 걸 알아버렸기 때문인지는 모르겠지만.

살아가면서 끝이 없는 칠흑 같은 터널을 걷고 있다는 느낌이 가끔씩 드는데, 그럴 때마다 분명 이 길 끝에는 환한 빛이 있을 거란 믿음으로 걸음걸음에서 쥐어짜듯 힘을 끌어내곤 한다.

만약 당신의 거울카드가 태양 카드라면, 과연 나는 삶을 열정적으로 살고 있는지 한번 생각해봐야 한다. 또한 지금 나는 고통 속에 살면서 내일은 또 다른 고통이 찾아올 거라며 두려움에 떨지만, 그 고통과 함께 새로운 시간과 기회가 온다는 사실은 망각하고 있진 않는지 깊이 생각해봐야 한다.

한편 거울카드로서 태양 카드는 당신에게 더 큰 열정이 생기거나 건강해질 수 있다는 것을 예고하므로 여행을 떠나게 되거나 운동에 탐닉하게 될 수도 있다. 또는 아이가 생길 수도 있다.

태양 카드의 방어기제
이타주의

:

19번 태양은 여러 방어기제 중에서 이타주의와 관련지어 생각해볼 수 있다. 이타주의는 나보다 남을 위해 행동하는 것에 만족감과 성취감을 느끼는 성숙한 방어기제다. 미국의 한 대학이 실시한 설문조사에 따르면, 이타주의 방어기제를 가진 사람들의 행복지수가 보통 사람들보다 높게 나왔다고 한다.

이타주의의 예를 들면, 가족들을 위해 늘 자신이 양보를 한다거나 가난한 사람들을 위해 수시로 봉사활동을 한다거나 익명으로 기부를 하는 행동들이다. 테레사 수녀, 노블리스 오블리제의 전통 역시 이타주의에 포함된다.

 타로카드 심리학

사람들이 이타주의 방어기제를 갖게 되는 이유는 타인에게 연민을 느끼기 때문이거나, 타인이 나보다 더 가치 있다고 믿거나, 평범한 일보다 가치 있는 일을 하고 싶은 마음 때문이다. 이들은 보통 자신의 이타적 행동이 대가를 바라지 않는 순수한 생각에서 비롯된 것이라고 믿지만, 그 정서의 바탕에는 자신이 해준 만큼 받고 싶다는 마음이 깔려 있는 경우가 많다. 또한 이기적인 사람들의 행동이나 이기심이 팽배한 사회에 대한 불안감과 두려움이 원인인 경우도 많다.

봉사도 하다 보면 중독이 된다고 한다. 이타주의 방어기제가 지나치면 부정적인 결과를 초래할 수 있는데, 예를 들어 남을 돌보다 정작 자신의 건강을 돌보지 못한다거나, 자신의 재능이나 공부를 위한 투자에 소홀할 수 있다.

태양 카드가 이타주의 방어기제와 관련되는 이유는 태양처럼 밝고 건강하고 건전한 삶을 지향한다는 점 때문이다. 또한 카드에 등장하는 순수한 아이처럼 우리 사회가 순수한 동기를 갖고 사회적 약자나 소외된 사람들을 도우면 이 사회는 밝아질 것이라는 믿음 때문이기도 하다. 이타주의는 행동을 통해 좀 더 적극적으로 드러나게 되는데, 라이터 웨이트 덱에 등장하는 활동적인 말과도 잘 어울린다.

만약 태양이 거울카드로 나왔다면, 나는 내가 하는 모든 일이 타의 모범이 되거나 가치 있어야 한다고 생각하진 않는지, 나는 착한 아이 콤플렉스에 빠져 있진 않는지 생각해봐야 한다. 또한 내가 지금 남을 돕는 것이 진정 도움을 필요로 하는 사람을 위해서가 아니라 남이 나를 알아주길 바라는 사심에서 비롯된 건 아닌지 스스로 질문해봐야 한다.

태양 카드의 점성학
태양

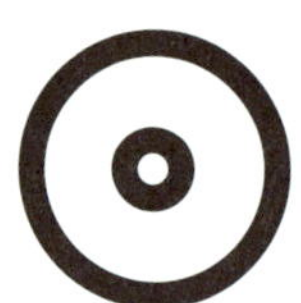

점성학적 관점에서 태양 카드는 태양에 대응된다. 태양은 스스로 빛을 내는 행성으로 태양계의 여러 행성에 절대적 영향을 미친다. 그리스 신화에서 태양은 태양신 아폴론이나 헬리오스와 동일시되며, 점성학에서는 근원, 중심, 심장, 생명, 자아, 권력, 왕, 아버지, 남편 등을 상징한다.

태양의 천문 기호는 태양의 테두리와 그 중심을 형상화한 것으로, 잠재력을 두르고 있는 신령을 상징한다. 태양은 늘 한결같이 변하지 않고, 내가 일관성 있게 추구하고 완성해야 할 인격이나 의식 그리고 미래를 의미한다.

라이더 웨이트 덱의 태양 카드에는 태양의 다양한 성질들이 잘 묘사되어 있다. 벽은 보호를, 아이는 순수함을, 깃발은 열정을, 말은 활력을 나타내고, 해바라기는 생명과 태양에 대한 권위를 나타낸다.

태양은 사자자리를 지배하는데, 이는 사자의 자신감, 배포, 리더십 등과 관련이 있기 때문이다. 하지만 사자나 태양의 지나친 자신감은 부정적으로 나타나기도 한다. 즉, 자의식 과잉은 독단, 오만, 지배적, 허영, 허풍 등을 가져오고, 폭발력이 지나치면 폭력, 폭행, 범법행위 등으로 이어질 수도 있다.

타로카드 심리학

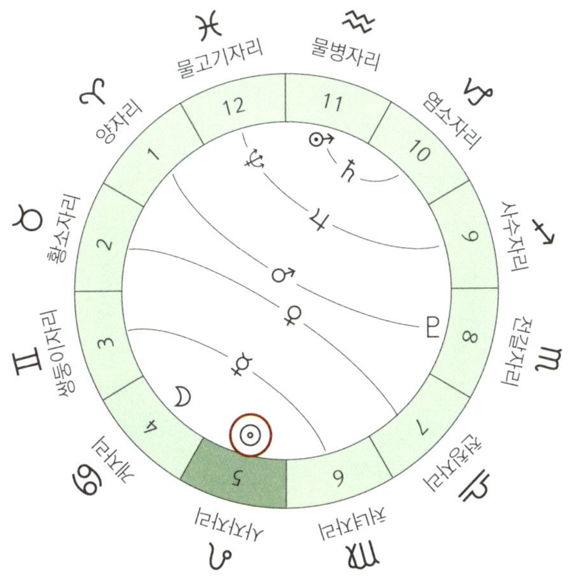

정리하면, 태양은 주체적이다. 자신감은 좋지만, 힘을 지나치게 과시하는 것은 경계해야 한다.

거울카드로 태양이 나왔다면, 나는 내 능력을 너무 과신하지는 않는지, 문제 해결을 자신감 하나에만 의존하지는 않는지 한번 생각해봐야 한다. 또한 태양은 당신이 주체의식을 가져야 한다는 것을 충고한다.

태양 카드
상담 활용

:

투자를 하면 돈을 벌까요?

제가 투자문제로 점을 한두 군데서 보고 왔는데, 한쪽은 해도 된다고 하고 한쪽은 하지 말라고 하네요. 선생님이 결정을 내려주세요.

제가 오랫동안 알고 지내온 오빠가 있는데 트럭운전수예요. 이 오빠가 건축공사장에서 함께 일하는 동료의 후배를 소개받았는데, 자기는 인천에서 중국 대리석을 수입하는 일을 한다고 했대요. 자기가 도매로 넘기면 소매상인들이 그걸 받아다가 업자에게 이윤을 붙여 되판다는 거죠. 이 사람이 오빠한테 트럭을 가지고 대리석을 소매로 운반하는 일을 해보면 어떠냐고 했대요. 요즘 한국에서 가장 인기 있는 최고급 대리석 광산을 중국에서 발굴했는데, 대리석 가격이 떨어지기 전에 빨리 한국에서 채굴하고 싶다고 했다는 거예요. 만약 그 일을 하려면 자기 회사에 보증금 2억원을 내야 하는데 6개월이면 보증금을 다 회수한다고 했대요. 그러면서 "2억 중 5천은 내 개인 돈을 이자 없이 빌려줄 테니 1억 5천만 준비하면 됩니다"라고 말했다는 거예요. 그 사람 말로 한달에 못해도 3천은 남길 수 있으니 이번 기회에 한번 해보라고 했대요. 소매업 하는 사람이 열 명 정도 필요한데 마지막 딱 한 명이 남았다고 하면서요.

그 이야기를 듣고 오빠가 제게 1억반 투자하라고 해요. 자신은 돈이 없으니 5천만 투자한다면서 말예요. 한달에 수익이 3천이 나면 제게 배당금을 천만원 주겠다네요.

전 오빠는 잘 아는 사람이라 믿지만, 오빠가 소개받았다는 사람은 못 믿겠어요. 중간중간 오빠랑 약속한 것들이 자꾸 틀어지고 계속 연기되고 있거든요. 오빠가 그 사람에게 "5천을 이자 없이 빌려준다고 했으니 일단 보내라. 그러면 2억을 만들어서 직접 회사를 찾아가겠다"고 했는데, 차일피일 입금을 미루고 있다고 해요. 그 사람이 며칠 전에는 자신은 여수에 곧 관광지로 개발될 섬도 갖고 있고 부산에 작은 빌딩도 2개나 있어서 사업 안 해도 먹고 산다면서 사진하고 문서까지 보여줬다고 하더라고요. 그러면서 1억 5천이 만들어지면 바로 연락하라고, 그러면 자기가 그 자리에 5천을 들고 나가서 차용증을 쓰겠다고 했다는 거예요.

오빠는 그 사람을 의심하면서도 증거를 보면 거짓말은 아닌 거 같다고 해요. 어제는 제게 1억을 먼저 달라고 하더라고요. 저쪽에서 우릴 못 믿는 거 같다면서요. 제가 어떻게 할까요? 이번 일이 기회라면 오빠를 한번 제대로 도와주고 싶어요. 사실 오빠는 믿는데, 그 사람을 믿을 수가 없어요. 무당 중 한 사람은 올해 제가 큰돈을 번다고 했는데, 전 이번 오빠 일 아니면 큰돈을 벌 데가 전혀 없거든요. 그래서 답답해서 여기까지 온 거예요. 선생님, 투자해도 될까요?

결정할 사람은 제가 아니라 당신입니다.

투자는 당연히 꼼꼼하게 살펴보고 결정해야 합니다. 그런데 투기는 그 속성상 아무리 꼼꼼하게 살펴봐도 합리적으로 판단되지 않는 부분이 분명히 있을 겁니다. 투자처럼 누구에게나 열린 기회는 설령 돈을 잃는 일이 생겨도 투자자의 잘못으로 판명되기 쉽지만, 투기처럼 특정한 사람에게 정보가 주어지는 일은 사기로 판명될 확률이 높습니다.

그 후배라는 사람이 "열 명 정도 필요한데 마지막 딱 한 명이 남았다"고 한 말은 듣는 오빠 입장에서는 드러내놓고 다른 사람과 공유할 수 없는 자신에게 주어진 마지막 기회인데, 사실 압박으로 들리는 부분이 있어요. 이 심리적 압박은 간혹 집이나 방을 구하러 부동산에 갔을 때, "곧 계약하겠다는 사람이 온다고 하니 지금 결정을 하십시오. 할 건지? 말 건지?" 식의 압박과 매우 닮아 보입니다. 물론 우연의 일치일 수도 있지만 말입니다.

오빠가 1억 5천을 가지고 오면 자기가 5천을 들고 나가겠다는 조건은 서로를 믿지 못해서 하는 말일 수도 있으니 그것만 갖고 거짓말이라고 단정할 순 없을 것 같아요. 하지만 여수에 곧 관광지로 개발될 자기 섬도 있고 부산에 작은 빌딩도 2개나 있어 사업 안 해도 먹고 산다고 한 말은 뭔가 상대를 안심시키려는 의도가 느껴지고, 그 저의가 의심스럽기까지 합니다.

노파심에서 한 말씀 드리면, 사기는 속는 사람이 바보가 아니라 치는 사람이 천재라는 말이 있습니다. 그래서 사기칠 대상이 되지 않는 게 가장 중요하다고 하지요. 사기치는 사람이 확실한 증거만을 보여주고, 또 사기칠 대상과 오랫동안 신용을 쌓으니 어찌 안 당할 수가 있겠습니까?

아무튼 이번 일이 기회라면 오빠를 한번 제대로 도와주고 싶다는 당신의 말과, 올해 당신이 큰돈을 번다는 무당의 말이 서로 충돌하는 것 같은데, 당신은 무당의 말을 좀 더 의미 있게 생각하는 것처럼 들립니다. 무엇보다 당신이 투자를 결정하면서 큰 돈을 번다는 무당의 말 때문에 그 후배란 사람에 대한 경계심이 무뎌지면 어쩌나 걱정이 앞섭니다.

거울카드로서 태양 카드는 당신에게 어떤 일에 대한 열정이 더 강해질 수 있다는 것을 예고합니다. 그리고 내가 지금 남을 돕는 일이 진정 도움을 필요로 하는 사람을 위해서가 아니라 남이 나를 알아주길 바라는 사심(배당금)에서 비롯된 건 아닌지 생각해보라는 충고입니다. 또한 태양 카드는 자신감은 좋지만 지나친 힘의 과시는 경계해야 하며, 결정할 때 당신이 주체의식을 가져야 한다고 충고합니다.

무당의 말을 듣는 것은 자유지만, 더 중요한 것은 그 후배란 사람에 대한 당신의 주체적 분석이며 판단입니다.

■ 상담에 적용한 태양 카드의 조언

거울로서의 태양 카드	당신에게 강한 열정이 생길 수 있다는 것을 예고한다.
태양 카드의 방어기제_ 이타주의	내가 지금 남을 돕는 것이 진정 도움을 필요로 하는 사람을 위해서가 아니라 남이 나를 알아주길 바라는 사심에서 비롯된 건 아닌지 생각해봐야 한다.
태양 카드의 점성학_ 태양	주체의식을 가져야 한다고 충고한다. 또한 자신감은 좋지만 지나친 힘의 과시는 경계해야 한다는 의미다.

타로카드 심리학

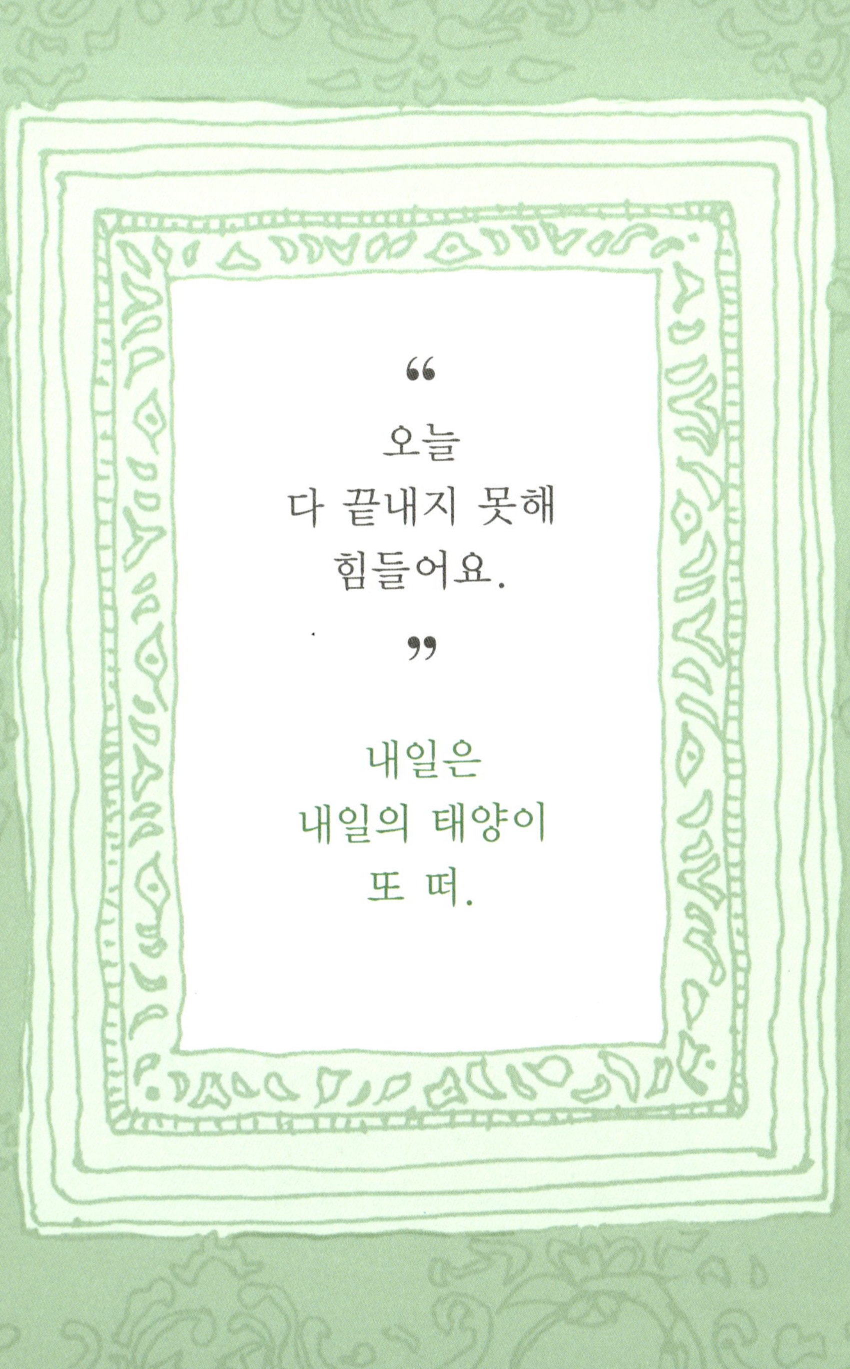
"
오늘
다 끝내지 못해
힘들어요.
"

내일은
내일의 태양이
또 떠.

40
34
L
25
43
6
7 O
T
T
O

20_ 심판

여행을 떠난 바보가 스무 번째로 만난 것은 심판이었다.
사람들은 세상의 모든 일에는 심판이 따른다고 했다.
심판은 상과 벌을 가리기 위한 것인데,
심판을 나도 하고 남도 하고 사람도 하고 신도 하지만,
가장 무서운 심판은 자기 자신에 대한 스스로의 심판이라고 했다.

최후의 심판에서 처음부터 상을 바라며 사는 사람도 있고,
최후의 심판에서 처음부터 벌을 의식하며 사는 사람도 있으며,
최후의 심판에서 처음부터 상과 벌에 관심조차 없는 사람도 있고,
최후의 심판에서 처음부터 심판을 심판하며 사는 사람도 있다고 했다.

바보는 임종을 앞둔 사람에게 다가가 물었다.
"산다는 건 뭘까요……?"

그러자 그가 담담하게 말했다.
"편안하게 받아들이는 것이지요."

바보는 짐짓 시험하듯 다시 물었다.
"상을 받으면 좋겠지만 혹시 벌이라도 받으면……?"

그는 마지막 유언을 미처 다 끝내지도 못할 것처럼
서서히 눈을 감으며 입을 움직였다.
"죄에 대한 마지막 나의 심판이 더 궁금할 뿐……"

거울로서의
심판 카드

:

거울카드 20번은 심판이다. 20는 2+0으로 한 자리 자연수로는 2가 된다. 타로카드에서 2번 카드는 여사제다. 심판과 여사제는 어떤 관계가 있는 걸까? 수비학적 동일성을 잘 보여주려는 듯 이 두 카드의 공통점은 '구별'이다. 여사제가 내부 동기의 구별이라면, 심판은 외부로 드러나는 결과로서의 구별이다. 다시 말해서 어떤 행위를 앞두고 여사제가 본능과 도덕 사이에서 일어나는 갈등이라면, 심판은 그 결과로 주어지는 상과 벌이다.

앞서 여사제 카드에서도 간략하게 언급했듯 2는 분리와 결합을 나타내지만, 하나가 있는데 하나가 또 나타나 이 둘이 서로 구별되고 분석된다는 의미도 있다. 따라서 여사제와 심판의 관계에서 본능에 따른 행위는 벌로 귀결되고, 도덕에 따른 행위는 상으로 귀결된다고 볼 수 있다.

심판 카드는 보통 심판이나 보상 또는 재생을 의미한다. 하지만 카드를 회화적으로 접근하여 좀 더 진지하게 들여다보면, 죽은 자들이 생전의 삶에 대한 보상으로 부활하듯이, 우리의 고통과 억울함 또는 조건 없는 베풂이나 사랑 등의 선행이 한번 쓰고 버리는 일회용 품처럼 버려지거나 잊혀지지 않고 반드시 그만큼의 대가로 돌아온다는 것을 보여준다. 이를 통해 심판 카드는 우리에게 어떤 삶을 선택할 것인지를 진지하게 묻고 또한 경고하는 것이다.

우리는 살아가면서 가끔 상대와 다툼이 생겼을 때, 그 다툼을 소송으로 해결하려고 하거나 제3자에게 심판받기를 원한다. 즉, 잘잘못을 법정에서 가려주길 바라거나 제삼자의 객관적 상식이 잣대가 되길 기대한다.

하지만 그 어떤 심판도 나에게 불리하면 쉽게 수용되지 않는 법이다. 중요한 건 대다수 사람들이 '내가 공정하게 심판을 받았는가?'에 대해선 관심이 많지만, '난 하늘을 우러러 한 점 부끄러움이 없는가?'에 대해선 관심이 적다는 사실이다. 사실 소송이란 이미 내가 상대가 틀렸거나 나쁘다고 심판했기 때문에 가는 길이다. 따라서 내가 억울한지 만족스러운지는 법이나 제3자의 심판 이전에 나 자신에 대한 나의 심판에 달려 있다. 다른 사람은 다 속여도 내 죄는 내가 아는 법이니까. 따라서 나 자신에 대한 나의 심판은 그 어떤 심판보다 우선되거나 최후의 심판이 되어야 한다.

우리에게 잘 알려진 성경 속 이야기의 하나로 솔로몬의 심판이 있다. 한 아기를 두고 서로 자기 아기라고 주장하는 두 여인에게 솔로몬은 아이를 반으로 나눠 공평하게 나눠 가지라고 한다. 솔로몬의 의도대로 진짜 엄마는 아이를 살리기 위해 자신이 가짜라고 거짓말을 한다.

보통 이 이야기에서 솔로몬의 지혜로운 판결만 강조되지만, 이 판결에 최종적으로 영향을 미친 것은 두 엄마 스스로의 결정이다. 정말 다행스럽게도 진짜 엄마가 내가 가짜라고 먼저 울부짖었지만, 만약 뒤늦게라도 진짜 엄마의 행동을 가짜 엄마 따라했다면 솔로몬은 약간의 시간차 때문에 가짜 엄마를 진짜라고 생각했을 수도 있다. 결국 이 이야기는 가짜는 진짜보다 더 진짜처럼 행동할 수 있을지는 몰라도 마음은 진짜처럼 반응할 수 없다는 것을 말해주는 듯하다. 그러므로 솔로몬의 심판에서 가짜 엄마는 아이를 훔친 죄보다 자기 자신에 대한 심판을 게을리한 죄가 더 크다. 나아가 진짜 엄마가 울부짖기 전에, 솔로몬의 심판이 내려지기 전에, 먼저 자신을 심판했어야 한다. "내가 가짜요!" 하고 말이다.

무릇 죄는 지은 대로 가고 공은 쌓은 대로 간다는 말이 있다. 이 말에 전적으로 공감한다면 누구도 쉽게 상대를 심판하거나, 나에게 불리하다는 이유로 억울하다고 항변하지 못할 것이다. 열심히 공부한 학생은 대입시험이라는 심판을 기다리지만, 입장이 반대인 학생은 심판받길 주저할 것이다. 합격과 불합격은 노력의 결과일 뿐, 당당한 사람은 심판대를 향해 묵묵히 걸어갈 것이다. 그럴 수 있는 이유는 그가 이미 자신의 노력을 심판했기 때문이며, 어떤 결과가 나오든 받아들일 수 있기 때문일 것이다.

만약 당신의 거울카드가 20번 심판이라면, 과연 나는 결과를 두려워하지 않고 심판대를 향해 당당하게 걸어갈 수 있는지 한번쯤 생각해봐야 한다. 또한 내게 내려진 처분을 억울하게만 느끼지는 않는지 생각해봐야 한다. 그리고 보상에 대한 달콤함보다 벌에 대한 두려움이 나를 지나치게 위축시키고 있지는 않는지도 한번쯤 생각해봐야 한다.

한편 거울카드로서 심판 카드는 당신에게 기쁜 소식이나 친구가 찾아오거나, 건강 혹은 사업이 회복되거나, 또는 예전 일을 재차 반복하거나 소송에서 승소할 수 있음을 예고하는 것이다.

심판 카드의 방어기제

:

01 금욕주의

20번 심판은 여러 방어기제 중에서 금욕주의와 관련지어 생각해볼 수 있다. 금욕주의는 성숙한 방어기제의 하나다. 금욕주의는 정서적·육체적 쾌락의 욕구를 부정하고 정신적인 삶을 추구하므로 도덕적인 성향이 강하다.

금욕주의는 사춘기와 청소년기에 자주 볼 수 있다. 예를 들어, 자위행위에 대해 강한 거부감을 갖는 것은 급격히 상승한 성욕에 대한 두려움의 결과이

 타로카드 심리학

며 자기부정이다. 그밖에도 대학입시를 앞둔 학생이 컴퓨터나 핸드폰 또는 게임 등을 멀리하고 공부에 전념하는 것, 운동선수가 금메달을 따기 위해 격리된 공간에서 훈련에만 집중하는 것 역시 자기부정이다.

방어기제는 프로이트와 그의 딸 안나가 고안한 것이다. 추동은 어떤 행위를 하게 만드는 정신적 힘을 뜻하는데, 프로이트는 성욕(리비도)과 공격욕구(타나토스)를 추동의 두 축으로 보았다. 그 중에서 성욕은 아무리 합리적이고 종교적인 사람도 이겨내기 쉽지 않은 욕구다. 많은 종교단체들이 금욕을 수행의 한 방법으로 취하고 있는데, 대개 이를 일반인들과 다른 청빈함이나 도덕성을 나타내기 위해서라고 알고 있지만 여기에는 더 큰 종교적 목적이 있다.

결론부터 말하면, 금욕은 물질에 갇혀 있는 인간이 물질계에서 탈출하여 신과 합일하는 것에 목적이 있다. 예를 들어, 금욕의 대표적 방법으로 단식이 있는데, 단식은 자아욕과 성욕을 현저히 떨어뜨린다. 다시 말해 단식은 물질적 욕망과 쾌락을 끊고 오로지 자신의 신에만 집중하는 것으로, 영혼의 정화와 강화를 통해 성스러운 체험을 얻거나 자신의 영적능력의 발전을 꾀할 수 있다.

라이더 웨이트 덱의 심판 카드는 하느님의 전령인 대천사 가브리엘이 예수의 재림을 나팔소리로 알리고 있는 모습을 묘사하고 있다. 재림한 예수는 최후의 심판을 통해 상과 벌로 이 세상을 다스린다고 한다. 그 심판은 산 자와 죽은 자 모두에게 해당되며, 상을 받은 자는 모두 천국으로 가지만 벌을 받은 자는 지옥으로 간다고 한다.

여기서 한 가지 질문이 생긴다. 과연 상을 받는 자는 누구인가? 바로 예수를 믿고 성경의 계율을 성실히 따른 자라고 한다. 성경에는 금욕적인 생활에 대한 많은 구절들이 있는데, 그 중에서도 "부자가 천국 가기는 낙타가 바늘구멍 들어가는 것보다 어렵다"는 말이 금욕주의를 정통으로 관통하고 있다.

역사적으로 기독교의 금욕주의 폐단은 여성들에게 불리하게 작용했다. 남자를 유혹하여 악에 물들게 한다는 이유에서였다. 하지만 중세 말기 십자군 전쟁과 페스트로 인해 인구가 급격히 감소한 시기에는 오히려 결혼과 출산이 장려되었기 때문에, 이 시절의 금욕주의 역시 시대적인 요구와 배치되는 것이었다.

그렇다면 현대인들에게 금욕주의는 어떤 영향을 미칠까? 현대의 방어기제로서 금욕주의가 조장할 수 있는 폐해는 도덕적 각성이 너무 강하다는 데서 출발한다. 그래서 필요 이상의 죄책감이나 강박증을 유발할 수 있고, 도덕적인 구분과 비도덕적인 구분이 뚜렷해져 모든 일이 극단적인 이분법적 논리로 흘러갈 수 있다.

만약 심판이 거울카드로 나왔다면 나는 타인에게 지나치게 도덕성을 강조하진 않는지, 나는 지나친 도덕적 이분법을 갖고 있지는 않는지 한번쯤 생각해봐야 한다. 또한 나는 남을 속이면 그만이라는 생각으로 살고 있지는 않는지 생각해봐야 한다. 그리고 세상사람을 다 속여도 자신만은 속일 수 없다는 것을 진지하게 되새겨봐야 한다.

02 보상

금욕주의와 더불어 20번 심판은 보상이라는 방어기제와도 관련지어 생각해볼 수 있다. 보상은 비교적 자존감이 높은 사람들의 성숙한 방어기제다. 스스로 받아들이기 힘든 자신의 단점이나 결함, 즉 외모, 성격, 지능, 장애, 학벌, 지위 등을 채우기 위해 무의식적으로 다른 어떤 것을 과도하게 발전시키는 노력이 바로 보상이다.

예를 들어, 키가 작은 사람이 키가 큰 배우자를 원하는 것, 못생긴 사람이 잘생긴 사람을 배우자로 원하는 것, 외모가 볼품 없는 사람이 엄청난 지식으로 자신을 돋보이게 하려는 것, 가난한 집에 태어나서 늘 궁핍하게 산 사람이 경제적으로 능력 있는 배우자를 만나고 싶어하는 것, 돈은 많지만 학벌이 너

타로카드 심리학

무 낮은 사람이 배우자에게 돈보다 학벌을 바라는 것, 또는 자기 자식은 최고 학벌을 갖춰주려고 노력하는 것 등이 전부 보상이다. 보상에 대한 속담도 있는데, '작은 고추가 더 맵다'라든가 '작은 눈이 멀리 본다'라는 말이 바로 그 예이다.

보상심리에도 긍정적인 면이 있다. 처음에는 자신의 단점이나 결함을 덮기 위해 시작한 보상 행위가 자신의 또 다른 행위를 발전시키므로 당사자로서는 새로운 능력을 갖추게 되거나, 원래 가지고 있던 능력을 한층 더 강화시켜 그 부분에서 경쟁력을 가지게 되기 때문이다.

반대로 보상의 부정적인 부분은 자신의 단점을 온전히 받아들이기보다 지나치게 가리려고 한다는 것이다. 그래서 그 가림막이 돈이 됐든 물질이 됐든 그것에 점점 더 집착하는 결과를 낳을 수 있다. 예를 들어, 자신의 외모 콤플렉스를 덮기 위해 쇼핑에만 열을 올린다면 주위 사람들부터 비난을 듣거나 낭비벽이 많은 사람이란 낙인이 찍힐 것이다.

20번 심판 카드를 사람의 인생과 그에 대한 보상이란 측면에서 본다면, '현생에서 가난한 사람은 그것에 대한 보상심리로 예수 그리스도의 삶을 따른다' 정도로 이해할 수 있기 때문에 심판 카드는 자연스럽게 보상이란 방어기제와 관련된다.

만약 심판이 거울카드로 나왔다면, 나는 현실적 고통을 너무 안이하게 생각하진 않는지 한번쯤 생각해봐야 한다. 또한 나는 내 책임과 의무를 망각한 채 순교자처럼 행동하진 않는지도 생각해봐야 한다.

심판 카드의 점성학
명왕성

:

♇

점성학적 관점에서 심판 카드는 명왕성에 대응된다. 명왕성은 얼음으로 이루어진 행성으로, 1930년 2월 18일 미국 애리조나주 로웰천문대에서 클라이드 톰보에 의해 최초로 발견되었다. 참고로 플루토늄이란 원소는 명왕성의 이름인 플루토(Pluto)에서 유래하였다. 이것은 새롭게 발견된 행성의 이름을 원소의 이름으로 사용하는 관습을 따른 것이다.

고전점성학에서 명왕성의 천문 기호(♇)는 해왕성의 천문 기호를 변형시킨 것이며, 신령에 다다르기 위해 물질(십자)을 초월하는 마음(초승달)을 상징한다. 하지만 현대점성학에서는 플루토의 이니셜인 PL을 상징하는 천문 기호 ♇를 사용한다. 참고로 2006년까지 행성으로 인정받던 명왕성은 현재는 행성에서 퇴출되었다

명왕성은 태양계에서 가장 멀어서 저승의 신 혹은 지하의 신 하데스로 불리며, 지하의 속성에서 비롯된 씨앗(종자) 혹은 원석 속의 금과 은, 지하세계, 자살 등의 상징성을 띠기도 한다. 또한 태양계의 마지막 행성이며(행성에서 퇴출되기 전의 해석이다) 은하계를 향한 시작으로서 끝과 또 다른 시작으로 재생 혹은 해탈의 의미를 지니기도 한다.

참고로 하데스는 대지의 여신 데메테르의 딸 페르세포네를 납치하여 자신
의 아내로 만들었기 때문에 추행, 섹스, 강간, 성폭행, 남근과도 관련된다.
　명왕성은 전갈자리를 지배하는 행성이다. 전갈자리는 전갈의 치명적인 독
이 상징하듯 파괴, 살해, 잔혹, 냉혹 등과 같은 기질이 있어서 심판 카드가 의
미하는 심판이나 벌과 잘 어울린다.

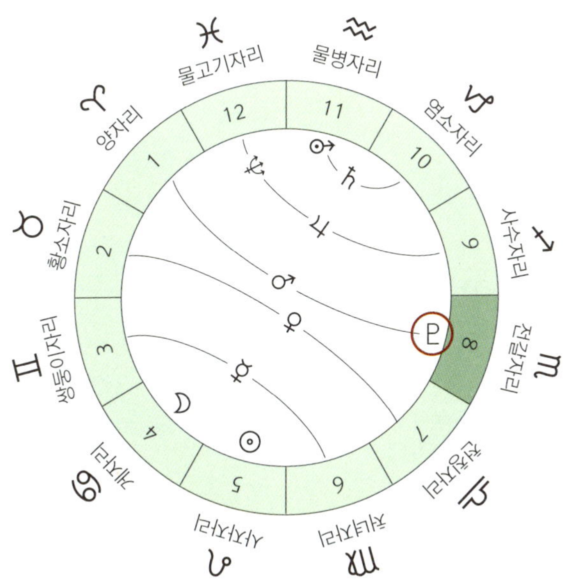

심판 카드는 보통 보상의 의미로 많이 쓰이는데, 이는 카드 그림처럼 죽은 자
들이 환영하듯 두 손을 들고 관에서 일어서기 때문이다. 엄밀히 말하면 죽은
자들을 관에서 불러냈을 뿐 아직 심판이 이루어졌다고 말할 수는 없다. 따라
서 점성학적 관점에서 보상에 초점을 맞추면 심판 후 받게 될 상이 되겠지만,
벌에 초점을 맞추면 명왕성의 부정적 의미인 지하세계 즉 지옥이 된다.

정리하면, 명왕성은 마지막 관문, 새로운 시작, 재생, 해탈, 초월, 지옥 등의 의미를 지닌다.

거울카드로서 심판 카드가 나왔다면, 나는 지금을 가장 힘든 시기라고 느끼지는 않는지, 만약 그렇다면 나는 그것을 새로운 기회가 아니라 지옥이라고 부정적으로만 여기진 않는지 생각해봐야 한다. 또한 나는 이성이나 애인 혹은 배우자에게 고압적으로 대하지는 않는지도 생각해봐야 한다. 그리고 불법적인 돈에 대한 욕심을 경계해야 한다.

심판 카드
상담 활용

:

전 어떻게 해야 하나요? 차라리 남편과 이혼하고 그 남자와 살까요?

전 제대로 사랑 한번 못해보고 결혼을 했어요. 남편과 결혼까진 생각하지 않았지만 저 아니면 죽겠다는 마음이 불쌍해서 청혼을 받아들였답니다. 제가 남성복 가게를 하다 보니 손님들에게 종종 유혹을 받습니다만, 전 전혀 관심이 없었어요.

그런데 몇 달 전 친구들이랑 술김에 나이트에 놀러 갔다가 거기서 한 남자에게 그만 반하고 말았습니다. 나이는 저보다 10살 연하인데 나이트에서 연주하는 밴드 드러머예요. 음악에 몰입한 모습이 꼭 딴 세상의 신비스런 남자처럼 느껴졌어요. 그 남자와 눈이 마주친 뒤 제 가슴은 이미 방망이질 치고 있었어요. 운명인지 작전인지 그 남자가 우리 테이블로 다가와 저에게 자신의 연락처를 줬고, 그 뒤로 우리는 3개월 동안 10번 정도 만난 것 같아요.

연하에 노총각이라 귀엽고 풋풋했지만, 자신이 사는 허름한 원룸을 제게 당당히 보여주면서 힘든 상황을 털어놓는 모습에 연민인지 모성인지 그 사람을 만날 때마다 조금씩 돈을 주곤 했지요. 아마 지금껏 준 게 한 5백 정도는 되는 거 같아요.

타로카드 심리학

문제는 제가 그 남자에게 너무 깊이 빠져들었다는 거예요. 살면서 종종 남들이 사랑 때문에 죽고 싶다고 할 때 그 맘이 어떤 건지 항상 궁금했는데, 연하남을 만나면서 그 심정을 알겠더라고요. 연하남이 요구하는 돈이 점점 커져가면서 그가 원하는 게 제가 아니라 돈이라는 걸 깨닫게 되었고, 전 이별을 선언했어요. 연하남이 절 사랑한 게 아니라 돈을 원했다고 생각하니 제가 너무 바보 같아서 헤어지지 않으면 안 될 것 같았거든요.

헤어진 지 이제 한달 정도 지났는데, 어제 그 연하남에게서 연락이 왔어요. 자신이 현재 경기도의 한 나이트클럽으로 직장을 옮겼다고요. 전 이미 잊었다고 생각했는데 그 문자를 받으니 그리움이 폭풍처럼 밀려왔어요. 전 참지 못하고 바로 택시를 타고 그곳으로 달려갔어요. 새벽 2시쯤 연하남이 일을 마치고 커피숍에 왔는데 눈물이 왈칵 쏟아질 것만 같았어요. 나한테 돈을 원한 나쁜 놈이라는 생각은 이미 사라지고 없었어요. 그 자리에서 "너를 정말 사랑했다. 보고 싶었다"라고 단 두 마디만 듣고 싶었어요. 그 두 마디면 당장 천만원이라도 줄 수 있을 거 같았어요. 그깟 천만원, 있어도 살고 없어도 살잖아요. 비록 함께 살지는 못해도 제가 사랑하는 남자가 내 돈으로 인해 불편한 환경에서 조금이라도 벗어날 수만 있다면 전 더 이상 바랄 게 없었어요. 정말 빨대가 되어주고 싶었어요. 그를 사랑하니까. 이미 거길 갈 땐 얼마라도 줄 마음이었으니까요.

그런데 연하남이 이런저런 이야기를 잔뜩 늘어놓더니 자기 친구가 16살 차이가 나는 여자와 잘 살고 있다는 거예요. 그러면서 잠시 뜸을 들이더니 자신이 경제적으로 너무 힘들다고 말하는 거 있죠? 그게 연기하는 것처럼 느껴져서 갑자기 기분이 팍 상해버렸어요. "뭐, 그러니까 너도 나랑 살 수 있다는 거야 뭐야? 네가 날 배려한다는 거야? 그 이야기가 여기서 왜 나와?" 연하남이 잔머리 굴리면서 저를 가지고 노는 거 같아 너무 화가 나서 바로 자리를 박차고 일어나서 택시를 탔어요. "미친 놈, 네가 아무리 나쁜 놈이라도 좋아. 내게만 진실해 달라고!" 집으로 오면서 마음 속으로 계속 이렇게 외쳤던 것 같아요. 전화번호랑 카톡도 다 지워버렸어요.

그리고 밤새 울다 잠이 들었는데 꿈을 꿨어요. 남편과 연하남 둘 중 하나를 선택해야만 하는 어려운 상황해서 전 죄책감이 들어 남편을 선택했어요.

잠을 깬 뒤 이런 생각이 드는 거예요. '내가 가정을 깨고 너를 만나면 난 너의 불안정한 삶 때문에 나도 박살난다. 난 너에게 도움을 주기 위해서라도 현재 가정을 유지해야 해. 그래야 한 푼이라도 더 벌고 아껴서 널 조금이라도 도와줄 거 아냐, 이 바보 맹추야.

연하남이 제게 돈을 원하는걸 알면서도 왜 그에게 자꾸 빠지는 걸까요? 그 사람은 저보다 돈을 많이 버는 거 같았는데 자기관리가 안 되어서 빚을 아주 많이 진 걸로 보였어요. 그런 사람을 왜 저는 못 도와줘 안달인 거죠?

전 어떻게 살아야 하나요? 차라리 남편과 이혼하고 그 남자와 살까요? 그 사람에게 제가 정말 필요하지 않을까요?

도덕적인 선택의 결과로 당신에게 그만큼 보상이 돌아온다는 것을 믿어도 좋아요.

(이번 질문은 20번 심판 카드의 키워드와 전혀 관련이 없다고 느낄지도 모르지만, 필자는 심판 카드가 거울카드로 나온 만큼 '심판'이라는 잣대로 이 문제를 진지하게 바라보려 했다.)

이혼하고 가난한 그 남자와 사는 게 어렵겠습니까? 평강공주도 바보온달과 살았잖아요. 하지만 가만히 생각해봅시다. 당신이 이혼을 해서라도 그 연하남과 살고 싶은 이유를요. 당신 말처럼 연하남은 신비롭고 가슴 뛰는 사람이며, 여지껏 몰랐던 사랑의 의미를 가르쳐준 사람이기 때문입니까? 아니면 자기관리 무하는 그 시림에 내한 연민이나 모성 때문입니까? 아마 후자는 전자가 원인이라고 판단됩니다. 그러고 보면 당신은 그 사람의 이성적 매력에 빠진 것이네요. "너를 정말 사랑했다. 보고 싶었다"라는 단 두 마디가 듣고 싶었다는 것과 "미친 놈, 네가 아무리 나쁜 놈이라도 좋아. 내게만 진실해 달라고!"라고 한 말을 미루어 판단해보면요. 그런데 그 사람은 당신을 여자로 보기보다 돈으로 본다는 사실도 당신은 현명하게 잘 알고 있다는 거죠.

이런 상황에서 "남편과 이혼하고 그 사람과 살까요?"라고 물으면 어느 누가 "그러세요"라고 말해줄 수 있을까요. 당신은 나 아니면 죽겠다는 마음이 불쌍해서 남편의 청혼을 받아들였다고 했죠. 결국 사랑이 없다는 이유로 지금 남편과 이혼을 생각하듯, 그 사람 역시 당신과 살면 당연히 당신처럼 이혼을 생각하겠죠. 그렇지 않나요? 물론 당신은 당장 이혼하고 연하남과 살겠다는 게 아니라 그만큼 좋아한다는 뜻이겠죠. 돈을 준 것도 절절한 사랑의 표현일 수도 있고요. 전적으로 이해가 가고 공감합니다. 운명처럼 찾아온 사랑 앞에 "정신차리세요!"라는 말이 무슨 소용이 있겠습니까?

거울카드로서 심판 카드는 당신에게 결과를 두려워하지 말고 심판대를 향해 당당하게 걸어갈 수 있는지를 묻습니다. 두려움이 없다는 말은 확신이 있다는 말과 다르지 않겠죠. 물론 사랑에 눈이 멀었을 땐 지옥불이라도 두렵겠습니까마는, 그 확신의 근거가 사실이 아니라 하루에도 열두 번도 더 바뀌는 감정이라면, 그 감정은 충분히 의심하고 또 의심해야 할 것입니다. 이혼해서 그 연하남과 살거나, 연하남에 대한 불타는 사랑을 본인의 의지로 무시하고 지나칠 수도 있습니다. 하지만 분명한 건 그 대가는 분명 치를 거라는 것입니다.
　또한 심판 카드는 당신에게 지나친 도덕적 각성을 주의하라고 말합니다. 바람으로 끝날 수도 있는 것을 '함께 사느냐 마느냐?'라는 극단적이고 이분법적인 문제로 끌고 가지 말라는 뜻입니다.
　또한 심판 카드는 당신에게 책임과 의무를 망각한 채 순교자처럼 행동하진 않는지 묻고 있습니다. 정작 당신은 아내로서의 책임은 소홀히하고 연하남에 대한 맹목적인 연민이나 모성애를 분출하고 있지는 않냐고 묻고 있는 것입니다.
　또한 심판 카드는 당신에게 초월인 극복의 힘이 있다는 것을 말하고 있습니다. 그래도 남편과 함께 살아야 한다는 진지한 현실인식은 당신에게 건강한 내적 힘이 존재한다는 것을 의미합니다.

개인적으로 "가정을 지키세요!"라는 말은 하고 싶지 않습니다. 하지만 심판 카드는 너무 도덕적인 강박관념을 가져서도, 너무 비도덕적이어서도 안 된다고 충고하고 있습니다. 다만, 도덕적인 선택의 결과는 당신에게 그만큼의 보상으로 돌아온다는 것을 믿어도 좋다는 것을 말하고 있습니다.

거울로서의 심판 카드	나는 결과를 두려워하지 않고 심판대를 향해 당당하게 걸어갈 수 있는지 한번쯤 생각해봐야 한다.
심판 카드의 방어기제_ 금욕주의·보상	나는 지나칠 정도로 도덕적인 이분법을 갖고 살지는 않는지, 내 책임과 의무를 망각한 채 순교자처럼 행동하진 않는지 생각해 봐야 한다.
심판 카드의 점성학_ 명왕성	나는 내 욕망만 채우기 위해 가족이나 주위 사람들을 너무 힘들게 하거나 억압하진 않는지 생각해봐야 한다.

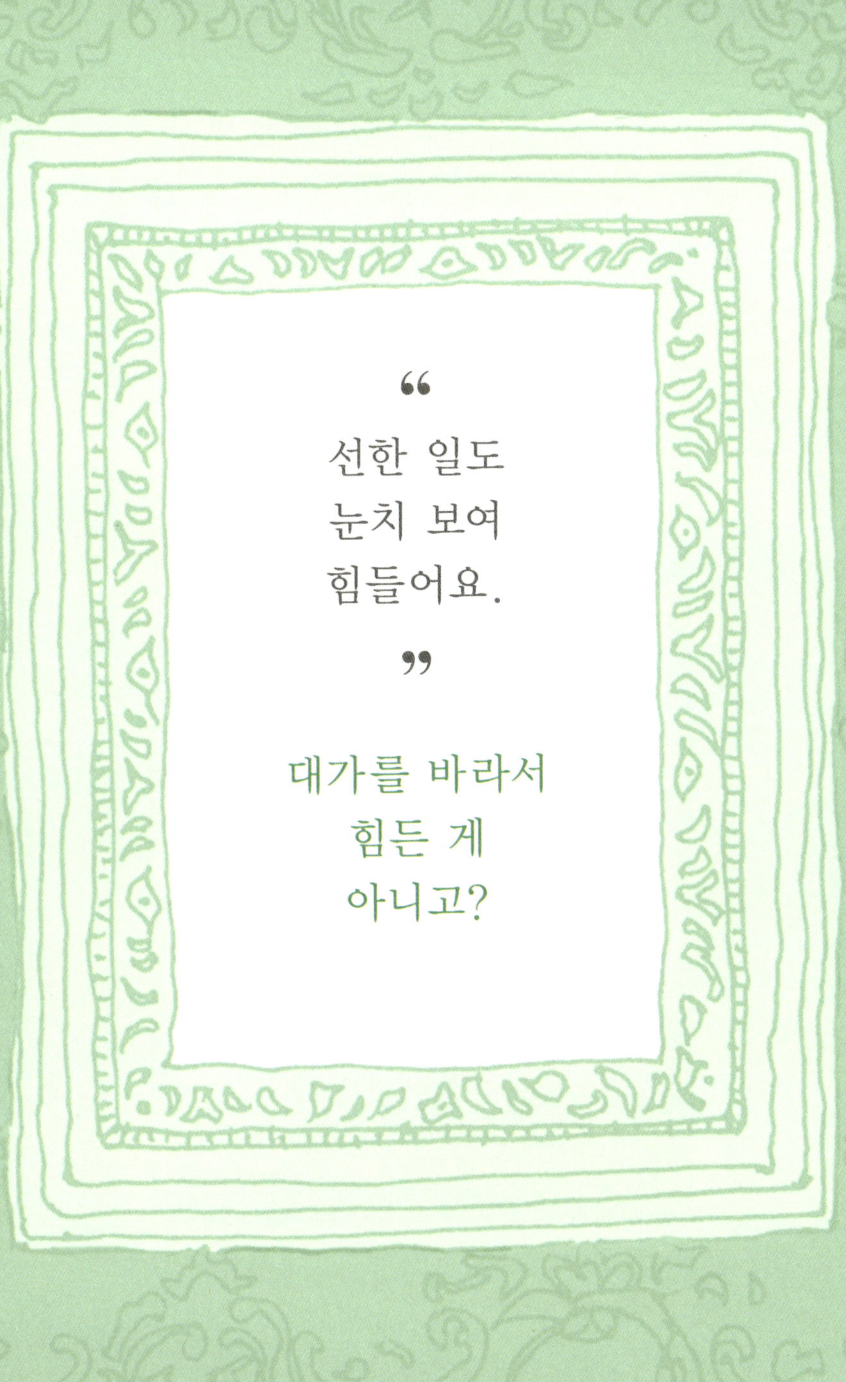
"
선한 일도
눈치 보여
힘들어요.
"

대가를 바라서
힘든 게
아니고?

21_ THE WORLD

21_ 세계

여행을 떠난 바보가 스물한 번째로 만난 것은 완전한 세계였다.
바보는 어느새 여행의 종착지에 서 있었고, 세상은 전혀 의심할 것 없이 보였다.
오랜 여행을 통해 바보는 산다는 게 뭔지 이제 다 알 것 같았다.

산다는 건?
누구는 맨손으로 만드는 것이고, 누구에겐 또 다른 죽음이 있다는 것이고,
누구에겐 끊임없이 자신을 위해 채워가는 것이고, 누구에겐 세상에서
가장 높고 튼튼한 성을 쌓는 것이고, 누구에겐 자신을 있게 해준 그분에게
끊임없이 감사하는 것이고, 누구에겐 없으면 허전하고 있으면 귀찮은 것이고,
누구에겐 자기 자신에게 끊임없이 길을 묻는 것이고, 누구에겐 지켜봐주고
고쳐주고 이끌어주고 칭찬해주는 것이고, 누구는 침묵을 지키는 것이고,
누구는 끊임없이 움직이는 것이고, 누구는 끊임없이 상대와 자기 사이에
선을 긋는 것이고, 누구에겐 끊임없이 기다리는 것이고,
누구에겐 죽음을 만나는 것이고, 누구에겐 저마다 입장이 있다고 믿는 것이고,
누구에겐 자기만의 지옥을 찾는 것이고, 누구는 죽더라도 갈 때까지
가보는 것이고, 누구는 별을 바라보는 것이고, 누구에겐 비밀일 뿐이고,
누구에겐 태양이 있기 때문이고, 누구에겐 편안하게 받아들이는 것이다.

바보는 다시 짐을 꾸리고 여행을 떠날 채비를 했다.
이번엔 산다는 것 그 너머에 또 무엇이 있는지 새삼 궁금해졌기 때문에…….

거울로서의
세계 카드

:

거울카드 21번은 세계다. 21은 2+1로 한 자리 자연수로는 3이 된다. 타로카드에서 3번 여황제다. 세계 카드와 여황제 카드는 어떤 관계가 있을까?

두 카드는 수비학적 동일성을 잘 보여주고 있는데, 최초의 완성으로서 임신 또는 결과물 또는 풍요를 나타낸다고 보면 된다. 즉, 여황제가 임신과 풍요를 보여주고 있다면, 세계는 인생의 마지막 종착지로서 완성과 성공을 나타낸다. 여황제가 작은 결과물이라면, 세계는 큰 결과물인 것이다.

한편 세계 카드는 1번 마법사 카드와 10번 운명의 수레바퀴 카드와 회화적 연관성이 있다. 먼저 라이더 웨이트 덱의 세계 카드와 마법사 카드를 보자. 마법사가 치켜든 오른손에 봉을 하나 들고 있다면, 세계 카드에 등장하는 여자는 양손에 하나씩 봉을 들고 있다. 마법사가 시작이라면 세계는 완성의 의미를 지니지만, 세계 카드 속 여자가 들고 있는 두 개의 봉은 2단계의 시작, 또 다른 시작을 의미하기도 한다.

또한 세계 카드와 10번 운명의 수레바퀴 카드는 각각 수레바퀴와 월계수잎 다발 주위로 천사, 독수리, 사자, 황소 등이 배치된 공통점이 있는데, 운명의 수레바퀴가 터닝포인트인 것처럼 세계 카드 역시 터닝포인트의 의미를 지닌다. 따라서 세계 카드는 완성이자 곧 새로운 시작을 의미하며, 세상의 모든 것은 윤회한다는 우주의 섭리를 잘 보여주고 있다.

우리는 인생을 살면서 길흉화복을 경험하고 희로애락을 느끼며, 하늘에 감사도 하고 원망도 한다. 하지만 우리의 삶이 이번 생애에서 끝나는 게 아니라 전

타로카드 심리학

생과 후생이 있다면 그리 감사할 일도 없고, 그리 원망할 일도 없을 것 같다. 그냥 그렇게 지금 삶을 다 마치는 것만으로도 삶을 훌륭히 수행했다고 볼 수 있지 않을까?

올림픽 정신은 이기는 것에 목적이 있는 게 아니라 참가하는 데 그 목적이 있다고 한다. 물론 이기면 더할 나위 없이 좋을 것이다. 하지만 한때 제아무리 잘나가던 스포츠 선수도 결국은 전성기가 지나고 새로운 선수에게 자리를 내놓고 은퇴한다. '끝나지 않는 잔치는 없다'라는 중국 속담처럼 영원한 승자란 있을 수 없고, 흠씬 두들겨 맞은 다음에야 비로소 자신이 은퇴시기가 왔다는 걸 깨닫게 된다. 그러니 작은 일이든 큰일이든 그것에 참여하고 수행하는 것을 성공보다 더 중요하게 생각할 필요가 있다. 우리는 실패에서 배우고, 참가하는 과정에서 성장하고 발달한다. 그러니 병법에서도 '한번 실수는 병가지상사[一兵家一常事]'라고 하지 않는가 말이다.

세계 카드는 일 또는 인생의 마지막 결과다. 태생부터 공평한 게임은 있을 수 없기 때문에 우리에게 경쟁의 승자 아니 경쟁 자체가 의미가 없다. 다만 좋은 경험, 좋은 가르침, 좋은 깨달음에 더없이 만족한다면 우리에게 닥칠 또 다른 게임을 훌륭히 준비하는 것이기에 그것이야말로 성공이고 완성이다.

만약 당신의 거울카드가 세계 카드라면, 나는 너무 성공에만 매달리고 있는 것은 아닌지 한번 생각해봐야 한다. 또한 내게 실패는 무엇을 충고하고 있는지 깊이 생각해봐야 하며, 나는 실패를 너무 두려워하지 않는지도 한번쯤 생각해봐야 한다.

한편 거울카드로서 세계 카드는 당신에게 일이 성공적으로 끝난다는 것을 미리 예고하거나, 외국과 관련된 일이 생기거나 외국에 나갈 수 있음을 예고한다. 또한 주위 사람들에게 인정받거나 흠모의 대상이 될 수도 있다.

세계 카드의
방어기제

:

01 승화

21번 세계는 여러 방어기제 중에서 먼저 승화와 관련짓는다. 승화란 의식적으로 받아들일 수 없는 욕망이나 소망을 대체물로 바꾸어 채우거나 성취하는 것이다. 누군가를 찔러 죽이고 싶은 욕망이 승화되어 외과의사가 되는 것이나, 사랑하는 여자를 잃은 고통을 극복하기 위해 자기 이야기를 한 편의 소설로 완성하는 것이 그 예이다.

02 공상

또한 21번 세계는 여러 방어기제 중에서 공상과 관련지어 생각해볼 수 있다. 공상은 미성숙한 방어기제의 하나다. 위험이나 불안 혹은 문제상황이나 갈등 상황에 직면했을 때 자기만의 세계를 만들고 그곳으로 피하여 불가능한 일을 가능한 것처럼 상상하는 것을 말한다. 예를 들어, 마음에 안 드는 상사를 상상 속에서는 실컷 구타한다든지, 내일까지 어음을 막지 못해 부도가 날 형편에 놓인 사장이 복권에 당천되는 상상을 하는 식이다.

공상은 수면과 각성의 중간단계에 머무는 것으로 백일몽(선잠)으로 볼 수 있다. 백일몽은 해결될 수 없는 욕망을 상상으로 해결하는 것인데 일종의 현실도피다. 백일몽 속에서 자신은 크게 두 가지 상반된 모습으로 나타날 수 있는데, 하나는 자신의 욕망을 해결하는 승리의 주인공이 될 수도 있고, 또 하나는 욕망을 이루지 못해 죽을 수밖에 없는 비극의 주인공이 될 수도 있다. 하지만 백일몽이 습관화되면 현실감각을 잃을 수 있어 위험하다.

한편, 예술가들 사이에서 공상은 매우 특별한 의미를 지닌다. 초현실주의화가 살바도르 달리는 백일몽을 열쇠가 달린 잠이라 불렀는데, 이를 영감의 원천으로 보았기 때문이다. 백일몽은 의식이 있는 상태에서 꿈을 꾸는 것이다. 다시 말해서 의식과 무의식의 중간단계에 머무는 것인데, 이 때문에 자유로운 이미지와 현실적 감각이 만나 독특한 영감으로 재탄생하고 이는 예술작품의 아이디어가 된다는 것이다.

세계 카드가 공상과 관련이 있는 이유는 일단 자신만의 세계를 구축했다는 생각, 즉 공상에 빠질 수 있다는 점 그리고 회화적 묘사에서 둥근 울타리 속에 갇혀 있는 것 역시 자신만의 세계로 도피한 모습을 연상시키기 때문이다.
　만약 세계 카드가 거울카드로 나왔다면, 나는 실제 능력보다 더 큰 성취를 할 수 있다고 착각하고 있는 건 아닌지, 나는 간간이 죽음이라는 비극적 결말을 생각하거나 난 불행하게 끝나버릴 수도 있다는 생각 때문에 현실에서 도피하는 건 아닌지 생각해봐야 한다. 또한 나는 현재의 어려움을 해결하기 위해 전문가를 찾아야 하는 건 아닌지도 생각해봐야 한다.

세계 카드의 점성학
토성

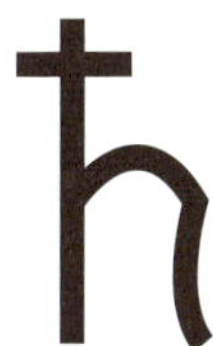

점성학적 관점에서 세계 카드는 토성에 대응된다. 토성은 점성학에서 대흉성

으로 널리 알려져 있다. 토성은 그리스 신화에서 태초의 신 중 하나인 크로노스에 해당한다. 천왕성, 해왕성, 명왕성이 발견되기 전에 토성은 태양계 마지막 행성이었다. 따라서 토성이 머무는 곳을 가장 어둡고 차가운 곳으로 여겼는데, 이는 크로노스가 아들 제우스에게 쫓겨난 상황을 반영했기 때문이다.

한편, 크로노스는 로마 신화에서 농경의 신인 사투르누스와 동일시된다. 토요일을 나타내는 Saturday도 사투르누스(Saturnus)가 어원이다. 토성의 천문기호는 사투르누스의 낫을 형상화한 것으로, 마음이나 인간정신(초승달)에 우선하는 물질(십자)을 의미한다. 또한 십자의 묘비석 아래 있는 무덤으로 고통과 고뇌와 시련을 상징하는데, 이를 극복하기 위해서는 부단한 노력과 인내가 필요하다. 더불어 죽음으로써 비로소 물질에 갇힌 영혼이 해방됨을 의미하기도 한다. 토성은 농경의 신 사투르누스와 동일시되므로 추수한 씨앗과도 연관되는데, 이는 압축된 결정체다. 따라서 물질적 혹은 정신적 압박을 나타낸다.

토성은 고전점성학에서는 염소자리와 물병자리를 지배하고, 현대점성학에서는 염소자리를 지배한다. 고전점성학에서 토성이 마지막 행성으로서 인내와 절제 그리고 과묵함과 신중함으로 새로운 시작을 기다리듯, 염소자리 역시한 해의 마지막으로 종말과 새로운 시작을 암시한다. 또한 염소는 뿔 달린 짐승이면서 높은 절벽을 오르는 동물이라 명예심과 야심이 강하다.

정리하면, 토성은 인내와 절제가 지나쳐 태만할 수 있고, 야심이 강해 독단으로 치우쳐질 수 있음을 경계해야 한다.

거울카드로서 세계가 나왔다면, 내가 너무 태만하지는 않은지, 체면이나 권력욕 때문에 남을 무시하진 않는지 한번 생각해봐야 한다. 또한 토성은 돈이나 물질에 의한 고통이 올 수도 있으며, 어떤 악조건 속에서도 해는 다시 뜨고 봄도 다시 온다는 것을 의심하지 말라고 충고한다.

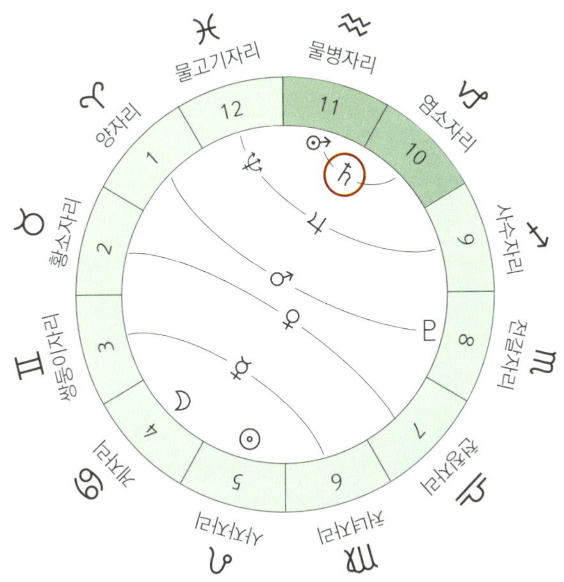

세계 카드
상담 활용

∶

합의를 할까요? 소송을 더 끌고 갈까요?

아내가 바람을 피워서 위자료를 놓고 2년째 소송 중입니다. 5살짜리 딸이 하나 있는데 아내가 키우기로 했습니다. 제가 키워보려고 했지만 어머니는 돌아가셨고 아이가 형제도 없기에 엄마 품에서 자라는 게 좋다고 판단하여 일주일에 한 번씩 보는 걸로 하고 아이 양육권을 아내에게 양보했습니다. 그런데 아내가 아이 양육비를 너무 많이 요구하는 바람에 이렇게 소송이 길어지고 있습니다.

이번 달이 법원에서 아내랑 양육비를 합의하는 마지막 조정기간입니다.

만약 서로 합의가 되면 2월말에 재판이 종료되고 만약 불발로 끝나면 다시 소송을 이어가야 하는데, 문제는 그 소송이 언제 끝날지 모른다는 것입니다. 물론 언젠간 끝나긴 하겠지만 변호사 비용도 부담되고 제가 많이 피곤하겠지요.

법원에서는 아이 양육비로 제게 매달 100만원을 제안했고, 아내는 120만원을 원합니다. 저는 100을 적정선으로 생각하지만 5만원 정도는 더 올려줄 수도 있습니다. 남들은 그깟것 딱 반씩 양보해서 그냥 110에 합의하라고 하겠지만, 양육비가 그리 간단한 문제는 아닙니다.

아이를 위해서라면 그게 얼마든 아깝겠습니까? 그렇지만 제가 신불자가 되지 않는 이상 또는 자영업으로 재산을 숨기지 않는 이상 매월 꼬박꼬박 줘야 하고, 만약 주지 않으면 법으로 강제집행이 될 수 있습니다. 또 하나, 한 번 양육비를 정하면 나중에 아이가 성장해 돈이 더 필요할 때 현재 책정된 금액을 기준으로 해마다 비율상승이 되기 때문에 처음 합의금이 매우 중요하다는 거예요.

사실 저는 현재 대기업에 다니고 있고 연봉도 좀 됩니다. 그런데 병든 아버지 요양비에 제 생활비까지 돈이 들어가는 곳이 너무 많아 생각보다 빠듯합니다. 어떨 땐 화가 치밀어 감정대로 막나가고 싶기도 하지만, 아내는 아내대로 바람핀 이유를 제게 돌리니……. 이제 와서 따져봐야 다 지난 일이고……. 아무튼 이 문제를 어떻게 결정지어야 할지 고민입니다.

변호사는 그냥 110에 합의하라고 합니다, 제가 만약 105도 많다고 깎으려 들면 저쪽에서 더 강하게 나올 수 있고, 그러다 재수 없으면 오히려 120을 줘야 할 수도 있다고 하니 저로서는 좀 난감합니다.

사실 까놓고 말하면, 딸아이는 결국 키워봤자 저랑 남이 될 게 뻔합니다. 아이 엄마가 바람핀 걸 전부 저 때문이라고 둘러대면서 세뇌를 하면 아이가 자라서 억울한 아빠 말을 믿어주겠습니까? 모든 게 다 아빠 때문이라고 생각하겠죠. 더 중요한 건 요즘 제가 사귀는 여자가 있는데, 아직 이 문제가 매듭이 지어지지 않아서 서로 너무 스트레스를 받고 있습니다.

선생님 이번에 110으로 마누라 조건을 들어주고 하루라도 빨리 끝내고 싶지만 정말 이게 최선인지는 모르겠습니다. 돈보다 제가 너무 바보 같다는 생각이 들면, 가만히 있다가도 순식간에 피가 거꾸로 돌면서 '아니야, 끝까

타로카드 심리학

지 가야 돼!'라는 생각을 저절로 하게 됩니다. 선생님 전 어떻게 하는게 좋을까요?

당신이 꾸릴 새 가정도 축복받을 가치가 있다는 걸 기억하세요.

어떤 말로도 위로가 되지 못할 것 같아 제 마음도 답답하네요. 다만 딸을 엄마가 키우기로 한 건 불행 중 다행인 것 같습니다. 비록 아내분이 실수를 하셨어도 아이는, 특히 딸아이는 엄마가 키우는 게 더 자연스러울 거라는 개인적인 생각입니다.

당신 말대로 아이를 생각하면 얼마를 주든 아깝겠습니까만, 괘씸한 아내 때문이든 본인의 미래 때문이든 만원이라도 따지는 게 당연한 일로 느껴지는군요. 요즘 양육비를 중간에 끊어버리는 사람도 많던데, 금액보다 중요한 건 불쌍한 아이가 자립할 때까지 꾸준히 지원하는 일이겠지요. 정말 불가피한 상황이면 어쩔 수 없지만 말입니다. 그런 점에서 형편에 맞게 양육비를 책정하는 건 아이를 사랑하는 것만큼이나 매우 중요한 일로 보입니다. 따진다는 건, 감당하려는 의지를 나타내는 것일 테니까요.

하지만 아이가 커봤자 엄마에게 세뇌당해 아버지인 당신을 멀리할 거란 짐작은 섣부른 듯 보입니다. 양육비는 딸을 지속적으로 만날 수 있는 자격을 부여하고, 그 시간 동안 당신은 아이에게 따뜻한 부성애를 충분히 느끼게 해줄 수 있습니다. 혈연이란 건 그렇게 간단히 끊기는 게 아니니까요.

현재 상황에서 당신 부부는 이혼이라는 결정에 최선을 다했다고 생각할지 모르지만, 그 결정에서 또 한 사람으로서 자격을 가진 아니 더 큰 자격을 가졌다고 말해도 모자라지 않을 한 아이의 자격은 철저히 배제되었다는 것을 아셔야 합니다. 설령 아이가 성장해 아빠를 오해한다고 해도 부모라는 사실은 절대 변하지 않는다는 것입니다.

어차피 상황은 이미 돌이킬 수 없지만, 당신의 문제에 거울카드로 나온 이 세계 카드는 다음과 같은 충고를 던지고 있습니다. '나는 너무 성공에만 매달리고 있는 것은 아닌가?' 물론 당신은 아내에 대한 배신감 때문에 이 충고를 수용하지 않을 수도 있지만, 당신의 문제에 운명적으로 나온 이 카드는 분명히 그렇게 말하고 있습니다. 우리는 때로 일에 너무 빠진 나머지 가까운 사람을 외롭게 만들기도 합니다. 일에서의 성공이 가정에서의 성공으로 이어지지는 않습니다. 그러니 두 번 다시 실패하지 않기 위해선 새로운 애정관계에서도 경계심을 가져야 할 것입니다.

또한 거울카드로서 세계 카드는 어려움을 해결하기 위해 전문가의 조언을 구하라고 당부하고 있습니다. 현재 변호사를 쓰고 있는 이상 변호사의 말을 믿고 따르는 것에 대해 충분히 고민하셨으면 합니다.

또한 거울 카드로서 세계 카드는 돈이나 물질에 의한 고통이 올 수도 있으며, 어떤 악조건 속에서도 해는 다시 뜨고 봄도 다시 온다는 것을 의심하지 말라고 충고하고 있습니다. 아내의 요구가 어쩌면 당신에게 부당하게 느껴질지 모르지만 그것은 결코 손해 보는 일이 아니라 당신에게 최선의 아빠가 될 수 있는 기회 제공일 수 있다는 것을 한번쯤 생각해보길 바랍니다.

끝으로 양육비는 딸에 대한 미안함도 포함되어야 하며, 앞으로 당신이 꾸릴 새로운 가정도 충분히 축복받고 행복을 누려야 할 가치가 있다는 걸 기억하세요.

■ 상담에 적용한 세계 카드의 조언

거울로서의 세계 카드	나는 성공에만 매달리고 있는 것은 아닌지 생각해봐야 한다.
세계 카드의 방어기제_ 승화·공상	나는 현재의 어려움을 해결하기 위해 전문가를 찾아야 하는 건 아닌지 생각해봐야 한다.
세계 카드의 점성학_ 토성	돈이나 물질에 의한 고통이 올 수도 있으며, 어떤 악조건 속에서도 해는 다시 뜨고 봄도 다시 온다는 것을 의심하지 말라고 충고한다.

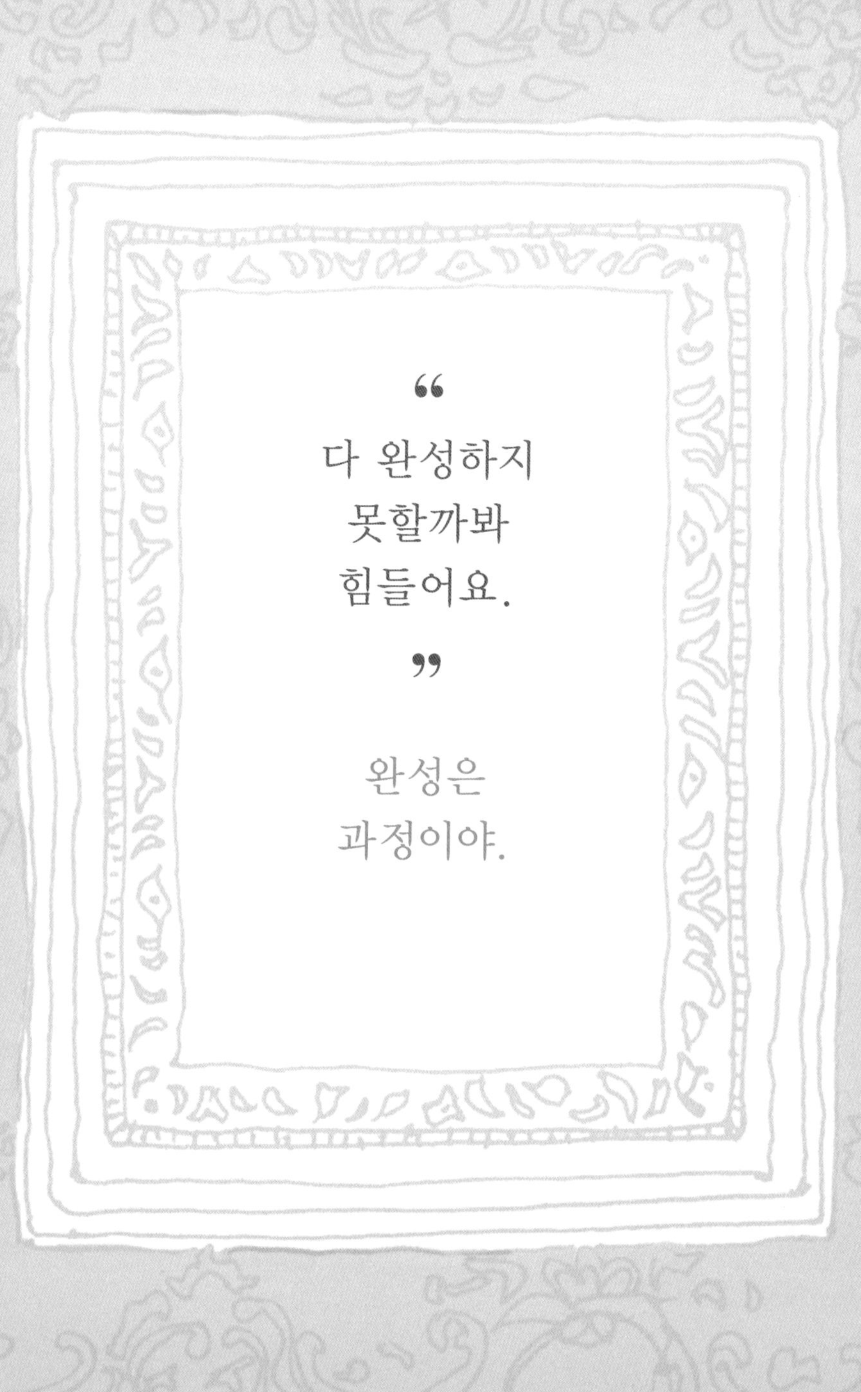

"
다 완성하지
못할까봐
힘들어요.
"

완성은
과정이야.

마음을 비추는 거울

타로카드
심리학

글쓴이	리 산	기 획	이화진
펴낸이	유재영	편 집	나진이
펴낸곳	동학사	디자인	정민애

1판 1쇄 | 2016년 9월 8일
1판 4쇄 | 2021년 10월 30일

출판등록 | 1987년 11월 27일 제10-149

주소 | 04083 서울 마포구 토정로 53 (합정동)
전화 | 324-6130, 324-6131
팩스 | 324-6135
E-메일 | dhsbook@hanmail.net
홈페이지 | www.donghaksa.co.kr
www.green-home.co.kr

ⓒ 리 산, 2016

ISBN 978-89-7190-570-8　13180